LUISE LÜKEN

Damals in Ostfriesland

Kindheitserinnerungen einer Emderin

CHRISTIANS VERLAG

Umschlagentwurf · Andreas Brylka
Illustrationen im Text · Remmer Lüken

CIP-Titelaufnahme der Deutschen Bibliothek

Lüken, Luise:
Damals in Ostfriesland: Kindheitserinnerungen einer Emderin /
Luise Lüken. – 3. Aufl. – Hamburg: Christians, 1989
ISBN 3-7672-0708-7

3. Auflage 1989
© Hans Christians Verlag, Hamburg 1981
Alle Rechte, auch die des auszugsweisen Nachdrucks
und der fotomechanischen Wiedergabe, vorbehalten
ISBN 3-7672-0708-7
Printed in Germany

»*Oh, gäb es das: noch einmal nur
erwachen und eine Stunde still und
rein und tief im Garten unserer
Kindheit wohnen ...*«
Hagelstange

AUF DEM HAMMRICH

In behäbiger Breite lag das Bauernhaus da, am Fehntjertief, weitab
von der Stadt »up de Hammerk« – wie die Alten sagten. Ein großer
Garten mit breiten Wegen, Obstbäumen und Beerenbüschen die
Fülle, mit Lauben und Blumenbeeten darin, erstreckte sich bis hart
an das Wasser. Eine hohe Weißdornhecke, von deren roten Beeren
wir im Herbst naschten, schloß ihn dort ab. Zu beiden Seiten wurde
er von weiten Grasflächen eingefaßt, von denen die westliche,
»Hoff« genannt, vornehmlich mit Pflaumenbäumen bestanden
war, unter denen das Schaf weidete, die Lämmchen sich tummelten,
viele Hühner im hohen Gras innerhalb des verstellbaren Auslaufs
ihr Futter suchten, scharrten und sich plusterten. Ein alter Kirschbaum mit weit ausladender Krone stand auf seiner Grenze. Süße
Kirschen trug er, und immer hatten wir sie schon vor der eigentli-
chen Reife verzehrt. Jedes Kind schlich sich, vom anderen unbemerkt, zu günstiger Stunde dorthin, schwang sich behend hinauf

und saß schmausend verborgen im Geäst. Jedes verschwieg es dem anderen. Als aber die Mutter eines Tages beim Mittagessen unvermittelt verkündete, uns der Reihe nach scharf ansehend: »Jetzt wird der Kirschbaum umgehauen, er trägt ja nichts!«, fuhren wir mit einem Schlage alle hoch und schrien wie aus einem Munde: »Nein, nein, er saß doch ganz voll!« So verrieten wir uns allesamt und retteten den Baum. – Ob die Mutter es nicht gewußt hatte? –

Die andere Rasenfläche war reich mit Obstbäumen und langen Reihen Beerenbüschen bepflanzt. In den Sommerferien genossen wir mit unseren Freunden aus der Stadt das Beerenschmausen in ungehemmter Lust.

An diese grünen Flächen stießen weite Ackerbreiten, die sich bis ans Tief erstreckten. Im Osten bildete ein Zaun, auf dem wir halsbrecherisch balancierten, die Grenze zum »Klaverland«, das sich bis an das Mühlengrundstück dehnte und zur Zeit der Kleeblüte betäubend duftete. Hüben und drüben des Zaunes, also am Fahrweg und an der Tiefkante, wuchs je eine Balsampappel. Ihre jungen Blattknospen zerrieben wir zwischen den Fingern, sogen den würzigen Duft ein und wußten nun: Jetzt wird es Frühling!

Vor unserer Zeit hatten die Großeltern, die Bauern waren, auf diesem Hof gelebt. Er stammte aus dem Besitz der Großmutter Hilke Arends Eekhoff, des einzigen Kindes des Bauern Arend Gerjets Eekhoff. Ursprünglich hatte an dieser Stelle ein kleineres Haus gestanden, dessen Giebel nach Westen, zur Stadt, gerichtet war wie bei dem Nachbarhaus jenseits des Weges, in dem vorzeiten ein Bruder des Arend Eekhoff gewohnt hatte, wie auch bei dem Häuschen diesem gegenüber. 1865 wurde das Haus abgebrochen und stattlicher und schöner am gleichen Ort neu erbaut.

Einst machten wir Kinder bei unseren Spielen im Gulf eine erregende Entdeckung: Bei dem Bau einer Höhle im Heu stießen wir plötzlich gegen ein Hindernis in der glatten Lehmdiele. Da es stockfinster um uns war, grabbelten wir forschend auf der Erde herum und fanden endlich eine schwere unebene Holzplatte. Unsere Finger stießen an rauhes Eisen, an Riegel und Schloß. Was mochte das sein? Was für ein Geheimnis barg sich hier? Führte etwa ein Gang in die Tiefe? Wir erfuhren bald des Rätsels Lösung. Wir hatten den Brunnen des früheren Hauses gefunden, den eine alte Stalltür abdeckte und der die meiste Zeit des Jahres unter Heu verborgen lag. Wie konnten die Großen ahnen, daß wir Kinder beim Spielen im vollgepackten dämmrigen Heugulf ausgerechnet auf diese Stelle stoßen würden!

Eine weitere Erinnerung an dieses alte Haus war für uns jenes verwilderte Holundergebüsch, das hart hinter unserem Düngerhaufen lag. Eine schmale, verfallene, von Brennesseln überwucherte Bank deutete darauf hin, daß hier einst eine Laube stand, vielleicht in einer Ecke des Gartens vor dem Giebel. Noch jetzt blühten und dufteten Jahr um Jahr die üppigen Dolden und leuchteten hell im scheidenden Licht des Tages, zankten sich im Herbst die Amseln um ihre schwarzglänzenden, saftigen Früchte. Wie ehedem floß hinter dem Gebüsch der Grenzgraben zum Nachbargrundstück dem Fehntjertief zu, schilfumsäumt und umstanden von alten hohen Eschen.

Unser Elternhaus schaute nicht wie das frühere nach Westen, sondern nach Osten. Ein Kranz hoher Linden schützte den Giebel im Herbst und Winter vor den rauhen Ost- und Nordwinden, die ungehindert über weite Wiesen und Äcker daherfegten. Im Sommer beschatteten sie die hohen, weißumrandeten Fenster.

Vorzeiten gehörte der Eekhoffsche Hof wie auch die wenigen hüben und drüben des Fehntjertiefs liegenden Anwesen der Nachbarn wie auch die alte Sägemühle Naarstigheid und das schmucke Müllerhaus zu Wolthusen. Daran erinnerte uns Kinder noch der »Doodenweg«, jener breite Kleiweg vor unserem Hause, unwegsam zur Regenzeit, steinhart im heißen Sommer. Zwischen Gräben führte er an der Mühle vorbei an den Deich, zog sich zunächst unten an diesem entlang, bog über eine Brücke und wand sich zwischen Ländereien hindurch nach Wolthusen.

Hochauf ragten das Kirchlein und »dat Hooge Hus«, die Häuptlingsburg, über die Dächer der Häuser hinweg und winkten über die grüne Weite zu uns herüber. An stillen Tagen konnten wir das Glockengeläut hören.

Neben diesem Kirchlein, das vom Bombenhagel des Krieges verschont blieb, liegen die Grabstätten unserer Vorfahren mütterlicherseits. Gerne wanderten wir Kinder über den Deich dorthin und suchten sie auf. Vor allem standen wir lange vor dem Grabstein unserer Großmutter Hilke. Als die Kirche vergrößert wurde, traf es sich, daß der Anbau über dieses Grab aufgeführt werden mußte. Daher wurde der Grabstein in die Mauer eingelassen. Wir lasen die Daten und überdachten das schwere Schicksal dieser so jung verstorbenen Frau. Die mit unserem Namen versehenen Sitzplätze in der Kirche datierten ebenfalls aus der Zeit, als der Besitz noch nicht nach Emden eingemeindet worden war.

Zwölf Jahre nach dem Tode seiner Frau heiratete unser Großvater wieder. Nach seinem Tode zog seine Witwe mit ihren zwei Söhnen ins Nebenhaus. Unsere Mutter, die in den ersten Ehejahren in Emden an der Bonnesse gewohnt hatte, wo auch ihre drei ersten Kinder geboren wurden, zog jetzt in ihr Elternhaus ein, in dem wir übrigen fünf Kinder das Licht der Welt erblickten.

SONNABENDABEND

Rotgeschrubbt sind die Steine in der geräumigen Küche. Hell flakkert das Feuer im Herd. Im großen Waschkessel brodelt das Wasser. Eben erst wurde der letzte Korb mit Torf hereingebracht. Nun ist der riesengroße Kasten neben dem Herd endlich gefüllt. Am Nachmittag, als unserer treuen Juliane der Kopf überlief bei dem übermütigen Spiel, das wir mit ihr trieben, indem wir ihr unentwegt während des Schrubbens über den Besen sprangen, hatten sich vier von uns unvermutet im leeren Kasten wiedergefunden. Sehr unsanft waren wir hineingesetzt worden. Kurze Zeit standen wir auch schuldbewußt und wie auf den Mund geschlagen da, der Kleinste von uns konnte kaum über die Vorderwand hinwegsehen. Als Juliane nun aber Eimer um Eimer an der Pütte im Stall vollpumpte und das Wasser mit solchem Schwung durch die Küche goß, daß es unter den auf Steinen hochgestellten Torfkasten hindurchschoß und glucksend zurücklief, jubelten wir hellauf. Je eifriger sie schrubbte und planschte – um so größer unser Freudengeschrei. »Arche Noah« riefen wir, »unsere Arche Noah!«

Jetzt steht vor dem Torfkasten die Badewanne, und die große »Menschenkinderschummelei« beginnt. Wie große dunkle Vierecke stehen die Fenster übereck in der Ost- und Südwand, unverhängt, weil es die Gartenseite ist. Von der Regenbacke her blinkt der geputzte Pumpenschwengelkopf durch den Wasserdampf, der in Schwaden um die kleine Hängelampe an der weißgekalkten Wand neben dem Herd zieht und sich unter der Decke zwischen den herabhängenden Speckseiten, Würsten, Bohnenrispen verliert. Der Reihe nach werden wir ins Wasser gesetzt. Unsere Tilly, die – wie auch Juliane – schon viele Jahre unsere treue Hilfe ist, seift uns ein und wäscht uns gründlich. Es gibt Gebrüll bei den Kleinen, weil nur zu leicht Seifenschaum in die Augen dringt. Juliane nimmt uns auf den Schoß und rubbelt uns ab. Auf den halbfeuchten Körper, es muß ja alles so schnell gehen! – kommt das frische Hemd. Uh, dieses kratzige Flanellhemd im Winter, wie es stiekelt! Und dann: ab zur Mutter! Bei ihr vollzieht sich der gruseligste Akt. Wir setzen uns auf ein Stövchen ihr zu Füßen. Das Haar wird ziemlich unsanft entwirrt, und dann fährt die Gute mit schonungslosem Druck mit dem elfenbeinernen Staubkamm über unsere gewaschenen Köpfe, durch die langen Haare der Mädchen. Die Jungs – ja, die haben es gut! Kurz geschoren sind ihre Köpfe, die Ohren stehen ihnen umso wahrnehmbarer vom Kopfe ab, aber Mutter hat gerade vor dem Jungen ein Mädel zwischen den Knien gehabt. Nun fährt sie mit demselben Druck über die Kahlköpfe, daß die Brüder schreien und manchem die dicken Tränen über die Wangen rollen. Ist auch dieses überstanden, so darf ein jedes Kind ins breite Sofa krabbeln, das an der Längsseite der Küche hinter dem langen Eßtisch steht, darf sich hinkuscheln und interessiert aus sicherem Hafen der Prozedur zuschauen.

12

Sind wir dann alle fertig, kommt der schönste Augenblick der ganzen Woche. Am Nachmittag war der Bäckerjunge dagewesen mit seinen großen Henkelkörben, und Mutter hat für jedes Kind ein »Krintstuutje« gekauft, ein großes für fünf Pfennige das Stück! Wir halten nun jeder den Leckerbissen in der Hand. Manch einer pickt sich zuerst die Korinthen heraus, brave Kinder aber essen sinnig und langsam und mit Genuß. Danach werden die Kleinen huckepack in ihre Betten getragen. Jedes Kind sucht sein »Hohl« auf, und glücklich und zufrieden schlafen wir dem schönen Sonntag entgegen.

EIN SONNTAGMORGEN

Durch das hohe Fenster der Kammer, die sich schmal und lang zwischen dem Stübchen am Ende des mit roten Steinen gepflasterten Hausganges und dem großen Vorderzimmer mit den Ost- und Südfenstern hinzog, fiel spärliches Sonnenlicht. Es stahl sich mühsam durch das Laub der Linden, die den Giebel umstanden. Dennoch huschten hie und da goldene Lichttupfen über mein Bett, das unter dem Fenster stand. Im Hause war es noch sonntäglich still, nur aus der nahen Küche klang Tassengeklirr. Eine Tür wurde geöffnet, jemand ging in den Keller, wohl um Sahne von der Milch zu schöpfen. »Dann gibt es bald Tee!« dachte ich bei mir und reckte und streckte behaglich die Glieder. Sonntag! Keine Schule, keine Klavierstunde bei der alten strengen Lehrerin! Ach, wie schön! Ein freier Tag, ein ganz freier Tag lag vor uns!

In dem breiten Bett am anderen Ende der Kammer, neben dem Schrank mit der kleinen Treppe davor, regte es sich. Meine Brüder erwachten, riefen leise, erzählten, wurden munter. Durch das grüne Gardinchen vor der Glastür zum »Salon« neben ihnen schien die Morgensonne und lockte zum Spiel. Im Nu waren die beiden aus dem Bett, schlüpften zu mir herein, und einer schlug vor: »Wir wollen uns ein »Hohl« bauen!« Wir krochen, beglückt über diesen Einfall, in meinen Bettbezug, in dem Platz genug war für uns drei, wenn wir nur unser Hohl in Ruhe genossen hätten! Aber da geschah es, daß Julius, der Jüngste, hager und mager, mit seinem spitzen Knie einem von uns ins Gesicht geriet. Wir waren ein leicht erregbares Völkchen. Es währte nicht lange, da war es mit dem friedlichen Zusammenkauern vorbei. Die dünnen, langen Arme und Beine verwickelten sich, wir strebten aus unserem Versteck heraus, aber wir konnten den Ausgang nicht finden. Uns wurde heiß und immer heißer. Wir keuchten uns gegenseitig ins Gesicht, die Luft drohte uns auszugehen, große Angst ergriff uns. Sollten wir elendiglich umkommen, nur, weil wir es nicht wagten zu rufen? Der Ausgang – er mußte doch da sein! Wir wühlten umeinander herum, schließlich verloren wir jegliche Überlegung, eine Strampelei ums Leben begann. Plötzlich gab es einen fühlbaren Bums. Wir waren aus dem Bett gefallen, stießen Trinkwasser und Kerze vom Stuhl und drohten, auch noch die Stufe ins Stübchen nebenan hinunterzurollen. Nun schrien wir aus Leibeskräften um Hilfe. Im Nu wurde die Tür aufgerissen, die Mädchen stürzten herein, Mutter folgte. Wir vernahmen durch unser Geschrei hindurch Mutters unheilverkündenden Ruf nach dem bewährten Kloppstock. Schnell war er zur Hand, und nun klopfte Mutter, eine temperamentvolle Frau, erst mal kräftig und wahllos auf das krabbelnde Bündel am Boden. Schreiend und schluchzend beteuerten wir: »Wir wollen wieder lieb sein, wir wollen uns bessern!«

Mutters Zorn verrauchte so schnell wie er aufgewallt war. Sie hatte ein Einsehen, und wir wurden endlich aus unserer qualvollen Lage befreit. Verschwitzt, verheult, mit Beulen am Leibe, krochen wir aus dem nicht minder mitgenommenen Bezug hervor, fest davon überzeugt, nur mit knapper Not dem sicheren Tode des Erstickens entronnen zu sein.

POTTJEKLEI

Sommerwind spielt mit dem Laub der hohen Linden, die den Giebel des alten Bauernhauses beschatten, singt leise im Grün der Weißdornhecke, die den großen Garten begrenzt, sirrt in den Gräsern am Ufer des Tiefes. Am blauen Himmel ziehen Schäfchenwolken. Sie eilen schnell dahin. Bewegung liegt in den höheren Luftschichten, Unruhe vom böigen, regnerischen Vortage. Feucht ist das Gras im »Hoff«, Wasserlachen stehen hie und da, die junge Gänseschar schnattert und wühlt in der Gosse am Backhaus. Lämmchen spielen im grünen, hohen Gras unter den Zwetschenbäumen.

Mein Bruder Arend und ich – Kinder wir beide – strolchen durch den weiten Garten, naschen von den grünen Stachelbeeren, beißen in saures Fallobst, öffnen endlich mit großer Mühe die Pforte in der Hecke und stehen nun auf den Äckern am Wasser. Auf dem Bahndamm drüben fahren Züge ein und aus. Aus weiter Ferne kommen sie, in die Weite eilen sie. Ach, wer da mitkönnte in die weite, weite Welt! Unsere Füße stapfen durch den Kleiboden, der vom Regen noch aufgeweicht ist, der so schön quietscht, wenn man mit allen Fingern in dem schwarzen, steifen Brei wühlt, aus dem sich Kugeln formen lassen, die wir auf schwanke Stöckchen stecken und über die Wasserfläche des Tiefes hinausen lassen.

Eine ganze Weile nimmt uns dieses Spiel gefangen, aber dann setzen wir uns nebeneinander in die hohen Blätter des Meerrettichs, der hier an der Tiefkante besonders üppig gedeiht. Scherf, unser großer Schäferhund, hat sich durch die Pforte gezwängt und kuschelt sich neben uns nieder. Wir legen unsere Köpfe auf sein warmes, weiches Fell und blicken den ziehenden Wolken nach.

»Denk was aus!« meint der eine. »Ja, ich weiß schon was!« sagt der andere, »ganz was Schönes!« »Was denn?« »Wir wollen sie bange machen, sie alle miteinander: die Geschwister, die Oma, die Mutter, Tilly und Juliane – unsere Mädchen. Schwarzer Mann wollen wir sein!«

Und nun geht es ans Werk. Wir stehen voreinander, wir bücken uns und wühlen den schönsten Pottjeklei mit den Händen aus der feuchten, sonnenwarmen Erde und bestreichen uns gegenseitig sehr sorgfältig und genau das Gesicht bis zu den Ohren hin, bis zum Hals hinunter. Nur die Lippen und die Augen bleiben frei. Andächtig bestreicht sich zum Schluß noch jeder die Arme bis zu den Ellenbogen hinauf. Dann stehen wir voreinander, betrachten unser Werk und finden es gut. Jetzt werden wir uns durch den Garten schleichen, hinter den Büschen entlang, damit uns keiner entdecke vor dem großen Augenblick, wo wir mit einem Indianergeheul, mit erhobenen Händen und gekrallten Fingern in die Küche stürzen werden.

Unter dem Salonfenster im Windschutz des Hauses, beschattet vom Laub der Linden, sitzt im Lehnstuhl die vom Schlag gelähmte Großmutter. Wir dürfen sie nicht mit Geschrei erschrecken, aber leise an ihr vorübergehen dürfen wir schon und ihr zulächeln. Zulächeln? Ach, was ist denn das? Lächeln? Nein, das geht nicht! Hart und gespannt liegt die Kleischicht auf der Haut, macht jegliches Mienenspiel unmöglich. Oma sieht uns an; ein schütterndes Lachen geht durch ihren Körper. Ach, wie freut sie sich! So ist es ja gewiß, daß wir unsere Sache gut gemacht haben. Auf jetzt, zur Küche, wo die Mutter sicherlich am Herd das Essen bereitet, die Mädchen waschen und putzen. Leise locken wir den Hund, gebückt schleichen wir unter den Fenstern entlang, um das Backhaus herum zur Küchentür.

»Bei drei!« kommandiert Arend. Eins – zwei – drei! Mit Geheul stoßen wir die Küchentür auf, stürzen hinein. Ja, es ist, wie wir gedacht. Mutter steht am Herd, den Kochlöffel in der Hand; Tilly steht bei der Pumpe und wäscht ab. Wir wollen zur Illustration dieses Überfalls Grimassen schneiden, aber unsere Gesichter bleiben starr und still. Doch etwas anderes geschieht! Mutter und Tilly – unbegreiflich diese furchtbare Wendung in diesem Geschehen –

haben uns mit einem Griff, jeder einen, unter ihren Arm genommen.

»Zum Schloot!« kommandiert die Mutter. Zum Schloot? Ich erstarre vor Angst und Schreck. Zum Schloot? Im Schloot – meine Erstarrung löst sich jäh – im Schloot, da lauert doch in der Tiefe zwischen dem Gewächs und den Froscheiern, Schnecken und Blutegeln der »Schwarze Mann«! So haben es uns die Großen gelehrt. Ich schreie, ich zapple, ich schlage um mich: wie mit ehernen Greifern halten mich Mutters Arme. Mörderlich heulen wir alle beide, die Tränen strömen über unsere Kleigesichter und graben Rinnen darein. Wir brüllen wie aus einem Munde: »Wir wollen es nicht wieder tun, wir wollen lieb sein!« – und wissen bis zur Stunde nicht, durch welche Untat wir solche furchtbare Strafe verdient hätten.

Mutter steht auf dem Steg. »Waschen!« kommandiert sie ungerührt. Waschen? Hineingreifen in das Reich des »Schwarzen Mannes«? Es hilft kein Wehren. Einen Augenblick will mir noch das Blut in den Adern gerinnen: Ein Gesicht blickt mir aus der Tiefe entgegen. Dann aber schlage ich wild und sinnlos vor Angst ins Wasser, patsche es mir ins Gesicht, die Züge entspannen sich, endlich kann ich ungehemmt weinen, und endlich auch setzt mich die Mutter ans sichere Ufer.

Wir wollten der »Schwarze Mann« sein und große Leute in Angst und Schrecken jagen; nun hätte er uns selber um Haaresbreite erwischt und in sein nasses Reich gezogen! Daß es nicht geschah, kam gewiß nur daher, weil die Großen – sicher, breit, ruhig und unerbittlich – uns in ihren festen Armen hielten.

IN DER SCHEUNE

An dunklen Tagen, wenn aus tief herabhängendem Gewölk ein regelrechter Landregen niederging und unsere Spielplätze im Garten in Dreckpfützen und Wasserlachen verwandelte, wenn wir verdrießlich herumstanden, Ausschau hielten und darüber trauerten, daß ein Ferientag so unausgekostet dahingehen sollte; wenn die Größeren anfingen, aus purer Langeweile die Kleineren zu ärgern, wenn Zank und Streit aufzukommen drohten, nur weil angestauter Tatendrang sich keine Luft verschaffen konnte, geschah es wohl, daß unsere sonst geduldige Tilly von ihrer Arbeit weglief, gleich zwei von den größten Krakeelern an den Armen packte, sie zur Küchentür zog, diese aufriß und ausrief: »Nun macht, daß ihr in die Scheune kommt. Dor löppt een ja de Kopp bi över!« Draußen waren wir, d. h. im langen Kuhstallgang, in dem es im Bereich der Pütte und des langen Pottborts uns zur Seite so dämmrig war, daß wir die grüngestrichene Butterkarne auf dem breiten Bock, das Hundelager daneben, die große, runde »Dranktonne« vor dem gekalkten Schott kaum erkennen konnten und die Freßnäpfe unserer zahlreichen Katzen umstießen. Dies aber bewog uns, nun so schnell es ging, der »dicken Luft« – wie wir sagten – zu entrinnen, den Gang hinunterzurennen, den Riegel vor der Pferdestalltür zurückzustoßen, an grunzenden Schweinen, aufflatterndem Hühnervolk und den Kühen vorbeizustürmen und unsere Zuflucht auf der Dreschdiele zu suchen. Aufatmend blieben wir stehen. Hier war unser Reich, hier waren wir in der Freiheit und niemandem im Wege.

Wir liebten die Scheune. Weit und geräumig war sie und nach unserem Gefühl uralt. Mächtige Ständer trugen das Dachgebälk. Durch die Fenster hoch oben im Westgiebel drang gedämpftes Licht. Spinnwebverhangen und grün waren sie. Wer sollte sie auch reinigen? Der Pferdestallboden war zudem morsch geworden. Es war uns streng verboten, bei unseren Heuspielen über ihn hinwegzutollen. Nur hart unter den Fenstern entlang mußte er tragfähiger sein, denn hier durfte mein Bruder sich in späteren Jahren einen Taubenschlag anlegen. Kam er dann mittags aus der Schule, so flogen die Tauben ihm entgegen und holten ihn ab. Sie setzten sich auf seine Schultern und balancierten flügelschlagend auf seiner erhobenen Hand.

Breit und hoch war das Dielentor im Westen. Bei Sturm und aufziehendem Unwetter mußte es durch vorgelegte schwere Balken besonders gesichert werden. Ein zweites Dielentor lag gegenüber in der Ostseite. Zu unserer Zeit wurde es nicht mehr benutzt. Von außen war es durch allerlei Strauchwerk ganz umrankt und zugewachsen. Im Sommer saß es sich gut in der Morgensonne auf der langen, grüngestrichenen Bank mit den geschmiedeten Armlehnen. Unsere Mutter weilte gerne dort. Mitunter ließ sie sich die Nähmaschine hinaustragen, nähte eifrig für ihre Kinderschar und sah nur auf, wenn ein Bekannter des Weges kam, sich gemütlich mit beiden Armen über das weißgestrichene Stackett lehnte und ein Prootje hielt. Die Kleinen spielten dann neben ihr im Sand, behaglich sonnte sich der Schäferhund, blinzelte schläfrig zu den Kindern hinüber, schnappte unvermutet nach einer vorbeisummenden Mücke und duldete es großmütig, daß die Katze über ihn hinwegkrabbelte.

In der Ecke nun rechts dem westlichen Dielentor, unter einem kleinen Fenster in der Giebelwand, hart unter den Pfannen des Schrägdaches, stand die Regentonne. Dickbauchig und höher als wir alle war sie, mit breiten Eisenbändern beschlagen, an einer Seite mit einem fest zugestopften Zapfloch versehen. In ihr wurde das Wasser aufgefangen, das vom langen Scheunendach an der Wegseite herunterlief und durch ein Rohr in der Mauer von außen hineingeleitet wurde. Mutter benutzte dieses Wasser für die Wäsche. Wie oft litten doch die Marschbewohner in trockenen Sommern unter empfindlichem Wassermangel! Auch wir – mit unserer großen Familie – konnten ein Lied davon singen, obwohl unsere Regenbacke, die unter der Küche lag, so groß wie diese selbst war.

Diese Regentonne nun zog mich – ich war noch klein – unwiderstehlich in ihren Bann. Ich schleppte Holzklötze und Steine herbei, klammerte meine Hände um ihren Rand und konnte so, auf Zehenspitzen stehend, endlich hineinlugen. Dunkel blinkte mir das Wasser entgegen. Zahllose Mücken und sonstiges Getier, farbig schillernd im Licht, das durch die kleinen Scheiben fiel, hatte sein Wesen auf der reglosen Fläche, spurrte hin und her und im Kreise herum und lockte mich, unversehens mit einer Hand hineinzupatschen und alles durcheinander zu wirbeln.

Oh, diese alte Scheune, was für Schätze hütete sie! Wir brauchten nur an den vielen durch Schotten voneinander getrennten Ställen vorüberzugehen, die unter dem Schrägdach an der Wegseite der Scheune lagen und zu Großelternzeiten wahrscheinlich Schweine beherbergt hatten, jetzt aber Holz, Torf und allerlei Gerümpel bargen, um in der Nähe des fest verrammelten östlichen Dielentors ungeahnte, nicht selten erregende Entdeckungen zu machen. Was stand wohl dort in der dunklen Ecke eng an die Mauer gerückt? So dämmrig war es hier im Ostteil der Scheune! Wie sollte es auch anders sein? Das dichtverwachsene Bogenfenster über der Tür ließ kein Tageslicht mehr herein, kaum stahl sich ein kärglicher grüner Schimmer durch graue Spinnwebschleier hindurch. Wir zerren einen seltsamen Gegenstand hervor. Ob das ein Fahrstuhl gewesen sein mag? Noch bewegen sich die hohen, schmalen Räder, aber sie klemmen sich, rostig und verbogen sind die Speichen. Und ach, das Polster! Fühlt es sich nicht an wie Samt? Wenn es nur nicht so verdreckt, so zerfressen wäre! Überall quillt das Innere heraus: Watte, Sägemehl, Gras? Wer wagt es hineinzugreifen? Sollten Mäusenester darin sein mit warmen, weichen Mäusekindchen? Kratzen wie kleine Kätzchen würden sie ja nicht, aber ob sie nicht beißen? Nein, wir wagen es nicht und ärgern uns zugleich über unsere Feigheit. Holzstöcke holen wir und stochern in den Löchern herum und merken es nicht, daß dichter Staub uns umwirbelt. Sollte dieses nicht der Stuhl sein, in dem vorzeiten die gelähmte Großmutter ausgefahren wurde? Wir wissen es zwar selber nicht mehr, aber unsere Mutter hat davon erzählt. Weg mit ihm! Wir haben ihn durchforscht, zu nichts ist er mehr nütze! Ja, wenn seine Räder noch liefen, wenn man mit ihnen »haupeln« könnte! Aber – so?

Da war es doch reizvoller, jenen Kutschwagen seitwärts vor dem Dielentor zu untersuchen. So lange wir denken konnten, stand er an dieser Stelle, auch er verstaubt, ausgedient, beiseite geschoben, nur noch ein gutes Versteck beim Tickspielen. Wir balancierten auf der Deichsel herum, setzten uns ins zerfressene Polster, riefen hü und hott ins Blaue hinein und malten uns aus, wie es wohl vor langer Zeit gewesen sein mochte, als die Großeltern, die lange vor uns lebten, mit diesem Gefährt über trockene, harte Kleiwege fuhren. Ja, vielleicht war dieser Wagen, auf dessen jämmerlichem Überbleibsel wir nun saßen, jene schmucke Kutsche gewesen, die die Eltern Eekhoff ihrem einzigen Kind, der Tochter Hilke, mitsamt dem Gespann zur Geburt ihres ersten Sohnes schenkten, als das junge Paar noch in Hüllnerfehn wohnte, wo auch meine Mutter geboren wurde. Das alles lag für unser Kindergemüt in grauer Vorzeit!

Rechts vom Dielentor führte eine Tür ins Eßzimmer, das vormals wohl die Küche gewesen war. Dieser Raum ragte in die Scheune hinein, der Brandgiebel zog sich jenseits von ihm hoch. Auch auf diesem Boden war es nicht ganz geheuer, um so größer aber unser Verlangen, ihn zu untersuchen! Dort, wo der Kuhstall begann, gab es in der Mauer eine Stelle, an der in Abständen ein Stein fehlte, so daß man dort hochklettern konnte. Waren wir erst mal oben auf dem Stall, so schafften wir mit gegenseitiger Hilfe auch noch den Aufstieg zum verbotenen, dunklen, geheimnisvollen Küchen- und Zimmerboden, auf dem so viele Pötte und Baljen ohne Ohr und Bein herumstanden, so viele Dinge aus alter Zeit, mit denen man noch so gern gespielt hätte. Diesen Weg mußte doch auch »Sünnerklaas« nehmen. Wie wollte er denn sonst an die Klappe vom Küchenschornstein kommen und Christkindjegoot für uns durchwerfen? Wir legten uns platt auf den Bauch, um zu hören, was die Großen sich da unten beim Abwaschen und Gemüseputzen wohl erzählen mochten. Aber seltsam, wir waren so leise wie Kinder nur sein können, wenn sie auf verbotenen Wegen sind, und doch wurde es unten plötzlich still, dann stieß ein Besenstiel energisch gegen die Decke:»Wollt ihr wohl?« rief jemand,»wartet!« Im Nu sausten wir abwärts.

Ein weiträumiger Heugulf breitete sich im restlichen Teil der Scheune aus. Stand er leer, so hatten wir dort eine lange, lange Schaukel, die der allzeit findige Zimmermann de Boer an dicken Krammen hoch oben am Hahnebalken angebracht hatte. Um diese Schaukel in Bewegung zu setzen, mußten zwei von uns auf den Kuhstallboden klettern und an einem Tau ziehen, das an der ihnen zugewandten Schaukelseite befestigt war. Dann aber war es möglich, so hoch zu schaukeln, daß die Füße beinahe den Eßzimmerboden berührten. Es war eine waghalsige Schaukelei. Noch heute erinnere ich mich des seltsamen Gefühls, das den Magen durchfuhr, wenn die Schaukel aus ihrer Höhe in die Tiefe sauste.

War das Gulf gefüllt, kam die schöne Zeit der Heuspiele. Wir bauten Höhlen, lange Gänge, die hin und wieder zu größeren Räumen erweitert wurden. Kunstvolle Bauten führten wir aus. Es ist mir heute rätselhaft, daß wir bei diesem Werk niemals verschüttet wurden oder in Atemnot gerieten. Wohl gab es Wutausbrüche in diesen dunklen Regionen, wenn wir einander mit Kopf, Armen oder Beinen ins Gehege kamen, aber sie verebbten schnell. Wir wußten, daß wir aufeinander angewiesen waren und nur dann zum Ziele kommen konnten, wenn wir uns friedlich und geordnet weiterschlängelten: eine verschworene Gemeinschaft, die auf Abenteuer ausgezogen war. Bei diesen unermüdlichen Spielen verwirrten sich unsere Mädchenhaare, verloren wir unsere Zopfbänder, die so vielleicht einmal in einem Kuhmagen enden würden. Unsere Köpfe waren mit Heusaat bedeckt, uns alle plagten oft sehr die Heutieken. Das alles aber konnte uns nicht hindern, diese Spiele im Heu gemeinsam mit unseren Freunden aus der Stadt bis zum Ausbruch des Ersten Weltkrieges fortzusetzen. Zwar blieben Unfälle nicht aus …

Eines Tages fiel mein Bruder Arend oben vom Heugulf herab und lag betäubt auf der Dreschdiele. Unsere Eltern waren gerade verreist, die Mädchen standen ratlos mit uns um ihn herum. Als wir einen Arzt holen wollten, wehrte er ab:»Laßt man, ich muß doch sterben.« Wir befühlten ihn, fanden keine Verletzung, es währte auch nicht lange, da erholte er sich. Lange Jahre hindurch, auch während seiner Soldatenzeit, plagte ihn jedoch seitdem ein schmerzhaftes Zucken im Kopf.

Mein Bruder Julius sprang einst mit aller Kraft vom Heu, nicht – wie geplant – auf den Stallboden, sondern gegen die Mauer und schlug sich die Vorderzähne – glücklicherweise noch Milchzähne – aus.

Fiel ein Geburtstag in diese Zeit, so stellte man für jedes Kind einen tiefen Teller, hochgefüllt mit Reis und Saft auf die Futterkiste. Daran erlabten wir uns in einer Spielpause, zum üblichen Feiern hatten wir keine Zeit.

Ja, unvergeßlich waren diese sorglosen Spiele! Draußen tobten die Herbst- oder Frühjahrsstürme. Sie stießen gegen das lange, alte Dach, rissen an den Ziegeln. Mit Gepolter lösten sich diese und jene. Sie fuhren um die Westecke, pfiffen durch die gelockerten Docken, durch Risse und Spalten. Der Regen trommelte gegen die Fensterscheiben. Wir aber, wir waren geborgen im Dämmer des weiten Raumes, im warmen Heu, in der Nestwärme eines großen Geschwisterkreises, in der Gemeinschaft unserer Schul- und Spielgefährten.

SCHLOOTJESPRINGEN

Weit ist das Land. Die Wolken ziehen tief. Rauh sind die Winde, und immer sind sie da. Sie sirren in den Gräsern der Meeden, im dürren Ried der Wasserläufe, sie kräuseln die Wasserfläche des Fehntjertiefs, der Dobben und Gräben, die schnurgerade die weiten Grasflächen zerteilen.

Ein steifer eisiger Ostwind hat sich uns an manchem Tag der Wintermonate entgegengeworfen, sobald wir – von der Schule heimkehrend – die schützenden Straßen der Stadt hinter uns ließen und durch die Weite des Hammrichs dem Elternhause zueilten. Doch wir waren ja von klein auf diese Schulwege durch Kälte und Sturm, durch Regen und Sonne gewohnt, sie machten uns nichts aus.

Und doch begrüßten wir freudig die ersten Boten des Frühlings: den föhnartigen Wind, der den letzten Schnee unter den Gartenbüschen vertrieb, das schüchtern sprießende Grün am Grabenrand, die ersten Marienblümchen auf den Wiesen. Mit einem Male waren auch die Vögel wieder da. Frühmorgens raschelte es in der Dachrinne, und hoch oben im Gezweig der noch kahlen Bäume musizierten die Stare. Sehnsüchtig streiften unsere Augen die grünende Flur, in die Weite schweiften unsere Gedanken und Wünsche. Dann – endlich – an einem windigen, sonnigen Märztage, an dem nur einzelne Wolkenballen am reingefegten Himmel dahintrieben, die Feldlerchen jubilierend emporstiegen und Kiebitze riefen, zogen wir an einem frühen Nachmittage in die Wiesen hinaus. Die im Herbst frisch geschlöteten Gräben, deren Oberfläche der Westwind kräuselte und an besonders breiten Stellen sogar zu kleinen Wellen schlug, lockten uns zum »Schlootjespringen«, einem Sport, den wir Kinder der Marsch in jenen Jahren besonders liebten. Er barg Gefahren in sich, und gerade diese reizten uns. Kleinere Gräben übersprangen wir mit kräftigem Anlauf. Bei den breiten aber nahmen wir den Pulsstock zu Hilfe, ein Springgerät, das aus einer kräftigen, langen Stange besteht, an deren einem Ende sich eine dicke, runde Scheibe befindet, die das Einsinken im Kleigrund verhindert. Von alten Zeiten her lag noch ein solcher Stock in unserer Scheune, aber er war bereits sehr mitgenommen. Der Großvater hatte ihn gebraucht, wenn er querfeldein sein Vieh auf den entfernten Weiden aufsuchen oder nach dem Grasschnitt in den Meeden weit draußen im Bobenhammerk sehen wollte. Er konnte auf diese Weise den Richtweg gehen und war schneller am Ziel.

Mit Hilfe dieses Pulsstocks eroberten wir Kinder im Frühjahr die ganze Weite des Hammrichs, waren stundenlang unterwegs und entdeckten auf unseren Streifzügen diesen und jenen abseitsliegenden, verschwiegenen Wasserlauf, dessen Geheimnisse – Pflanzengewirr und mancherlei Getier – wir mit Ausdauer erforschten.

An diesem Nachmittage stießen wir unvermutet auf einen Graben, der an einer Wendung seines Laufes besonders breit und tief ausgeworfen war und dessen Wasser kleine Wellen an das steil abgestochene Ufer schlug. Wir standen zögernd da und ratschlagten. Unsere Freunde aus der Stadt – durchweg nur Jungen – hatten sich wie immer zum gemeinsamen Spiel eingefunden. Die größeren überstimmten bald die kleineren, und nun wurde die Tiefe des Gewässers gepeilt, eine gute Absprungstelle gesucht. Einer zählte: Eins-zwei-drei-los! Wie schon das Herz beim Springen der Gefährten klopfte! Welch ein seltsames Gefühl den Magen kehrte! Wie der Mut sinken wollte angesichts der Tiefe des Grabens, der angestrengten Mienen der Springenden, der gurgelnd aufsteigenden Blasen, wenn der Stock, dessen Scheibe lange schon abhanden gekommen war, bedächtig in die Mitte des Schlootes gestoßen wurde und in den Schlamm einsackte! Wie glitschig auch die Absprungstelle allmählich wurde. Mich dünkte, unser Spiel sei an diesem Tage von heimlichen Gefahren umlauert.

Jeder Sprung wurde mit größter Anteilnahme verfolgt und beurteilt. Als alle Jungen es glücklich geschafft hatten, da kam auch ich heran. Ja, die Jungen! Waren sie nicht bei dem Spiel besser daran als wir Mädchen jener Zeit? Ihnen wehten keine beschleiften, langen

Zöpfe ums Gesicht. Kurze Hosen trugen sie und keine Röckchen, die gerade bei diesem Spiel so hinderlich waren. Aber – bedachten sie es auch? Nein! Schadenfroh blickten sie zu mir herüber, als sie merkten, daß eine geheime Angst mir im Halse steckte. Triumphierend standen sie dort am eroberten, sicheren Ufer und kommandierten ungerührt: Eins-zwei-drei-!

Wenn ich nun nicht lossprang, würden sie alle aus vollem Halse schreien: »Feigling, Feigling!« Das wußte ich, ich kannte sie – und endlich siegte der Gedanke: »Der Kopf bleibt ja drauf!« über ein letztes Zögern. Ich bog mich zurück, ich stieß ab mit aller meiner Kraft. Was aber geschah? Als ich über der Mitte des Grabens schwebte, stand der Stock, stand unbeweglich! Mir stockte jäh das Blut in den Adern, der Wind blähte das Kleid – langsam, aber sicher sank ich unter dem mörderlichen Geheul der Kameraden seitwärts in die schlammige Tiefe, hinein in das Reich des »Schwarzen Mannes«, jenes Gespenstes unserer frühsten Jugend, mit dem man uns schreckte, damit wir den Schlöten und Dobben fernblieben – vergeblich, wie es die Geschichte unserer Kinderspiele lehrt.

Ich watete mit Mühe ans Ufer. Hilfreiche Hände drückten das Wasser aus den Röcken, ich selber wrang die Zöpfe aus. Mein Bruder zog aus der Hosentasche ein Tuch, das erdfarben war und nach Klei, Fischen und Wagenschmiere roch, und rieb mir gutgemeint den Klei vom Gesicht ab. Alle trösteten, alle – aber alle miteinander wußten auch, daß nun ein dunkler Augenblick zu bestehen war. Es sei denn, daß unsere Mutter, eine strenge Betreuerin ihrer sieben Kinder, zufällig bei einem Nachbarn weilte und Tilly – unsere gute, langjährige Hilfe und Bundesgenossin so vieler Fährnisse unserer Kinderjahre – mich schnell und heimlich säubern und umziehen würde.

Für heute war auch den anderen die Lust am Schlootjespringen vergangen. Ein wenig kleinlaut trabten wir heim. Morgen aber – morgen, da würde alles wieder vergessen sein und unsere unverzagte Schar zu neuen Taten rüsten.

EIN KINDERAUSFLUG

Zögernd nur kommt der Frühling in der Marsch. Wohl gibt es Tage, an denen der Mensch ihn ahnt. »Es riecht nach Frühling«, sagten wir dann. Ein unbestimmtes Etwas liegt in der Luft, umschmeichelt die Sinne. Zumeist aber wehen lange rauhe Winde und verjagen alle Frühlingsträume, daß sie sich flugs wieder in der kindlichen Brust verkriechen.

Endlich aber ist er da, wir haben ihn in der Schule gewiß herbeigesungen! Und ein Sonntagmorgen bricht an mit Sonne, lauem Wind und Vogelgezwitscher. Die Lindenknospen sind aufgebrochen, auf unseren Beeten blühen Primeln und Mutterkraut, unter der Hecke wuchert üppig der würzige Girsch, die Gichtpflanze. Munter springt unser Lämmchen im Hof umher, Gänse und Enten gackern und schnattern. Wir rennen über alle Gartenwege, unser Hund laut kläffend dazwischen, wir eilen endlich ans Tief. Das Wasser glitzert in der Morgensonne, kluckert ans Ufer. Frischer Wind sirrt im Schilf. Wir blicken zur alten Sägemühle, zum Düker. Die Ferne lockt, es zieht uns hinaus dorthin, wo der Deich sich bis Wolthusen und weiter, viel weiter noch hinzieht. Wir bitten und betteln. Einen Ausflug möchten wir machen, einen richtigen Ausflug mit Broten und Milch in sicheren Flaschen mit Patentverschluß, von denen genug im Keller liegen. Zwar, wir sind noch klein, der große Garten, die runde Laube hinter dem Mittelbeet, die Lindenlaube am Tief sind unser Spielrevier; aber die große Schwester ist doch da, verständig und zuverlässig. So wird denn ein großer Henkelkorb gepackt, den wir zwischen uns nehmen.

Ausflugsziel ist der »Bobenhammerk«. Nichts wissen wir von diesem Ort, der wie ein dunkles Gebüsch weit weg hüben und drüben des Fehntjertiefs liegt, als daß Backers dort wohnen, jene alten, freundlichen Leute, die auf dem Wege zur Kirche bei uns vorbeikommen und einen Proot halten mit unserer Mutter, deren Tochter Erdbeeren zur Stadt bringt und so stattlich, risch und rank daherkommt und deren blonde Flechtenkrone uns so gut gefällt. Jubelnd und winkend ziehen wir los.

Mutter steht in der Pforte am Weg und sieht uns nach. Am Mühlenhäuschen blicken wir durch die kleinen blanken Scheiben der Fenster am Weg und winken der Oma zu, die in ihrem Hörnstuhl am offenen Herdfeuer sitzt und den Vorübergehenden nachschaut. Durch das von einer hohen Erle überschattete Gartenpförtchen lugen wir in den gepflegten Garten, biegen dann am Ende der Hecke, die das Grundstück säumt, zum Mühlengrundstück ein. Eine schmale Planke, die unter unseren Tritten bedrohlich wippt, führt über einen Graben, der vom Tief gespeist wird. Hier an seiner Böschung wird die erste Rast gemacht. Oh, dieser Graben! So viele Geheimnisse birgt er! Seht, wie das Wasser glucksend zieht und allerlei Getier mit sich führt: Schnecken, Stiekelstargen, die im einfallenden Sonnenlicht silbern aufglänzen, die uns immer wieder entzücken und die wir mit Händen zu greifen versuchen. Unzähliges wimmelndes Getier, das an den Gräsern emporkriecht, über dem Wasser schwebt, summt und brummt im sirrenden Schilf. Seht diese kleinen Blumen, wie Sternchen die Blüten, und die Pfefferminze, deren Blätter so gut riechen, wenn man sie zwischen den Fingern zerreibt, den Gundermann, dessen blaue Blüten sich der Sonne öffnen! Löwenzahn und Butterblumen und Marienblümchen sind auch schon da. Wir suchen sie und bringen sie der großen Schwester, die in ihrem Schoß ein Kränzlein windet. Wie schön ist es hier draußen! Kaum ein Mensch weit und breit! Der Wind spielt mit unserem Haar. Er kräuselt die an dieser Stelle besonders breite Fläche des Tiefes.

Leise gluckst das Wasser an den Steg am Ufer, vor dem eine flache Jolle sich wiegt. Hinter uns knarren die Mühlenflügel, knackt es im Gebälk des morschen Baues, denn lange, lange schon ruht diese alte Sägemühle Naarstigheid. Ihre verrosteten Sägen stecken noch in einem halbzersägten Baumstamme. In Wolthusen, in Borssum, in der Stadt uns im Rücken beginnen die Glocken zu läuten. Es wird Zeit für uns weiterzuwandern. Fest halten wir unser Nesthäkchen an der Hand, als es über die schmale Schleusenbrücke geht. Wir wagen es kaum, in die gurgelnde Tiefe zu blicken. Nein, hier ist es unheimlich, schnell weiter! Mit lautem Gekläff springt der Spitz des Schleusenwärters uns zwischen die Beine, beschnuppert unseren Korb und läßt sich nur schwer verjagen. Hier oben auf der Deichkappe weht ein frischer Wind. Wir machen halt am kleinen Wärterhäuschen neben der Brücke, lagern uns so gegen die Wand, daß kein kühles Lüftchen uns erwischen kann und nur die Sonne uns bescheint und wärmt.

Unsere Augen suchen das Elternhaus. Da liegt es breit und lang mit den hohen Linden vor dem Giebel. Ob wohl jemand in der weißen Pforte steht oder auf den Steinstufen vor der Haustür und nach uns ausschaut? Uns dünkt, wir seien schon weit gewandert. Seht den Wasserturm der Stadt! Ist er nicht klein – und ragt doch hoch und dunkel vor dem hellen Westhimmel auf, wenn wir am Abend von der Bank am Tief aus nach ihm ausschauen? Und die Mühlen auf dem Wall und die Neue Kirche, liegen sie nicht in weiter Ferne? Ist uns dafür unser Wolthuser Kirchlein – hier lugen wir schnell um die Häuschenecke nach Norden – nicht schon näher gerückt? Doch bis zum Bobenhammerk ist es noch ein gutes Stück.

Wir wandern weiter auf dem Kleiweg, der hier an der Brücke in die Wiesen hineinführt. Jetzt ist er trocken und hart, bei Regen und Schnee aber kann man nur in Stiefeln durchkommen. Bald zweigt ein Weg ab, der Teil des »Doodenwegs«, der nach Wolthusen führt. Wir aber gehen in östlicher Richtung weiter, bis wir ein kleines Erlen- und Weidengebüsch erreichen, das sich zu beiden Seiten eines grünen Weges hinzieht, der zu den Anwesen führt, die hart am Fehntjertief liegen und wiederum ganz von Bäumen und Gebüsch umgeben sind. So liegen sie in dieser unendlichen ebenen Weite versteckt und vor allen Winden geschützt da. Wir bleiben am Anfang des Weges. Es dünkt uns nicht geheuer, tiefer in diese verwunschene Einsamkeit einzudringen. Könnte nicht ein bissiger Wachhund uns wittern, aus einer offenen Stalltür wütend herausspringen und uns anfallen? Nein, lieber suchen wir uns unter Erlen- und Weidengesträuch ein verborgenes Plätzchen und lagern uns im Halbkreis um die Schwester. Gut sind die Brote, die unsere Mutter streicht, heißhungrig verzehren wir unseren Proviant. Hoch steht jetzt die Sonne am Himmel. Lerchen trillern in der Höhe, Kiebitze rufen über den Meeden, die bunt sind von unzähligen Frühlingsblumen. Am blauen Himmel ziehen Lämmerwölkchen. Wir biegen die Weidenzweige auseinander, spähen hindurch. Seht nur, stehen dort drüben, rechter Hand vom Doodenweg einsam mitten im Grünland nicht die drei Bäume, von denen die Alten erzählen, daß sie Reste eines Gehöftes sind, in dem, als es vorzeiten noch stand, eine schaurige Mordtat verübt wurde? Noch immer grünen diese alten, knorrigen, mit totem Holz durchsetzten Bäume im Frühjahr aus. Vögel nisten in ihren Kronen, ungestört, denn selten nur gehen Menschen dort vorbei. Im Sommer sind es die Mädchen, die mit dem »Jück« über der Schulter auf dem breiten Kleiweg zum Melken gehen. Zur Zeit der Heuernte schwanken die beladenen Heuwagen dort vorüber. An Herbst- und Wintertagen aber stehen sie verlassen da, recken ihre Äste zum tief verhangenen Himmel empor, in ihrem Gezweig hocken die Krähen, fliegen auf mit lautem Gekrächz, wenn hin und wieder Jäger mit ihren Hunden sie aufscheuchen.

Unsere Augen forschen unablässig in der Weite. Hell leuchtet in der Sonne das weiße Gerüst der Uphuser Klappbrücke. Dort liegen die Meere, an deren hohen Schilfufern unser Großvater vorzeiten die Krickenten jagte. Wenn wir erst größer sind, wünschen wir uns ein Boot. Dann werden auch wir jene unbekannte Ferne erforschen, wie es einstmals unsere Vorfahren taten.

Plötzlich dringt durch die Sonntagsstille der Schlag einer Kirchturmuhr und mahnt uns zur Rückkehr. Auf dem Kleiweg begegnen uns heimkehrende Kirchgänger. Hin und wieder bücken wir uns nach einem Blümchen am Grabenrand, setzen uns ein Weilchen auf die Erde und widerstehen nur schwer der Versuchung, »Puttjebeine« zu machen. So schlendern wir heim, müde von allem Erleben und hungrig dazu, aber ganz erfüllt von dem Bewußtsein, einen langen und schönen Ausflug von Herzen genossen zu haben.

MEIN SCHULWEG

Unruhiges Leben herrschte in der geräumigen Küche früh am Morgen, wenn wir Kinder zur Schule starteten. Besonders schwierig war die Lage in den dunklen Wintermonaten. Da drängte sich alles um den langen Tisch, über dem die Hängelampe brannte. Das Petroleumlicht spendete gelblichen Schein, der nur die Tischplatte erhellte. An der weißgetünchten Wand über dem Herd hing jedoch an einem dicken Nagel die blankgeputzte Spiegellampe. Sie beleuchtete den Anrichtetisch neben dem großen Torfkasten und zugleich unsere Juliane, die auf einem Stövchen auf dem mit roten Steinen gepflasterten Fußboden saß und um sich herum ein Regiment Kinderschuhe stehen hatte, von denen sie mühsam mit einem alten Kartoffelschälmesser den hartnäckig anhaftenden Klei abkratzte, ehe sie sie sorgfältig einfettete. Wie wir sie haßten – diese eingefetteten Schuhe, die allen Glanz einbüßten durch diese Prozedur und tranig nach Jägerstiefeln rochen! Kein Stadtkind trug sie! »Minnachtig« sahen sie auf unsere Füße. Doch was half alles Murren und Knurren. Kein Erwachsener im Hause nahm auch nur Notiz davon. So trösteten wir uns damit, daß unsere Schulkameraden aus den Außendörfern mit dem gleichen Schuhwerk anmarschierten, sobald die dunkle, stürmische und nasse Jahreszeit die letzten schönen Herbsttage vertrieb.

Daß aber wir Auswärtigen – damals gehörte der Hammrich, von altersher auch Altena genannt, noch nicht zu Emden – mehr Schulgeld zahlen mußten als die Städter, empfanden wir Kinder als ein großes Unrecht. Hatte nicht unser Vater eigens für uns das schmale Steinpaddje am Fehntjertief entlang zur Schiefen Tille legen lassen, damit wir auch bei Unwetter zur Stadt gelangen konnten und nicht wie unsere Vorfahren dem Unterricht fernbleiben mußten? Doch so war nun einmal der Lauf der Welt!

Wir stritten uns um den besten Platz dem Licht am nächsten, um unsere hohen Schnürschuhe zuzubinden, wobei es allemal – wir hatten es eilig! – ein Unglück war, wenn eine Pinne abging und das Schuhband nur mit Hilfe von Spucke und Geduld durch die Ösen ging. Oben am Tisch saß unsere Mutter und strich und strich Brötchenhälften, Schwarzbrotscheiben, belegte sie, klappte sie zusammen und konnte es nicht verhindern, daß flinke Kinderhände ihr die fertigen Brote geradezu unter den Fingern wegrissen, wobei die größeren naturgemäß im Vorteil waren und die kleineren den Tränen nahe. Die Minuten flogen dahin. Noch schnell ein Köppke Tee stehend getrunken und dann los! In einer halben Stunde konnten wir den Weg schaffen.

An Regentagen, wenn der Weststurm ums Haus tobte, dicke Schauer uns ins Gesicht klatschten und der Wind uns den Atem verschlug, sobald wir aus dem Schutz der langgestreckten Scheune traten, wurden die kleineren Geschwister von unserer treuen Hilfe bis zur Stadt gebracht. Sie hüllte sie in eine Decke, legte ihren Arm um die kleine Gestalt und kämpfte sich so durch den Sturm am Tief entlang, dessen aufgewühltes Wasser in dunkelgrauen Wellen an das Ufer klatschte. Bei Klaasens, Ecke Parallelstraße, machten wir halt und wurden aus den Hüllen herausgeschält. Nun war die Stadt erreicht. Nichts mehr spürte man vom tobenden West. Er fegte wohl noch über die Dächer der Häuser hinweg, trieb Blätter und Schmutz durch die Straßen vor sich her – aber das alles war nichts mehr im Vergleich zu dem, was uns in der Weite des Hammrichs Mühe gemacht hatte. So stapften die kleinen Beine munter drauf los: Herrentor – Lienbahnstraße – Kranstraße – Kettenbrücke – Faldernstraße – vorbei an der Polizeiwache mit den Kanonen davor. Einen schnellen Blick zur Rathausuhr hinaufgeworfen und dann weitergestürmt, an der Börse vorbei, die Große Straße hinauf, die Kirchstraße entlang. Fast prallen wir mit Schülern zusammen, die ebenso eilig wie wir, aber in entgegengesetzter Richtung, dem Gymnasium zueilen. Nun sind wir da. Wir stürmen die breiten Treppen hinauf. Hatte es etwa schon zur Andacht geschellt? Mit artigem Knicks an der »Aufsicht« vorbeigeflitzt, die mahnend den Finger erhebt – ein Aufatmen: geschafft!

Schön waren die ersten Frühlingstage später, als ich beim Eintritt in die Oberstufe der Schule bereits um sieben Uhr in der Schule sein mußte. Ich frühstückte allein an dem langen Tisch, die Geschwister lagen noch in tiefer Ruh. Die Katze schnurrte auf dem Kissen in Mutters Stuhl, der Hund lag neben mir, hinter mir im Herd brannte ein lustiges Torffeuer, und das heiße Köppke Tee vertrieb die letzte Müdigkeit. Ich holte mein Fahrrad aus dem Kuhstall, führte es durch den Garten, in dem es von den hohen Linden tropfte und das junge Grün und die knospenden Blumen von Tautropfen glänzten, stieg jenseits der weißen Pforte auf, rief dem Nachbarn über die Weißdornhecke ein Grußwort zu und fuhr eilends davon. Fast immer nahm ich mir die Zeit, auf der Höhe der Schiefen Tille zurückzublicken. Oft lag dichter Nebel über dem Tief, dem Weideland und den Äckern. Er hüllte die drei Gehöfte ein und weiter hinaus die alte Mühle Naarstigheid und das Häuschen danebeu. Fern über dem Düker kämpfte sich die aufgehende Sonne mühsam durch den Dunst. Tiefer Friede lag über allem, unterbrochen nur durch das

Rollen ein- und ausfahrender Züge vom Bahndamm her. Hin und wieder kreuzte ein Mädchen meinen Weg, das, ihre Eimer am »Jück« tragend, zum Melken ging. Sonst war nur allerlei Getier wach und lebendig, im Wasser, in den Wiesen, in der Luft. Es geschah auch wohl, daß ich Zeuge eines ehelichen Streites wurde, der sich vor der Haustür eines der kleinen Häuser in der Lienbahnstraße abspielte. In geblümter Nachtjacke, ungewaschen, das Haar wirr um den Kopf hängend, so stand die Frau im Eingang zum schmalen dunklen Hausgang. Der Mann, der sich anscheinend anschickte, zur Arbeit zu gehen, tobte und schrie. Kindergeschrei, Fuselgeruch – ich trat fester auf die Pedale und war im Nu neben der Schmiede in der Kranstraße. Hell lohte das Feuer, lustig klang das Ping-Ping, dunkle Gestalten huschten hin und her. Der Meister dieser Schmiede war unser guter Freund. Wie oft hatten wir ihm zugesehen, wenn wir als Abc-Schützen von der Schule heimgingen. Unsere Knickereisen bezogen wir von ihm, mitunter fiel ein Messingeisen ab, das so schön blinkte. Auch unsere »Haupeln« – Reifen aus Eisen – erstanden wir bei ihm und jagten mit diesem Spielzeug auf schmalen Pfaden an Gräben entlang und über den Deich bis zur Hohen Brücke bei Wolthusen.

Kaum lag die Schmiede hinter mir, so tauchte schon die Kettenbrükke auf. Schön war der Blick über den Hafen! Kähne lagen im Nebeldunst, Seemöwen hockten auf den Dukdalben, Schlepper tuteten, eine frische Brise strich über das Wasser. Es tat wohl, so recht tief aufzuatmen! Rechter Hand fiel der Blick auf Kassens Werft, auf das Haus der Kurbrandenburgischen Flotte, auf Häusergiebel, auf Gärten, die sich zum Wasser hinabzogen und auf den Turm der Neuen Kirche – alles in Frühnebel getaucht. In den Straßen begegneten mir Fuhrwerke aller Art. Die Hufe der gemütlich dahintrottenden und ab und an die Mähnen schüttelnden Gäule klapperten auf dem Pflaster. Mit hü und hott trieb man sie zur Eile an. Nur der »Tönnchenwagen«, auf den ich unweigerlich traf, da er in der Frühe sein Wesen trieb, der hatte Zeit. Wie sollte es auch anders sein? Mußte er doch jedes Haus, und sei es noch so klein, aufsuchen, denn Emden hatte damals noch keine Kanalisation. Ich sauste mit Tempo an ihm vorbei und war in meinem Innern fest davon überzeugt, daß wir auf dem Hammrich mit der geräumigen Grube hinter dem Hause nahe am kostbaren Düngerhaufen, den Mutter alljährlich gegen gelben Sand und Torf eintauschte, recht fortschrittliche Leute seien. Als ich einst als kleines Kind in dem neu errichteten Bahnhofshotel an der Schleuse das erste WC meines Lebens kennenlernte und nichts-ahnend an der schönen, blanken Kette zog, glaubte ich tief er-schreckt, nun breche die Sintflut herein.

Den Turm der Großen Kirche vergoldete jetzt die Morgensonne, die sich durchgekämpft hatte und hell und strahlend in unser Klassenzimmer fiel, die Topfblumen auf dem Seitentischchen umspielte, das Pult traf und das Schattenbild des Lehrenden in seltsamsten Formen an die Wand warf.

Im Winter mußten wir unseren Schulweg im Dunkeln antreten. Der Zinder auf dem im Herbst neu hergerichteten Pfad knirschte unter meinen Schritten. In unserem Rücken bildeten sich helle Streifen am Morgenhimmel, vor uns lagen die Türme und Giebel der Stadt noch im Halbdunkel, aber schnell graute der Tag. Am Herrentor erwarteten uns Schulkameraden, die bereits einen tüchtigen Marsch von Borssum her hinter sich gebracht hatten. Waren sie etwa schon durch, so erkannten wir dieses an einem deutlichen Kreidekreuz auf einem in einer Hausecke des Moritzschen Hauses angebrachten dreieckigen großen Stein, der sich noch heute dort befindet. Mit langen Schritten kam der »Viertelvoruhrsmensch« aus der Bahnhofstraße daher. Wir nannten ihn so, weil er, ein hochgewachsener und nicht zu übersehender Mann, täglich wie eine Uhr so pünktlich um ein Viertel vor acht des Weges kam, die Aktentasche unter den Arm geklemmt, offenbar ein Lehrer, dessen Namen wir lange nicht kannten. Nun wußten wir, daß es für uns an der Zeit war, Galoppstrecken einzulegen, um pünktlich am Ziel zu sein.

War das Fehntjertief fest zugefroren, so schlidderten wir auf ihm bis zum Herrentorsiel, während die Brüder hinter der Herrentorbrük-ke rechts zur Kesselschleuse abbogen, um den Weg zum Gymnasium abzukürzen.

Lag Schnee, so gab es nicht selten Schlachten auf dem Heimweg zu bestehen. Damals bekämpften sich die Schularten mitunter so erbittert, daß die Polizei eingreifen mußte. Viel Spaß machte es, sich in den Schneedünen »abzuzeichnen«. Gerne machten wir zu diesem Zweck einen Umweg und überquerten von der Petkumer Landstraße aus den Deich, der damals der Siedlung noch nicht gewichen war. Von seiner Kuppe rollten wir uns durch den unberührten Schnee in die Flackjes hinab.

Vierzehn Jahre bin ich diesen Schulweg gegangen. Klein waren die Füße zu Beginn, weit die Welt. Viel gab es zu sehen, viel zu erleben. Und die Jahre gingen, und jedes von ihnen hatte ein anderes Gesicht. Eins aber blieb: der Wechsel der Jahreszeiten. Im Nebeldunst der Frühe begann der Schulweg zur Osterzeit, durch Regen und Wind, durch Sonne und Hitze ging er im steigenden Jahr, durch Hagel- und Schneeschauer in den Winter und durch klirrenden Frost und eisigen Ost in die Weihnachtszeit hinein. Immer aber, immer habe ich sein wechselndes Gesicht tief in meinem Innern gespürt, und immer habe ich ihn geliebt.

ABC-SCHÜTZEN AUF ENTDECKUNGSWEGEN

Immer schon liebten wir Kinder es über alles, auf Entdeckungen auszugehen, zumal an Regentagen, wenn wir nicht draußen spielen konnten. Viele heimliche Ecken und Verstecke barg unser Elternhaus, hinter denen wir Kinder Geheimnisse witterten. So wußten wir – die Mutter hatte es oft erzählt –, daß sich zu beiden Seiten des hohen Eisenofens im Eßzimmer in der Wand, hinter der Tapete, je ein Schränkchen befand. Durch Abklopfen konnten wir genau feststellen, an welcher Stelle sie waren. Die Klopftöne klangen hohl, und dieses allein war schon erregend. War es zu begreifen, daß die Erwachsenen solche Kostbarkeiten wie eingebaute Schränke ganz einfach aus der Welt verschwinden ließen, dadurch, daß sie diese mit einer solchen braunen Tapete überklebten? Konnte es nicht sein, daß etwa ein Buch, ein Kästchen, ein vergessenes Spielzeug mit eingemauert worden war? Am Anfang, damals, als das Haus gebaut wurde – vor langer, langer Zeit! –, da waren sie doch dagewesen, die Vorfahren hatten sie benutzt und nicht geahnt, daß dieses nun ihr Schicksal sein würde. In jener Zeit hatte zwischen ihnen Abend für Abend ein lustiges Torffeuer gebrannt, und neben ihnen hatten im Hörnstuhl die beiden Alten gesessen: Opa Eekhoff, der an Krücken ging, und Opa Ihler, der von Hüllenerfehn stammte und seinen Lebensabend bei seinen Kindern verbrachte.
Lange, lange war das her, und sollte eines dieser Schränkchen nun doch ein Geheimnis hüten – ach, niemals würden wir es lüften können!
Aber auf dem Hausboden, der einst ein Kornboden gewesen war und durch eine große, von einem mächtigen Mauerhaken gehaltene Luke vom Treppenhaus abgeschlossen werden konnte, zogen wir uns heimlich die Schuhe aus und kletterten waghalsig die schmalen Steinstufen am schrägen Schornstein hoch, um auf den Boden der

Stübchen zu gelangen, die dort nach und nach, so wie die Familie wuchs, entstanden waren. Heimlich, still und leise stöberten wir in dem staubigen Gerümpel herum, fanden altertümliche Bolzeneisen – wie schwer sie waren! – eine halb verrostete, wuchtige Presse – wozu mochte sie einst gedient haben? – ein Laufkörbchen und manches andere seltsame Gerät aus alter Zeit. Auch gelüstete es uns sehr, die »Böhntjes« über den Butzen auszukundschaften. Drei solcher Gelasse gab es, kein Fremder hätte sie je ausfindig gemacht. Ihre Tapetentüren verdeckten große Bilder. Ein Böhntje lag besonders listig versteckt: Öffnete man die Tür zum roten Zimmer, so befand sich gleich linker Hand ein hoher Wandschrank, in dem das festliche Porzellan aufbewahrt wurde. Zu Häupten aber brauchte eine kundige Hand nur ein paar lose Bretter der Decke auszuheben, um z. B. in Kriegszeiten Schinken und Speckseiten dort oben vor unerwünschtem Zugriff zu sichern.

Um jene Böhntjes über den Butzen zu erkunden, mußten wir die Butzentüren hochklettern, was allemal ein schwieriges Unternehmen bedeutete und zudem unerwünschte Spuren hinterließ. Wurden wir dabei ertappt, so gab es ein gründliches »Donnerwetter« – wie wir zu sagen pflegten. Besser war es schon, eine günstige Gelegenheit abzuwarten, die unsere Mutter, eine sehr häusliche Frau, veranlaßte, das Haus zu verlassen. Hin und wieder trieb es sie doch einmal zum Zahnarzt, oder sie rüstete sich zu einem Großeinkauf. Dann wußten wir: »Die Luft ist rein, heran ans Werk!« Die Mädchen waren gutmütig und froh, wenn wir ihnen nicht in den Weg liefen.

Dort oben auf den Böhntjes war es dunkel, aber so geräumig, daß wir zu dritt auf Knien herumrutschen und alles Vorhandene ans Tageslicht zerren konnten. Mit Kerzenlicht krabbelten wir in die stockfinsteren Regionen des Gelasses und beäugten das alte Gerümpel. Nie kehrten wir ohne Beute von unserem Streifzug zurück. Immer fand sich noch ein für uns brauchbares Stück. Noch heute besitze ich einen hölzernen, kunstvoll gedrehten, mit einem handgestickten Perlenband gezierten Untersatz, den ich dort oben entdeckte.

Im Flur rechts neben der Haustür stand lange Zeit ein halbmond-förmiges Tischchen. Darüber hing ein Spiegel. Zwei blanke Messingknöpfe hatte es in der Mitte der Vorderseite unter der Platte. Man faßte sie an, mit jeder Hand einen Knopf, und siehe da: Nach beiden Seiten öffneten sich schmale Türchen, verschwanden irgendwo im Holz und legten einen Hohlraum frei. Geheimnisvoll und diebessicher schien mir dieses Plätzchen. War es nicht wie in dem Märchen: »Sesam, öffne dich!«? Ich legte hin und wieder meine schönsten und dicksten Dottern und Gulben hinein, spielten wir doch bei Regenwetter gerne Knicker in diesem vorderen Teil des Flurs, der mit den schönen, großen, blauen und gelblichen Fliesen ausgelegt war. Eines Tages aber wurde das Tischchen übergestrichen und lackiert. Nichts hatte man mir gesagt, keiner hatte meine Knicker herausgeholt, obwohl sie beim Streichen doch sicher laut genug geklötert hatten. »Das Tischchen ist schnell trocken«, trösteten mich die Großen, die Übeltäter, denn, als es trocken war, ließ es sich nicht mehr öffnen. Wahrscheinlich hatte die Farbe all die kleinen Brettchen, aus denen die Türchen gearbeitet waren, verklebt. Wie oft ich das Tischchen hin- und herrüttelte, wie oft ich an den blanken Knöpfchen zerrte, wie viele bittere Tränen ich auch weinte: nichts war da als das lustige Rollen und Geklöter im Bauch des vertrackten Tisches. Ich gab es endlich auf, und eines Tages stand an seiner Stelle eine moderne »Garderobe«, hoch und mit allem Zubehör, nüchtern und jedes Geheimnisses bar!

Als ich ein ABC-Schütze und mein Bruder Arend im 3. Schuljahr war, überredete er mich, auf unseren Heimwegen auf Entdeckungen auszugehen, das hieß, alle möglichen uns fremden Straßen und kleinen Gassen, die oft so seltsame Namen hatten, ja, auch jene engen, oft unsauberen, kopfsteingepflasterten Durchgänge, die stets ein wenig unheimlich anmuteten, da wir nie wußten, wo sie endeten, zu erkunden. War ich bereits eine Stunde eher frei als er, oder traf es sich, daß er nachsitzen mußte, so setzte ich mich geduldig auf den ausgetretenen Drüppel unserer alten Töchterschule in der Burgstraße und wartete auf ihn. Einmal erschraken wir sehr. Wir gingen – auf Arends Geheiß schneller als gewohnt – die Straße hinab, als wir unverhofft an der Ecke zur Deichstraße auf seinen Klassenlehrer Rösingh stießen. Nichts ahnend knickste ich, riß dann jedoch erschreckt die Augen auf, als ich sah, wie der Lehrer Arend am Ohr nahm und ihn, der vor Schreck über seine eigenen Beine stolperte, flugs zur Schule zurückzerrte. »Sieh mal einer an, mein Freund«, sagte er. »Wolltest du ausrücken?« Und zu mir gewendet im strengen Ton: »Du kannst nach Hause gehen!« Ach, diesen Lehrer liebte kein Kind, wir fürchteten ihn nur, und jetzt war er mir ganz und gar zuwider. Es war mir gleich, ob er auch immer wieder ärgerlich abwinkte, ich folgte den beiden laut weinend und nahm – während das Schluchzen langsam verebbte und alle vorbeigehenden Kinder mich anstarrten – meinen gewohnten Drüppelplatz wieder ein. Ohne Arend heimzukommen, nein, so treulos wollte ich nicht sein! Kreuz und quer gingen wir danach durch die Straßen, studierten sämtliche Schilder und freuten uns, wenn uns keiner der Namen je zu Gehör gekommen war.

Da geschah es an einem heißen Sommertag, daß wir uns bös verliefen. Von der Schule aus waren wir zunächst in die Steinstraße eingebogen. Einträchtig trotteten wir auf den Kopfsteinen nebeneinander dahin. Wir lugten neugierig durch den Torbogen gleich hinter dem reformierten Pfarrhaus zu jenem alten Gebäude hinüber, das einst das Gymnasium gewesen war und unser Interesse erweckte, weil Vater es besucht hatte. Wenig wußten wir aus seiner Schulzeit, eigentlich nur, daß sie in die Zeit von 1870/71 fiel und daß die Schüler bei jedem Sieg freigelassen wurden. »Ach«, dachten wir manchmal wohl, »so etwas werden *wir* ja nie erleben, Kriege gibt's ja nicht mehr.« Wir ahnungslosen Kinder!

Bei der Taubstummenanstalt machten wir wiederum halt. Scheu blickten wir auf die Kinder dort und beobachteten ihr seltsames Gebärdenspiel. Ein weiter Platz dehnte sich jenseits des Gebäudes. Alte Bäume mit mächtigen Laubkronen spendeten kühlen Schatten. Auf den Bänken ruhten sich Greise und bejahrte Mütterchen von ihren Wegen aus.

Kurze Zeit verweilten wir vor dem großen Eingangstor zum Krankenhaus. Müde Menschen spazierten im Garten umher, manche trugen Verbände. Ich schaute nicht gerne hinein trotz der schönen Blumenbeete. Seit meiner Diphtherie dachte ich nur mit Unbehagen an Ärzte und Schwestern samt allem, was mit ihnen zusammenhing. Rechter Hand führte eine Straße geradewegs auf das Haus zu, in dem Hildas Klavierlehrerin wohnte, zu der auch ich in späteren Jahren pilgern mußte, immer mit einem bösen Gewissen, weil ich die Tonleitern nicht gründlich genug geübt hatte. Dicht dabei lag der Markt. Abgesehen davon, daß dort unser Hausarzt und auch der Zahnarzt wohnten, beides Schreckgestalten für mich wegen der Diphtherie und der Bohrmaschine, war dort der weite Platz, an dem sich an Markttagen das lustige Karussell drehte und viele Buden standen. An diesem Tage hatten wir dort jedoch nichts verloren, wir pilgerten daher weiter gen Westen. Nein, zum Larrelter Bahnhof wollten wir nicht, wir hielten uns rechts, überquerten bald die Wallbrücke, verließen gleich wieder den Wall und trotteten nun am alten Museum vorbei durch viele schmale Gassen, immer auf diesen Flintensteinen entlang. Anfangs kam mir diese Gegend bekannt vor. Waren wir nicht kurz nach Ostern mit unserer Lehrerin hier gegangen, brav zu zweit und uns an den Händen haltend? Unser erster Ausflug war es gewesen, und ein großes Erlebnis bescherte er uns: Wir sahen ein Storchennest, bestaunten den Storchenvater und mochten uns gar nicht trennen!

Wo aber war es denn geblieben, das Nest? Hier, zwischen diesen vielen kleinen Häusern mußte es doch sein! Oben auf einem Dach! Es war doch einfach nicht möglich, darüber hinwegzusehen, am hellichten Tage! Ich blieb immer wieder stehen, ich lief kreuz und quer, ich suchte alle Dächer ab. Daß ich das Nest nicht wiederfinden konnte, nahm mich derartig gefangen, daß ich von meiner Umgebung zu ebener Erde nichts mehr wahrnahm und mich nur widerwillig von Arend weiterziehen ließ, in dessen Herzen langsam ein gerechter Zorn über meine Hartnäckigkeit aufstieg.

So trabten wir weiter und gelangten endlich an eine Brücke, die über einen Wasserlauf führte. Bäume standen am Ufer und ließen schwanke Zweige weit über das Wasser hinaus hängen. In der Ferne kreisten die Flügel einer Mühle. Der Wall blieb hinter uns zurück.

Wir folgten der Straße, die nun begann. Kein Ende wollte sie nehmen. Müde wurden unsere Beine. Mut und Lust an Abenteuer und Entdeckungen schwanden merklich dahin. Auch machte uns die Mittagshitze zu schaffen. Wir blieben stehen, blickten umher: kein Kirchturm in der Nähe, das Rathaus nicht zu entdecken und auch nicht der Wasserturm, dieses Wahrzeichen in der Nähe des Südbahnhofs, an dem wir uns am besten hätten orientieren können. Wo mochten wir sein? Die Häuser veränderten sich, Gehöfte tauchten auf. Wir waren ganz verwirrt und liefen, von Angst getrieben, aufs Geratewohl weiter. Endlich standen wir da und weinten, zwei ratlose Kinder. Da öffnete sich ein Fenster, eine Frau rief uns an und fragte nach unseren Namen. Wir erfuhren nun, daß wir in Wolthusen gelandet waren, von dem wir nichts kannten als nur die Kirche und das »Hooge Hus«. Beides konnten wir von unserem Elternhaus aus sehen. Aber die Kirche lag doch dicht am Deich! Wo aber war ein Deich zu sehen? Ob es noch weit war bis zu dem Gittertor, durch das wir schon so manches Mal gegangen waren, um den Grabstein der Großmutter in der Kirchmauer und Grabstätten der Vorfahren mit verwitterten Inschriften aufzusuchen? Nein, sicherer war es, denselben Weg, den wir gekommen, wiederum unter die Beine zu nehmen. Wir trabten zurück. Neuer Mut belebte unsere Schritte, wenn auch der Ranzel drückte und die Zunge am Gaumen klebte. Die menschenleeren Straßen ließen uns ahnen, daß es spät und längst Mittagszeit sein müsse. Unser knurrender Magen sagte es uns auch.

Wie atmeten wir auf, als endlich der Wall erreicht war, die Zwinger mit den bekannten Mühlen auftauchten, Heerens Hotel vor uns stand! Nun konnte uns nichts mehr zustoßen! Zu bestehen war nur noch der Empfang zu Hause, vor dem uns allmählich zu grauen begann. Und siehe da! Als wir uns endlich der Schiefen Tille näherten, sahen wir sie daherkommen: Tilly und Juliane, Fidi und Hilda, Scherf, unsern Hund, und Julius, den Kleinen, auch noch. Alles war auf den Beinen. O weh, wie würde es uns ergehen?! Als die Freude des Wiederfindens nur eben verebbt war, kam das dicke Ende nach. Mutter untersuchte nie lange, forschte nicht nach dem Grund unserer Privatreise – wir hätten ja auch keinen, außer dem Forschungs-gelüst, mit dem wir doch nicht bestehen konnten, anführen kön-nen. Es gab Prügel mit dem Kloppstock, wie vorausgesehen, aber mit dem breiten Ende – es war zu ertragen! Und dann – es gab doch noch Essen! Ein Trost! Im Bratofen standen unsere gehäuften Tel-ler. Zwar liefen uns vorerst noch die Tränen über die Wangen, bald aber putzten wir Nachzügler munter drauf los und vergaßen allen Kummer. Ja, es währte nicht lange, da begaben wir uns wieder auf die Forschungsreise, aber fortan gingen wir umsichtiger zu Werke!

Wolthusen

DAS EMDER GASTHAUS

Wenn wir als Kinder – es war die Zeit vor dem Ersten Weltkrieg – allzu große Wünsche hegten oder dabei ertappt wurden, wie wir uns den Zucker üppiger als zugedacht über den Reisbrei streuen wollten, erklärte unsere Mutter kurz und bündig:»Dat is de Weg in't Gasthuus!« Dann wußten wir alle sieben eindeutig, was die Glocke geschlagen hatte. Lange Zeit zerbrach ich mir den Kopf darüber, was es mit dem »Gasthaus« auf sich haben könnte. Das stand jedenfalls fest: Etwas Bedrohliches war es, das auf solche Kinder zukam, die Schlickergelüste oder unbescheidene Wünsche hatten. Aber warum »Gasthaus«? Wo lag es? Wie sah es aus? Als ich dann zur Schule kam, lüftete sich eines Tages unvermutet ein Zipfel dieses Geheimnisses. Wir hatten einen weiten Schulweg vom Fehntjertief zur alten Töchterschule in der Burgstraße. Die kleinen Beine kämpften sich zuzeiten mühsam genug durch Sturm- und Regenböen auf dem schmalen Steinpattje am Wasser entlang zur Stadt. Oft mußte uns Kleinen ein Großer bis »Klaasens Haus« bringen, dem kleinen Häuschen, das dicht an der Herrentorbrücke an der Ecke zur Parallelstraße lag. Hohe Bäume breiteten ihre Äste über sein Dach. Die Tür im Giebel hatte einen Klopfer. Daneben war ein gemauerter Sitz, auf dem man sich verschnaufen konnte. Hier wohnten uns vertraute Frauen – Mutter und Tochter –, die unter anderem das Amt hatten, den Brückenzoll zu erheben. Sobald ein Schiff die Brücke passierte, um entweder in den damals noch vorhandenen Wasserlauf einzubiegen, der neben Heerens Hotel am Wall endete, oder in die entgegengesetzte Richtung um die Räucherei herum zur Kesselschleuse weiterzufahren, eilte die Tochter zur Brücke und langte an einem langen Stock das Beutelchen hinunter.

Wir luden unsere feuchten Tücher ab, begrüßten die Oma im Hörn und hielten einen Augenblick die klammen Hände über das wärmende Feuer. Eines Tages nun sollte ich bei schwerem Unwetter über Mittag nicht heimkommen, sondern die Zeit bis zum Nachmittagsunterricht in der Stadt bei Tante Pein verbringen. Wer war Tante Pein? Eine ältere Frau, die Mutter unserer Tilly, die neun Jahre bei uns war und uns sozusagen mit großgezogen hatte. Tante Pein war eine Witwe und wohnte in der Hofstraße oben in einem der schmalen, alten Häuser. Ausgetretene Steinstufen führten zur Tür hinauf. Sie war immer unverschlossen. Beim Öffnen schepperte eine Pingelglocke vernehmlich durch den langen, dunklen Hausgang. Ich wartete einen Augenblick, dann rief ich – wie man mir eingeschärft hatte – laut und deutlich: »Blievt man!« und stolperte dann, so schnell ich konnte, die enge Stiege hinauf. Lange Zeit glaubte ich, der Hauswirt heiße »Blievtman«, bis ich erfuhr, daß dieser Ruf verhindern sollte, daß die Besitzerin des Häuschens, eine behäbige, ältere Frau, sich unnötig zur Tür bemühe. Tante Pein hatte mich schon kommen hören. Oben in der geöffneten Glastür stand sie und lachte mir entgegen. Eine liebe Frau war sie, und schön war es, aus dem finstern Treppenhaus in ihre freundliche, kleine Küche zu treten! Ich saß ihr gegenüber an dem Tischchen zwischen den beiden Fenstern. Sie trug ihr noch dunkles Haar gescheitelt und bei der Stopfarbeit eine Brille, die ihr immer wieder vorne auf die Nasenspitze rutschte. Vor ihr lag ein Haufen zerrissener Strümpfe, die uns gehörten, und die sie allwöchentlich zum Ausbessern bei uns abholte. Ab und zu rückte sie an ihrer Brille und sah über sie hinweg auf mich und fragte haarklein nach allem, was sich bei uns auf dem Hammrich zugetragen hatte.

Dann aber verstummte ich plötzlich in meinem Erzählen. Ich hatte etwas entdeckt! Wie gebannt blickte ich aus dem Fenster neben mir. Es ging nach Westen. Sah ich nach unten, so war da nur ein winziger Hofplatz, voller Gerümpel und wenig schön anzusehen. Darüber hinweg aber fiel mein Blick auf hohe, alte Bäume, die der West zauste und zerrte und riß, und die auf einem geräumigen Hof standen. Auf diesem weiten Platz aber – und das war die atemberaubende Entdeckung! – spielten Kinder, Kinder in einer besonderen Tracht, wie mir schien, die ich noch nie gesehen hatte. Sie spielten wie wir auf unserem Schulplatz Kreis und Tick und anderes mehr. Den Kopf in beide Hände gestützt saß ich da, wandte kein Auge von ihnen und erfuhr nun, daß es Waisenkinder seien. Sie lebten im Gasthaus, von dem von hier aus zwar kaum etwas zu sehen war, zu dem aber dieser Platz, der uralt sei, gehörte. Das Gasthaus! Hier, so nahe bei Tante Pein also, lag es, und ich hatte das nicht gewußt! Nun stürmte ich ungestüm mit Fragen auf die alte Frau ein, und sie erzählte willig alles, was sie wußte.

Das Gasthaus war ein Armen- und Waisenhaus. Früher aber, lange bevor ich geboren war, war es ein Kloster gewesen, und Mönche hatten darin gelebt. »Mönche – was ist denn das?« wollte ich nun wissen. Die rätselvolle Auskunft »Fromme Männer mit langem Mantel, einer Glatze und einem Strick um den Leib« machte mir den Ort noch geheimnisvoller. Jetzt wohnten außer den Waisen auch noch arme Leute dort, und die Gasthauskirche gehöre zu allem dazu. Sie sei aber eine reformierte Kirche, und darum würde ich als lutherisches Kind wohl nie hineinkommen.

Wie oft habe ich dort oben am Fenster gesessen, und immer kreisten meine Gedanken um diese Kinder. War es gerade Teezeit, so bekam ich mein kleines Koppke Tee mit und auch wohl ein weiches Brötchen dazu. Da geschah es eines Tages, daß mich unser Klassenlehrer mit einer Mitschülerin zu dem Lehrer Blikslager schickte, um ihn zu bitten, uns für eine Schulaufführung ein altes Spinnrad zu leihen. Er amtierte am Gasthaus und wohnte auch dort. Rechts vom Rathaus bogen wir auf einen freien Platz ein und standen bald darauf in der dämmerigen Diele eines alten Gebäudes. Wir trafen den Lehrer selber nicht an, richteten unseren Auftrag aus und waren schnell wieder draußen. Dort schauten wir uns zwar eingehend um, aber von dem großen Hof, den ich von Tante Peins Küche aus sehen konnte, und um den es mir ja ging, war nichts zu entdecken. Er mußte ganz versteckt liegen, wie auch die Kirche selbst, die rundherum von Häusern umbaut war. Nur das Dach ragte weit über die Stadt hinweg. Allerdings gab es in der kleinen Brückstraße einen stets verschlossenen Eingang. Er lag ganz verborgen und war von einer mächtigen Baumkrone überschattet.

Nun befand sich in der Großen Faldernstraße – vom Rathaus kommend linker Hand – etwas zurückliegend ein dunkles, festverschlossenes Tor. Vergebens versuchten wir Kinder, durch eine Ritze hindurchzulugen. Dieses Tor – das stand fest bei uns – mußte zum Gasthaus führen. Ein geheimnisvolles Tor war es, so alt, mit einem mächtigen Schloß! Jeden Morgen führte mich der Schulweg nahe daran vorbei. Jeden Mittag lockte es mich, einzubiegen und rechts von ihm den »Hexengang« zu betreten. Jeder alte Emder erinnert sich dieser schmalen, für Kinder besonders reizvollen Durchgänge, von denen es so viele in unserer Stadt gab. Warum nun dieser Durchgang »Hexengang« hieß, weiß ich nicht. Nur mit Gefährten wagte ich es, ihn zu wählen, anstatt auf der hellen belebten Faldernstraße zu bleiben. Schmal war der Gang. Wir konnten nur hintereinander gehen und fürchteten uns sehr davor, daß uns ein fremder Mann begegnen könne, dem wir ja kaum ausweichen könnten. Leise und schnell huschten wir über das schmutzige Kopfsteinpflaster und mieden sorgfältig die zahlreichen üblen Häufchen, die Hunde und Katzen dort zurückließen. Zu beiden Seiten konnten wir in schmale Fenster blicken, in Fenster, die zum Teil blind und spinnewebverhangen waren, in die kein Sonnen- oder Mondstrahl fallen konnte, hinter denen es dunkel und trostlos sein mußte. Für mich wohnte das Grauen hinter jenen Scheiben. Erst viel später, als ich es endlich wagte, aufmerksam durch das Glas zu blicken, begriff ich es, daß diese Fenster zu Werkstätten und Hinterräumen normaler Wohnungen gehörten. Wie überrascht, wie beruhigt war ich, ja, wie tröstlich erschien es mir, als ich eines Tages am Ende des Hexenganges das vertraute Gesicht unseres Juweliers entdeckte, der dort friedlich an einem Tisch mit Uhren hantierte. Der Hexengang lief parallel zur Faldernstraße. Oft, sehr oft bin ich mit klopfendem Herzen durch ihn hindurchgehuscht.

Eines Mittags aber herrschte reges Leben vor dem alten Tor. Es war weit geöffnet. Ein Kohlenwagen stand in seinem Rahmen und versperrte die Einfahrt. Ich stutzte, ich faßte die Riemen meines Ranzens fester, ich kroch zitternden Herzens, aber wie vom Bösen getrieben, unter den Wagen. Ich schlich an den Rädern entlang, ich fürchtete mich sehr vor den schwarzen Kohlenmännern, aber ich wich und wankte nicht. Die langersehnte Gelegenheit war da. Ich mußte versuchen, in den verborgenen Hof zu blicken. Wenig konnte ich entdecken. Die Räder, die Körbe, die Männer, die stampfenden Pferde – all das war unheimlich und gefährlich. Aber wenn ich jetzt noch immer nicht wußte, was eigentlich hinter den Mauern jener alten Häuser verborgen lag, welcher Art das Leben sein mochte, das sich dort abspielte, so erfaßte mein Kindergemüt doch endgültig dieses: ein altes Tor und ein unheimlicher Hexengang bewachen diese Stätte, zu der die Welt keinen Zutritt zu haben scheint, an der sie keinen Anteil nimmt und an der doch Kinder heranwachsen, Kinder wie wir – aber sie stehen an der Schattenseite des Lebens. Wie mögen ihre Tage aussehen, und was wird einmal aus ihnen werden?

»SIRUPSKLUUTJES« UND »OLLE WIEWEN«

Eines Tages hatten wir ihn entdeckt – den kleinen Laden in der Nähe der Volksschule am Apfelmarkt. War es überhaupt ein Laden? Eigentlich nicht! Wir Kinder – ABC-Schützen allesamt – klinkten die Haustür eines Häuschens auf. Vernehmlich schepperte die Pingelglocke über unseren Köpfen. Gespannt äugten wir auf eine Tür rechter Hand im Hausgang. Ihr oberer Teil bestand aus einem gardinenverhangenen Glasfenster, das von innen geöffnet werden konnte. Wir tuschelten, wir stießen einander an, kramten endlich umständlich ein im Taschentuchzipfel sorgfältig verknotetes Zweipfennigstück hervor. Wir blickten uns um. Rot geschrubbt waren die Steine des schmalen Ganges, sauber gewittjet die Wände, geteert der Sockel. Beschämt sahen wir auf unsere kleiverschmierten Schuhe herab, rieben sie schnell noch einmal auf der geflochtenen Matte neben der Tür ab. Gar nicht lange währte es, da hörten wir ein Stuhlrücken, jemand hustete, und dann öffnete sich das Glastürchen, und eine Oma, klein, schmal, etwas gebückt, eine schneeweiße Nachtmütze auf ergrautem Haar, blickte uns freundlich entgegen.

»Nu, Kinner?«

»Oma, een Sirupskluutje!«

Nacheinander traten wir heran und legten unser Geldstück vor uns hin. Oma bückte sich seitwärts nach einem geheimnisvollen, dampfenden Behälter herab, reichte uns auf einem Stückchen Papier mit der zitternden Rechten das Kluutje und strich mit der Linken das Geld ein.

Ach, dieses Sirupskluutje! Daß es so etwas Leckeres, das nur zwei Pfennige kostete, auf der Welt gab! Zwei Pfennige gab unser Spartopf wohl mal her, wenn es auch Mühe machte, dieses Geldstück aus dem Schlitz des rotbäckigen Steingutapfels mit Hilfe einer

Haarnadel herauszupuren. Wie gut war es doch, daß wir diese kleine Oma hinter dem Fensterchen entdeckt hatten.

Glückselig zogen wir ab und hielten das noch warme Kluutje in unserer Hand. Vorsichtig fuhr unsere Zunge zunächst über die glatte, glänzende Oberfläche, bis das Kluutje steifer wurde und sich nun in die Länge ziehen ließ. Langsam bummelten wir mit unserem Ranzel auf dem Rücken durch schmale Gassen, die wir sonst kaum betraten, zum Rathaus und dann auf den gewohnten Weg zur Schule zum Nachmittagsunterricht. Gute zwanzig Minuten gebrauchten wir für diesen Weg zur alten Töchterschule in der Burgstraße, und solange hielt auch unser Sirupskluutje vor. Seine Gestalt hatte sich immer wieder gewandelt – zum Ring, zur Schlange war es geworden – bis wir, in der Deichstraße angelangt, den Rest dieses süßen Wunderwerkes endgültig in den Mund steckten.

Vor dem ausgetretenen Drüppel der Schultür blieben wir stehen. Wir blickten einander prüfend auf Nase und Mund. Beide trugen Spuren der braunen, süßen Masse. Und ach, die Finger! Sie klebten! Und hartnäckig war das »Zeugs«! Immer wieder mußten wir die Finger in den Mund stecken, mit der Zunge das Taschentuch anfeuchten und nach Anweisung der Kameraden reiben und putzen. Unruhig horchten wir in den Schuleingang hinein. Wenn nur nicht gerade jetzt »Tante Fink« die große Glocke mit dem langen Strick daran anschlagen würde! Endlich konnten wir uns gegenseitig überzeugen, daß nun die letzten Spuren dieses wahrlich nicht zu teuer erkauften und ausgiebigen Leckerbissens getilgt seien und wir nun ohne Bangen unserer strengen Lehrerin vor die Augen treten durften.

Noch einen Laden gab es, der uns reizte, vor dem wir oft standen, besonders im Herbst und Winter, wenn es schon früh dunkelte und wir nach dem Nachmittagsunterricht Hungergefühle verspürten. Dann hingen unsere Blicke wohl begehrlich an einem Gebäck, das dem Honigkuchen ähnlich sah, aber viel billiger war. In der kleinen Brückstraße, vom Rathaus kommend linker Hand, lag dieser Laden. Er besaß nur ein kleines Schaufenster, und die Herrlichkeiten, die dort auslagen, waren recht bescheiden. Immerhin – auch dieses

Gebäck konnten wir nur selten für uns erstehen. Wo sieben gesunde Kinder in einer Familie heranwuchsen, wurden Sonderwünsche dieser Art nicht berücksichtigt. Wir wußten aber, daß unsere Mutter Honigkuchen und Printen über alles liebte. Für die kostspieligen Printen reichte unser Geld bei weitem nicht aus, aber es müßte doch möglich sein, Mutter mit diesem anderen Gebäck, den »Ollen Wiewen«, zu überraschen, notfalls mit Vaters Hilfe.

Auch in diesem Laden verkündete eine Pingelglocke den Eintritt eines Kunden. Da lagen nun die »Ollen Wiewen« auf einem Riesenkuchenblech, aneinandergebackt, dunkelbraun und appetitlich glänzend, auf der Oberseite mit Karos verziert. »Olle Wiewen« – ja, so dachten wir Kinder –, die müssen wohl eigens für Mütter und Tanten erfunden worden sein. Weich und süß waren sie. Wer keine Zähne mehr hatte wie fast alle alten Leute, die wir Kinder kannten, zumal bei uns auf dem Hammrich, der konnte sie trotzdem beißen. Als ich größer wurde, fragte ich mich wohl, ob nicht vielleicht eine Beziehung zwischen der »Zähigkeit« des Kuchens und »alten Tanten« bestünde, daß er »taje« wie manche alte Frau sei. Eigentlich weiß ich noch heute nicht, was es mit der Bezeichnung dieses Gebäcks, zu dessen Herstellung Sirup statt Honig verwendet wurde, auf sich hat.

Brachten wir nun damals unserer Mutter freudestrahlend die Ollen Wiewen mit, so griff die Gute alsbald zum Brotmesser, zerschnitt das Backwerk sorgfältig, ohne die glänzenden Quadrate zu verletzen, füllte unsere Hände und legte für sich selber nur ein Stückchen – ein Pröwke zum Koppke Tee! – beiseite.

SÜNNERKLAAS KOMMT

Endlich, endlich schlägt »Tante Fink«, unsere alte, bewährte Schul-
wärterin, die Glocke an, die an einem dicken Strang im Vorplatz der
alten Töchterschule in der Burgstraße hängt. Endlich! Nun ist auch
dieser Nachmittagsunterricht beendet. Wie schwer fällt es uns Kleinen, an diesem dunklen Dezembertag, der doch ein ganz besonderer Tag ist, aufzupassen, mit dem Zeigefinger die Zeile in der Fibel
nicht zu verfehlen, die Gedanken nicht auf Reisen zu schicken!
Zwar hat unsere Klasse eine Milchglasfensterreihe, so daß wir nicht
auf die Straße blicken können und abgelenkt werden. Nur die Giebel der gegenüberliegenden Häuser schauen zu uns herein und ein
Stückchen Himmel – ein kleines nur, an dem an diesem Nachmitta-

ge dunkelgraue Wolkenfetzen vorüberjagen. Ob Schnee in der Luft liegt? Hatte nicht die rheumageplagte Mutter am Morgen schon seufzend gesagt: »Kinder, glaubt es mir, es zieht ein Unwetter heran.« Aber Sünnerklaas hat doch einen großen, starken Schimmel; der kommt überall und durch jedes Wetter hindurch. Hatten wir Kinder ihn nicht im letzten Jahr vor dem Eßzimmerfenster gesehen? Hatte der Schimmel nicht tiefe Spuren zurückgelassen und all unseren Grünkohl, den wir auf die Fensterbänke gelegt hatten, aufgefressen?

Frühe Dämmerung liegt im Schulraum. Schatten kriechen aus der Ecke hinter der Wandtafel und dem Kartenständer hervor, und der große Eisenofen wird langsam kalt.

Jetzt aber – jetzt hat es geschellt! Schwer fällt es, nicht zu drängeln, hübsch der Reihe nach zum Pult zu gehen und sich mit einem artigen Knicks von der Lehrerin zu verabschieden! Wie schnell die kleinen Beine durch die Straßen eilen! Da ist schon der Rathausbogen, nun geht es über die Kettenbrücke. Gottlob, sie ist geschlossen. Kein Schiff muß – wie so oft – gerade jetzt durchgeschleust werden. Einen Augenblick stehen wir noch vor unserm Bäckerladen in der Neuen Straße. Stutenkerle, große und kleine, stehen da, und ach, in der Ecke – siehst du den Reiter auf dem Pferd mit den Korinthenknöpfen am Rock? Doch weiter, weiter! Am Herrentor verläßt mich meine letzte Schulkameradin und läuft schnell durch den Garten des Pastorats.

Nun bin ich allein mit meinen Gedanken, mit Wind und Wetter und einem leisen Gruseln. Auf der Herrentorbrücke beuge ich mich über das Geländer und blicke in die Tiefe hinab. In den Eschen dort unten am Ufer des Fehntjertiefs saust der Wind, der zum Sturm anzuwachsen droht. Die Wellen klatschen gegen die Böschung. Kahl stehen die Weiden da. Im Sommer kletterte ich gern die steile Böschung hinab, um »Keeskes« zu bewundern, Pfefferminze, Gundermann und Taubnesseln zu pflücken. Jetzt blähen die Böen meine Röckchen. Kalt dringt der Wind durch den Mantel. Mich friert, und ich fasse den Schulranzen fester an den Riemen und renne den Steinpfad hinab. Links von mir liegt dunkel und schmutzig und unheimlich die Räucherei, rechts lasse ich jetzt das letzte Haus hinter mir. Vor mir liegt nichts als die Weite des Hammrichs. Zu beiden Seiten dehnen sich Wiesen mit Gräben und Tümpeln. Schön läuft es sich vor dem starken Westwind! Es dunkelt bereits. Tief jagen die Wolken, fahl ist ihre Färbung. Über dem hohen Wasserturm mir im Rücken steht am Himmel ein gelbleuchtender Fleck wie ein böses Auge. Scheu blicke ich mich um und beschleunige meine Schritte.

Hoch und einsam liegt die Schiefe Tille. Links von ihr, hart am Wege, liegt eine geheimnisvolle Dobbe. Warum sie geheimnisvoll ist? Weil man sie nicht erkunden kann! Alle Dobben hier draußen haben wir Kinder erforscht, aber diese hütet ihre Geheimnisse hinter hohem, dichtem Schilf, in dem vielerlei Getier nistet und uns im Dämmern mit jähem Flug erschreckt. Verträumt, unberührt und abgeschieden liegt sie da. Auch das Vieh geht nicht zur Tränke dorthin. Nie versiegt die Quelle in ihrer Mitte, selbst im trockenen Sommer nicht; aber man kann sie nicht erreichen, so dicht steht das Schilf um ihren Quellpunkt. Immer sirrt der Wind im Halmenmeer, und zur Herbst- und Winterzeit raschelt das dürre Ried. Wir Kinder verdoppeln unsere Schritte, wenn wir auf dem Schulwege allein an ihr vorüberkommen.

Viel tröstlicher dagegen ist der Blick rechts in den kleinen Graben, der ins Tief mündet. Alles Getier, alles Gewächs, alle Wunder des Grundes liegen dem suchenden Auge offen da. Und dennoch! Diese Schiefe Tille – wir lieben sie nur am hellichten Tag. Lichtscheues Gesindel kann sich diesseits und jenseits der Brücke verbergen, weil der Weg hier so plötzlich zur Fohre einer Wiese abfällt und von der Stadtseite her nicht überblickt werden kann. Die Brücke führt in die Flackjes, Wiesen, die im Herbst und Winter unter Wasser und Eis stehen und vom alten Deich begrenzt werden. Vorzeiten soll dort ein Galgen gestanden haben und ein Menno de Ruyter dort hingerichtet worden sein, weil er einen Juden im Fehntjertief ersäuft hatte. Seine Seele spukt drüben in der alten verfallenen Holzsägemühle Naarstigheid. Ach nein – dieses ist kein guter Ort für ein kleines Schulmädchen im Schummern dieses kalten Dezembertages, im

Sturm, der das Wasser des Tiefs aufwühlt und an das Ufer klatscht. Schnell eile ich weiter auf dem schmalen Steinpfad, der hart am Tief entlangführt. Nun noch über den Tree – und da ist schon das erste Haus vom Hammrich. Seinen Garten umsäumen hohe, alte Eschen. Bald trete ich in den Windschatten der großen Scheune meines Elternhauses, durchquere den Garten vor dem Giebel, den hohe Linden vor dem Ost schützen, und reiße glückstrahlend die Küchentür auf. Der Hund springt mir entgegen, ein lustiges Feuer brennt im Herd, die Mutter ist da, die kleinen Geschwister spielen, und in einer Ecke der Herdplatte steht mein Koppke Tee, zugedeckt mit der Untertasse.

Sehr geräumig ist die Küche. Viele Menschen, große und kleine, haben Platz in ihr. Die Mädchen gehen aus und ein, sie machen geheimnisvolle Augen. Die Petroleumlampe wird noch nicht angezündet, aber Torf wird nachgelegt. Die Bratofenklappe wird geöffnet. Alle Kinder drängen sich um den Herd, auf dessen Platte Äpfel brutzeln. Die große Schwester hat das Kleinste auf dem Schoß. Unermüdlich fragen wir: »Kommt Sünnerklaas wohl bald?« Auf den Fensterbänken draußen liegt seit dem Mittag der Grünkohl. Weit aufgestellt sind die Pforten, damit der Schimmel auch hereintraben kann. Doch bevor Sünnerklaas kommt, muß noch gemolken und gefüttert werden. Ich gehe mit unserer getreuen Juliane durch den langen, dunklen Kuhstall. Ich stehe neben dem Tier, meinen Becher in der Hand. Niemals schmeckte mir die Milch besser als frischgemolken. Die Laterne hängt hoch am Balken und spendet trübes Licht. Die Hühner glucksen und flattern auf ihren Stangen. Dunkelheit fällt durch die kleinen Scheiben der Stallfenster. Warmer Dunst liegt im Raum und Geborgenheit, während der Sturm immer stärker wird und sich mit Gewalt gegen das große Scheunentor wirft. Warm ist der Leib der Kuh. Sie steht so geduldig und wendet ihre großen, dunklen Augen mir zu. Nach beendetem Melkgeschäft fasse ich die Schürze des Mädchens ganz fest. So gehen wir zusammen durch den dunklen Kuhstallgang zur Küche zurück. Die Zweige der Bäume schlagen, vom West gepeitscht, gegen die Fensterruten und jagen mir tiefen Schrecken ein.

»Nun kommt er bald, seid lieb und artig!« sagt die Mutter, und wir mucksen uns nicht mehr, geschart um den Herd, gedrängt an die Schwester, die ihre Beine in den Bratofen gesteckt hat. Die Mädchen bereiten das Abendbrot, die Mutter geht hin und wieder. Nun spricht keiner mehr, wir flüstern nur und lauschen, lauschen ... Im weiten Schornstein steigt der Wind auf und nieder und rüttelt an der Klappe. Da horch! Durch Sturmessausen hindurch vernimmt das Ohr ganz deutlich ein Türenschlagen. Die Stalltür muß es sein. Nun wieder! Das ist die Pferdestalltür, die zur Scheune führt. Nun ist alles still. Aber jetzt! Trapp – trapp – trapp – schwere Männerschritte – Holzschuhgepolter. Und nun: ein Schleifen, ein Schurren, ein Ächzen, ein Stöhnen! Hört ihr es? Über dem Boden des Kuhstalls kommt es näher heran, jetzt sind die Tritte über uns auf dem Küchenboden! Unsere Herzen zittern, wir atmen schwer. Hört ihr es nicht? Ein Keuchen – oben im Schornstein! Ein Sack wird herbeigeschleift, eine tiefe, tiefe Stimme fragt langsam und schwer: »Sind die Kinder auch alle artig?« Unsere Mutter – o wie gut ist es doch, daß eine Mutter da ist in solcher Angst! – unsere Mutter gibt Antwort auf diese und weitere Fragen. Und dann sagen wir mutig im Chor:

> »Sünnerklaas, do goode Blood,
> bring mi 'n Stückje Zuckergood,
> nich to völ und nich to minn,
> schmiet mi 't man to 'd Schöstein in,
> mit een lütjet Band deran,
> dat ick 't ook berecken kann!«

Karbautz – da fliegt eine große Tüte durch den Schornstein herab! Plumps – noch eine! Schnell reißt die verständige Schwester sie von der heißen Herdplatte hoch. Wir halten unsere Hände auf, die Mutter teilt aus. Mit glückstrahlenden Augen bewundern wir die hübschen Formen und wagen kaum, in die Pracht hineinzubeißen. Ja, hört ihr es? Hört ihr es, wie seine schweren Schritte sich entfernen? Wie endlich die Türen klappen, laut durch den Sturm? Zuerst die Scheunentür, dann die Pferdestalltür und endlich die Kuhstalltür. Hört ihr, wie es im Garten an den Fenstern entlangschleicht? Hört ihr, wie es noch einmal an die Scheiben pocht?! Nun ist es still! Keine Schritte mehr, nur der Sturm orgelt in den Kronen der alten Linden, zaust an den Dachziegeln, pfeift heulend um die Scheunenecke. Die Lampe über dem langen Eßtisch wird angezündet. Sieben Kinderköpfe beugen sich über die gefüllten Hände, sieben Kinderherzen schlagen froh und erwartungsvoll dem andern Tag entgegen, an dessen Morgen auf dem Fensterbrett die Stutenkerle stehen werden, denn ... er war da, Sünnerklaas war da!

PUPPENKINDER

Puppen liebte ich über alles. Ich träumte nachts von ihnen, so sehr beschäftigten sie mich. Da ich zwischen zwei Schwestern stand, von denen die eine fünf Jahre älter, die andere vier Jahre jünger war als ich, spielte ich mit den Puppenkindern oft für mich allein.

Ein großes Erlebnis war es, als der Weihnachtsmann ein langes Puppenbett und eine geräumige Puppentruhe brachte, auf deren Vorderseite in goldenen Lettern die Inschrift prangte:»H. und L. Winter«. Zudem waren diese Möbelstücke mit dunkelbrauner Farbe besonders kunstvoll gestrichen und lackiert. Obwohl sie mir nicht allein gehörten, wie ja auch die Namen besagten, war ich doch außer mir vor Freude.

Welch eine Überraschung war es auch, alle seine Puppenkinder zu Weihnachten neu eingekleidet auf dem Gabentisch vorzufinden, nachdem sie wochenlang »verschwunden« waren! Sehr liebte ich ein rotweiß gemustertes Kleidchen mit weißem Einsatz und kleinem Volant, das ich leider an einem Festtag mit Kakao bekleckste. Nun saß der häßliche braune Flecken darin und wich keiner Wäsche, auch der grünen Seife nicht. Das ärgerte mich sehr.

Mit meinem größten Puppenkind wanderte ich gerne durch den Garten. Mit gemessenen Schritten wandelte ich um das große runde Beet und war sehr darauf bedacht, daß ein Ärmchen an meinem Hals lag, und daß ich es genauso trug wie Mutter unser »Püppi« – so wurde Tini genannt, als sie noch klein war. Auf dem rechten Arm trug ich das Puppenkind, und mit der linken Hand raffte ich mein Kleidchen in der Weise wie die Großen ihren »Timpenrock.«

Sehr stolz war ich, als ich die große Puppe von Hilda erbte. Einen Scheitel hatte sie und zwei lange blonde Flechten von echtem Haar, das ich kämmen konnte. Gertrud nannte ich sie und legte ein Album für sie an. Ich nähte es mühsam aus einem alten Heft zusammen und trug als Widmung ein:»Lieben und geliebt zu werden, ist das höchste Glück auf Erden. Zur Erinnerung an deine Mutter.«

Viele Puppen hatte ich. Einst brachte mir der Weihnachtsmann ein Kind, das hatte braune Augen und blonde Locken und trug ein Eismäntelchen und Schlittschuhe. Ich nahm es täglich mit aufs Eis. Die kleinste meiner Puppen war ein fingerlanges Porzellanpüppchen. Wenn ich alle ganz kleinen mitrechnete, kam ich auf 19 Kinder. Von dieser Kinderschar träumte mir einst, daß sie alle gegen mich aufstanden und mir den Gehorsam kündigten. Da fuhr ich sie kurzerhand zum Schloot vor unserem Hause, faßte jedes einzelne Kind an einem Bein und schleuderte es wutentbrannt in »Jude sein Land«, so nannten wir Kinder das Weidestück jenseits des Grabens, in dem auch die tiefe Drinkeldobbe lag, das dem Juden de Beer gehörte. Bei dieser Tat durchfuhr mich jedoch ein solcher Schrecken, daß ich aufwachte und nun beglückt feststellte, daß alles Schreckliche nur ein Traum gewesen war!

In der kleinen, hellen Küche von Tante Pein erlebte ich einst eine unbeschreiblich große Freude. Meinem Puppenkind waren die Augen ausgefallen und Tante Pein brachte sie auf Mutters Geheiß in die Puppenklinik, die sich in der Brückstraße befand, dort, wo die Hofstraße, in der Tante Pein wohnte, in diese einmündet. Wie oft stand ich staunend vor dem großen Schaufenster mit den vielen, vielen Puppen! Wie viele Male stolperte ich jetzt die schmale, dunkle Stiege nach oben und rief schon bei der untersten Stufe laut und ungeduldig: »Tante Pein, ist meine Puppe nun heil?« Ach, wie lange mußte ich warten. Tante Pein tröstete mich: »Komm«, sagte sie, »du darfst wohl eben mit Tillys Puppe spielen, aber vorsichtig, vorsichtig!« mahnte sie. Wir gingen in ihre gute Stube, die dämmrig verhangen mit Plüsch- und Mullgardinen zur Straße hin lag, in der in einer Schranklade sorgfältig in Tücher gewickelt die Puppe lag, die unsere Tilly, als sie noch ein Kind war, von ihrem Vater bekommen hatte, und die er in einem fernen Land – ich glaube, es war Amerika, erworben hatte. Deswegen sah sie auch so anders aus als alle Puppen, die ich gesehen hatte. Groß war sie, dichte Locken umrahmten das Gesicht, dessen Wangen wie auch Arme und Beine seltsam glänzten. Die Puppe war aus Wachs, und dies war ihr größtes Geheimnis.

Ich hockte auf dem Teppich vor der geöffneten Lade, nahm die Puppe vorsichtig auf den Schoß, befühlte ihre Glieder, untersuchte ihre Bekleidung, zupfte an Höschen und Röckchen, legte wohl auch behutsam das blasse, kalte Gesicht an meine vor Bewunderung heiße Kinderwange, schnupperte mit erhobener Nase umher. Wonach roch es nur? Nach Mottenkugeln, nach »Schrank« und kalter Pracht, nach einem Raum, in dem man kaum wohnt und der nichts Trauliches an sich hat. Wieviel lieber war ich in Tante Peins Küche! Aber hier sitzen, so ganz allein, das fremde Kind wiegen und auf das große Bild gucken, das über dem Sofa hängt, auf dem Tillys Vater zu sehen ist, der schon so lange tot ist, auch dieses ist schön! »Nun komm!« ruft Tante Pein nach einer ganzen Weile. Da nehme ich das große, weiße Tuch und wickle die Wachspuppe sorgfältig ein, lege sie in die Lade, schiebe sie zu und frage: »Tante Pein, sind denn so viele Puppen in der Welt kaputt, daß der Puppendoktor immer noch keine Zeit hat?« Und wieder tröstet Tante Pein, dieses Mal mit einem weichen Brötchen zu einem kleinen Koppke Tee.

Endlich aber war es so weit. Ich saß erwartungsvoll auf meinem Stuhl und sah ungeduldig zu, wie Tante Pein das Paket öffnete. Ach, so langsam, so umständlich! Ich wippte aufgeregt hoch, ich setzte mich wieder. »Geduld, Kind, Geduld!« Tante Pein sah über ihre Brille hinweg auf mich: »Kiek!« Es war kein großes Puppenkind. Meine Schulkameradin, deren Geburtstag ich gerade gefeiert hatte, besaß viel größere Kinder. Aber es war doch meine liebe, liebe Puppe, die ich jetzt in meinen Armen hielt. Ach, und was war das? Nicht mehr starr und unbeweglich standen der Puppe die Augen im Kopf wie vordem. Nein, Wimpern hatte sie, richtige Wimpern! Und wenn ich mein Kind in meinen Schoß legte, schlossen sich die Augen! War es denn möglich – gab es denn das? Immer wieder, langsam und vorsichtig, hob und senkte ich die Puppe, wiegte sie sacht in den Armen, drückte sie beglückt an meine Brust, vergaß alles um mich her, war versunken in dieses Spiel und merkte es kaum, daß mir die Freudentränen über die Wangen rollten und auf mein Püppchen in meinem Arm niederfielen.

Als ich 13 Jahre alt wurde, wünschte ich mir brennend jenen Puppenwagen, den ich im Schaufenster von de Weert in der Neutorstraße gesehen hatte, einen dunkelroten Korbwagen. Er war unserer Mutter zu teuer. Sie kaufte einen kleineren, der fünf Mark billiger war! Ich aber war doch schon so groß! Wie sehr hätte ich mich beim Schieben bücken müssen! Jedermann hätte schon von weitem erkannt, daß dieses Gefährt für mich zu klein, oder ich überhaupt für ein solches Geschenk zu groß sei. Ich war sehr betrübt. Kaum war Vater von seiner Reise heimgekehrt, so zog ich ihn an den Wagen, sagte ihm meinen großen Kummer und vertraute im Stillen auf die Weichheit seines Herzens. Es kam, wie ich gehofft hatte. Anderen Tages tauschten wir den Wagen um, und ich bekam den ersehnten für 15 Mark. Wie glücklich war ich!

Mein Geburtstag fiel in den Januar. Bis zu diesem Tage ließ Mutter unseren Tannenbaum stehen, der so hoch war, daß er bis an die Decke reichte. Bei stillem Wetter wurde er im Dämmern draußen abgebrannt. Immer war das für uns Kinder ein großer Augenblick. In diesem Jahre aber brachte ich zuvor meinen Puppenwagen aufs Eis und schöfelte glücklich mit ihm über die Schlööte, wobei es schwierig genug war, von einem Wasserlauf zum anderen überzusteigen. Alle 19 Kinder lagen drin, am Kopf- und Fußende und an beiden Seiten.

Diesen Wagen nahm ich mit in die Ehe, sicher verwahrt in einem Sack, den Blicken der neugierigen Welt entzogen. Was aber geschah? Als die Möbel an der Spolser Brücke ausgeladen wurden, riß der Sack. Unter Gelächter zogen die Bauern den Wagen, den sie für einen Kinderwagen hielten, ans Tageslicht, nicht wenig erstaunt über die Vorsorge ihrer jungen Mestersleute.

In diesem Wagen fuhr ich Hilke bei meinem ersten Kirchgang nach ihrer Geburt, als sie fünf Wochen alt war, zu Opa und Oma nach Remels. Als wir beim Kaufmann Lüken vorbeikamen, meinte Tina: »Wat hebt de Minschen vandag vör lüttje Kinnerwagens!«

Nach Hilke erbten unsere Nichten Anna, Ella und Frauke den Wagen.

So oft ich ihn sinnend betrachtete, erinnerte ich mich längst vergangener glücklicher Kinderjahre.

TANTE LÜKEN

Tante Lüken war die Base meiner Mutter. Sie stammte aus Remels, dem Dorf im Uplengener Land, das mir zur zweiten Heimat wurde, und in dem meine Kinder aufgewachsen sind.

Tante Lüken, Eveline mit Namen, war eine Tochter des Lehrers und Organisten Mansholt, des Vorgängers meines Schwiegervaters, der die Schwester unseres Großvaters Ihler geheiratet hatte. Nach dem frühen Tode unserer Großmutter Hilke, zog es ihre beiden Kinder, unsere Mutter und ihren Bruder Arend, die ohne Mutterliebe und -fürsorge auf dem Hof am Fehntjertief aufwuchsen, immer wieder nach Remels, wo sie in der »Mesterei« inmitten froher Jugend ihre schönsten Ferien erlebten. Es war nicht zu verwundern, daß alte Bande neu geknüpft wurden, als nach Jahren die Base Eveline einen Eisenbahner heiratete und nach Emden verschlagen wurde. Das geschah gewiß schon vor meiner Zeit, denn soweit ich zurückdenken kann, gab es bereits unsere gute Tante Lüken, die wir Kinder oft und gerne aufsuchten. Sie wohnte oben in einem Hause in der Borssumer Landstraße, nicht sehr weit von uns entfernt. Zumeist nahmen wir den Richtweg, einen schmalen Pfad, der jenseits der Schiefen Tille durch die Flackjes und dann schräg aufwärts über den alten Deich führte, der erst viele Jahre später einer Siedlung weichen mußte. Damals begegnete uns dort kaum ein Mensch. Der schmale Kleipfad schlängelte sich durch Wiesen und an einzelnen Äckern vorbei. Am Wegrain und auf der Deichkuppe weideten zahlreiche Schafe. Im Frühjahr und Sommer riefen Kiebitze von weither, und über uns tirilierten die Lerchen. Bei Regenwetter glitschten wir mühselig genug auf dem Kleigrund dahin, rutschten auch wohl ab, sobald es den Deich hinaufging. Jenseits des Deiches galt es dann, das Schuhwerk gründlich mit Grasbüscheln und, wenn nötig, auch mit Schlootwasser zu säubern, ehe wir es wagten, die Steintreppe vor der Haustür zu betreten und danach auf säuberlich ausgelegten Stufen die gewundene Treppe ins obere Stockwerk hinaufzuhuschen, zu klingeln, auf den gemächlichen Schritt der behäbigen Tante zu horchen und sie dann aufstrahlend zu begrüßen.

Tante Lüken kam oft zu uns auf den Hammrich hinaus. Sie mußte zwar den Umweg durch die Parallelstraße machen, vorbei am hohen Wasserturm, der, auf einem grünen Hügel errichtet, weit über die Dächer ragte und uns Kindern ein Wahrzeichen der Stadt zu sein schien, so oft wir von unserer Bank am Tief nach Westen blickten, wo er sich scharf gegen den verglühenden Abendhimmel abhob. Oft sahen wir Tante Lüken schon von weitem daherkommen. Sie war ja auch keineswegs zu übersehen: eine große, breite, immer fülliger werdende Frau. Kein Wunder auch, daß der Weg sie sehr anstrengte! Die gute Frau keuchte vom Gehen und war erhitzt, wenn sie bei uns eintrudelte. Keinen unserer Geburtstage vergaß sie je. Da dieser besondere Tag für mich in die Apfelsinenzeit fiel, brachte sie mir in ihrer großen schwarzen Wachstuchtasche die kleinen, süßen Blutapfelsinen mit, auf die ich mich schon tagelang vorher freute.

Auch zum Schlachten stellte Tante Lüken sich ein, half beim Würstestopfen und bewachte, den Schäumer in der Hand gezückt, die Ärmel hochgestreift, das Gesicht von den aufsteigenden Dämpfen gerötet, den großen Topf auf dem Herd, in dem die fertigen Würste brodelten. Zwischendurch löffelte sie mit Behagen aus ihrem Brannwiensköppke und steckte uns wohl verstohlen eine süße Rosine in den Mund.

Traf es sich, daß Onkel Lüken auf großer Fahrt war, erwählte sich unsere Tante aus unserer Schar einen Schlafgesellen. Ich war allzeit gerne bereit, sie in ihrer Verlassenheit zu trösten. Ohne Zögern packte ich meinen Schulranzen, steckte Nachthemd und Zahnbürste in Tante Lükens Wachstuchtasche und nahm freudig Abschied von den Geschwistern.

Eine Stadtwohnung mutete mich fremd und ungewohnt an. Alle Räume lagen so dicht nebeneinander! Mit ein paar Schritten stapfte man von einem Zimmer ins andere. Ein Versteck zu finden, in dem man ungestört lesen konnte und nicht einmal hörte, wenn nach einem verlorenen Kind gerufen wurde – und wie viele solcher heimlichen Winkel gab es im Elternhaus! – war hier nicht möglich. Dennoch! Es lohnte sich auszukundschaften, wie es sich hier oben leben ließ. In dem Wohnzimmer mit den Plüschmöbeln, den mannigfaltigen gehäkelten Deckchen auf Lehnen und Tischchen, dem Teppich und den Vorlegern, wagte ich nur behutsam umherzugehen, um vor allem die zahlreichen Photographien an den Wänden, auf Schränkchen und Borten zu betrachten. Vor den Kinderbildern verweilte ich lange. Da war der lustige Vetter in bunter Studentenmütze, der mir bei seinen Besuchen Schokolade schenkte und mich immer nach dem Tun und Treiben meiner ältesten Schwester ausfragte, so daß es mich oft verdroß. Seine kleine Schwester hieß so wie ich, und von ihr erzählte Tante Lüken oft und gern.

Nicht ohne heimlichen Groll im Herzen mußte ich zur Kenntnis nehmen, daß diese Namensschwester ein liebes, ruhiges Kind sei, nicht solch ein Draufgänger wie ich. Ich fühlte sehr wohl, daß die gute Tante durch solches Erzählen mein Temperament zu zügeln trachtete, was doch wohl schwer genug hielt, rief doch unsere Juliane einstmals, als ich ihr beim Schrubben übermütig über den Besen hin- und hersprang: »Kind, du büst de Düwel van de Korr offallen!«

Die Bilder der Erwachsenen streifte mein Blick nur flüchtig. Altmodisch waren diese Menschen gekleidet. Sie schauten ernst und still von den Wänden herab. Die meisten waren schon lange tot. Sie paßten hinein in diesen Raum, in dem es nach Altertum und kalter Pracht roch. »Hier sitzen sie sicher nur bei hohem Besuch«, dachte ich bei mir, »die Sonne scheint ja auch den ganzen Tag nicht hinein.«

Aber eine große Sehenswürdigkeit war da: ein kleiner Balkon, von Eisenstäben eingefaßt. Manchmal, an warmen Sommerabenden, saßen wir beide dort und blickten auf die Straße hinab und auf den Deich und über ihn hinweg zum Hammrich. Wie ein dunkles Gebüsch lagen die wenigen Häuser in der einfallenden Dunkelheit da.

»Was sie jetzt dort wohl machen?« fuhr es mir dann durch den Sinn. Aber Tante Lüken faßte meinen Arm. »Siehst du die Radfahrer, eine ganze Gruppe?« Ausflügler waren es wohl, die heimkehrten, und deren Fähnchen vorn am Rad lustig im Abendwind flatterten. Meine Tante hob den Arm. »All Heil!« rief sie und winkte hinab. Sie war ein allzeit munterer Mensch und freute sich kindlich über den fröhlichen Gegengruß des jungen Volkes.

Tante Lükens Küche lag nach Süden. Hell und freundlich war sie. Der Tisch, an dem ich ihr gegenüber saß, stand vor dem Fenster. Aus ihm blickte man in den Hof auf einen Seitenbau, in dem der Musiker Adami, der unten wohnte, seine Kapelle untergebracht hatte. Fast ununterbrochen klang das Üben und Musizieren uns und allen Nachbarn in die Ohren. Ich empfand das als Kind unterhaltsam und versuchte, auf Knien sitzend, von meinem Stuhl aus etwas vom Tun und Treiben im Musikerflügel zu erspähen. Kam hin und wieder einer der jungen Leute aus dem Bau heraus, so blickte er meistens zu uns herauf und winkte uns zu. Eifrig winkte ich zurück, denn diese Art Menschen war mir bis dahin noch nicht begegnet.

Morgens stand ich zeitig auf und freute mich auf das Frühstück. Eine große Tasse Kakao stand auf meinem Platz. Dazu gab es Brötchen mit Wurst. Natürlich schmeckte dieses alles besonders gut. Die Musikanten bliesen auch schon. Aus allen Häusern kamen Schulkinder. Ich durfte mir noch etwas wünschen zu Mittag – etwa eine Cremortateriesuppe mit Rosinen und Korinthen! –, und dann ging ich den ungewohnten Schulweg durch die Martin-Faber-Straße, am Gaswerk vorbei und freute mich im Stillen auf die Geschwister, die ich kaum vor der ersten Pause treffen würde, nach denen ich so etwas wie Heimweh verspürte.

Als mein Onkel in den Ruhestand trat, kaufte er ein Haus in der Parallelstraße neben der lutherischen Pastorei. Es fiel im 2. Weltkrieg einer Bombe zum Opfer und steht heute nicht mehr.

Nach dem Einzug schafften die beiden Alten sich einen Papageien an, ein possierliches Tier. Klopften wir an die Tür der Küche, so rief er »Herein!« und danach wiederholt »Lora«. Auf diese Weise mel-

dete er an, daß jemand das Haus betreten habe. Er rief ununterbrochen und durchdringend, drehte und wendete sich unruhig auf der
Stange hin und her, ließ sich auch durch uns Kinder, die er doch
kennen mußte, nicht beruhigen, bis meine Tante, die oben im Haus
oder im Garten weilte, herbeikam und ihm gut zuredete.
Eines Tages geschah es, daß ein Freund meines Bruders in unser
Haus stürzte und rief: »Tante Lüken steht vor der Fohre und kann
nicht durch!« Die Fohre schloß das Land ab, das wir von der Schiefen Tille ab auf einem schmalen Steinpfad durchqueren mußten. Im
Sommer, wenn die Kühe dort weideten, wurde die Fohre geschlossen und neben ihr vor dem Durchgang ein Drehpfahl angebracht –
»een Dreih«. Für diesen Durchgang war unsere gute Tante zu füllig
geworden. So stand sie hilflos da, als jener Freund des Weges kam.
Unter großem Hallo zogen wir Kinder hin und setzten mit verein-
ten Kräften das schwere Heck, das nur Männerfäuste regieren
konnten, auf. Abends brachten wir unsere Tante Lüken mit derselben Freude wieder zur Tille zurück und winkten ihr noch lange
nach, bis sie zur Herrentorbrücke abbog und unseren Blicken ent-
schwunden war.

MIT VATER AUF REISEN

Hin und wieder nahm Vater mich mit »auf die Reise«. Wie freute ich mich! Aber da war die Sache mit dem Entschuldigungszettel! Ich hatte weder Bauch- noch Halsweh. Quietschvergnügt war ich und im Begriff, anstatt die Schulbank zu drücken, in Gottes schöne Natur hinauszufahren und zu wandern. Ob das wohl ganz recht war? Vater zerstreute lächelnd alle meine Bedenken, er nahm sie gar nicht ernst – das fühlte ich. Auch mochte er denken, daß eine solche Reise mit ihm meiner Bildung förderlicher sei als ein Schultag im alten Geleise. »Laß mich nur machen! Wie heißt dein Lehrer?« Sprach's und schrieb mit seiner schönen, korrekten Handschrift auf blendend weißer Briefkarte die Entschuldigung des Inhalts, daß er bitte, mein Fehlen wegen einer »notwendigen Reise« zu entschuldigen. Beruhigt steckte ich den Brief ins Lesebuch, was Vater tat und sagte, galt. Auch die Lehrkräfte mußten dieser Meinung sein, sie erbrachen den Brief, lasen ihn und stellten niemals eine Frage. Fast allen war Vater ja auch persönlich bekannt.

Die erste Reise, an die ich mich erinnere – ich war noch klein – führte mich nach Großefehn. Unterwegs stand mein Mund nicht still, und Vater wurde nicht müde, Rede und Antwort zu stehen. Staunend sah ich die Reihen schmucker Häuschen mit den leuchtend weißen Windfedern an den Giebeln. Zu beiden Seiten des schnurgeraden Wasserlaufes standen sie, gepflegte Vorgärtchen erstreckten sich bis an den sandigen Fahrweg. An der Böschung des Kanals tummelten sich Kinder, vor den Bootsstegen lagen Torfmuttjes vertäut. Vater erzählte von dem weiten, wilden Moor, das sich vorzeiten hier erstreckte, von seiner Verlassenheit und Einsamkeit, aber auch von seiner Schönheit zur Zeit der Heideblüte. Ich schritt an seiner Hand auf dem festgetretenen Pfad tapfer drauf los und hörte ihm aufmerksam zu. So erreichten wir endlich eine weiße

Klappbrücke. Nahebei lag das Anwesen von Harm Ihler und seiner Frau Dortje, die zur Sippe meiner Mutter väterlicherseits gehörten und deren Tochter Lini längere Zeit als Stütze in unserem Haushalt lebte. Wir wurden freudig aufgenommen und aufs beste bewirtet. Wie herrlich schmeckten das Koppke Tee mit dickem Kluntje und Blöömke und die gestrichenen Brote, die Tante Dortje mir vorlegte.

Als wir später den Garten, die Beete und Äcker besahen, beeindruckte mich am stärksten der Bienenstand, der sich abseits an einer schuligen Stelle befand. Als nun gar der Onkel die Drahthaube anlegte und wie ein seltsames Ungetüm ausschaute, fürchtete ich mich sehr, und die Großen hatten Mühe, mich zu beruhigen.

Abends schliefen wir in der Upkamer in der Butze. Es roch nach »guter Stube« in dem Raum, nach Mottenkugeln in Polstermöbeln. Ich versank in einem Federberg, als ich zu Bett gebracht wurde. Fremd schien mir alles, es fehlte nicht viel und Heimweh hätte mich überfallen, aber ich wußte ja, nach einiger Zeit würde Vater zu mir kommen, und in seinem Arm würde ich sicher und gut schlafen. Ich lag lange wach, dann aber, als bereits alles Denken und Sinnen durcheinander zu gehen drohte, öffnete sich die Tür, ein Lampenschein fiel ins Zimmer, auf Zehen schlichen sich Große an mein Bett. Ich stellte mich schlafend, eingedenk der Mahnung, die mir beim Schlafengehen zuteil geworden war: »Mußt ruhig slapen, Papa kumt naast!« Jemand beugte sich, mit der Hand das Licht abschirmend, über mich, wandte sich zu den anderen: »Och, wat slöpt dat Kind sööt!« Dann war ich wieder allein, nur eine Fliege stieß gegen die Fensterscheibe und summte immerfort.

Ein anderes Mal ging die Reise nach Aurich. Ich fand es unterhaltend, mich in den Geschäften, die Vater besuchte, aufs genaueste umzusehen, auch war es gar nicht langweilig zu beobachten, wie Vater mit dem Inhaber die Teeproben abschmeckte. Sie steckten ein paar Stengelchen in den Mund, probierten anhaltend und mit ernsten und sinnenden Mienen.

An jenem Tage aßen wir im Deutschen Haus am Markt zu Mittag. Das Essen mundete vortrefflich. Wir saßen mit mehreren Herren am Tisch. Aber ach, dieses neue Kleid, das ich auf Mutters Geheiß auf dieser Reise einweihte, ärgerte mich sehr. Von brauner Farbe war es, und die Schwestern Tholens, die Jungfrauen Hilda und Anna, hatten es genäht auf ihre Weise: solide vor allem! Eng, gefüttert und mit einem kalten, steifen Futterstoff, im Rücken versehen mit einer langen Reihe Haken und Ösen, versteift mit Stangen, geschmückt mit einem Firlefanz von Rüschen und – das Allerschlimmste – gearbeitet mit einem Stehkragen! Ein grauenhaftes Kleid für ein Kind, das kaum 10 Jahre alt war und von Natur aus quicklebendig, daß die Lehrerin es gerne »Wüppsteert« oder »Zappelphilipp« nannte. Ich hatte am Abend vor unserer Reise denn auch bittere Tränen geweint, aber Mutter setzte – es war nicht anders zu erwarten! – ihren Willen durch. Ich »sollte« mich freuen, aber ich heulte!

Der Braten schmeckte so gut, ich langte herzhaft zu, enger und enger wurde das vermuckte Kleid, ich konnte kaum noch atmen, das Blut stieg mir zu Kopf. Ich sprang auf, stieß den Stuhl zurück, eilte zu Vater, der wie alle anderen Gäste überrascht aufsah, stellte mich vor ihn, drehte ihm den Rücken zu und rief verzweifelt: »Vati, hak das Kleid los, ich muß schmoren!« Das laute Gelächter der Anwesenden störte mich nicht, glückstrahlend kehrte ich an meinen Platz zurück und schmauste nach Herzenslust weiter. Vater hatte durchaus Verständnis für meine Lage. Erst, als wir uns am Abend Emden näherten, hakte Vater mir den steifen Verschluß wieder zu: »Wir sagen Mutti nichts davon«, tröstete er.

Einst fuhr ich mit Vater im Wagen in die Krummhörn. Damals muß ich noch recht klein gewesen sein, ich habe nur eine unklare Erinnerung an ein Gasthaus, vor dem wir ausspannten und zu Mittag aßen, an viele kleinere Kinder, die mich umringten und wohl mit mir spielen wollten. Ich fand den Anschluß an fremde Gespielen nicht leicht, aber nach einer Zeit wurden wir miteinander vertraut. Diesen Zeitpunkt benutzte Vater, um sich unbemerkt zu Kundenbesuchen zu entfernen. Ich war ja gut aufgehoben, aber – o weh! – mit einem Male war das Unglück da: ich hatte Vater verloren! Die Wirtsfrau, die Erwachsenen im Hause, die großen Kinder – sie alle versuchten auf ihre Weise, mich zu beruhigen und zu überzeugen, daß Vater ja bald zurückkehre. Es half alles nichts. All mein Trost hier in der Fremde war dahin! Verlassen kam ich mir vor. Da kam der Wirt, ein behäbiger Mann, auf einen absonderlichen Gedanken, um mich abzulenken und mit mir zu spaßen. Er näherte sich mir mit einer gewaltigen Schere – vielleicht war ihm eine Heckenschere in die Finger gefallen! – und stellte sich, als wolle er mir die Zöpfe abschneiden.

Nun war in jenen Tagen in Emden viel die Rede von einem Zopfabschneider, der sein Wesen sowohl in weniger belebten Straßen der Stadt als auch auf dem Wall treibe und unvermutet den kleinen Mädchen die Flechten abschneide. Wir ABC-Schützen steckten unsere Flechten fortan fürsorglich vorne in den Mantel hinein oder hielten sie vor der Brust mit einer Hand fest, sobald uns nur ein Mann begegnete, der uns »gefährlich« zu sein schien. So hatte ich eines Tages, von der Schule kommend, von der Herrentorbrücke ab Reißaus genommen vor einem Mann, der schmutzig gekleidet mit einem schwarzen Gesicht, aus dem die Augen seltsam funkelten, in der Nähe der Räucherei an mir vorüberging. Im Nu hatte ich die Zöpfe in den Brustlatz der Schürze gesteckt, faßte mit beiden Händen die Riemen des Ranzels und rannte davon, als sei der leibhaftige Böse hinter mir her. Als ich gar noch einen Mann hinter mir herrufen hörte, gerade jetzt, wo ich die letzte menschliche Behausung hinter mir lassen mußte und mutterseelenallein zwischen Äckern zur Rechten und tiefem Schloot zur Linken in Richtung Schiefe Tille dahinraste, verlor ich jegliche Überlegung. Zudem klopfte es so seltsam mir im Rücken! Ich kam nicht darauf, daß es der polternde Griffelkasten war, der mich erschreckte. Je schneller mein Lauf, desto lauter dieses Klopfen. Waren es Schritte? So stürzte ich endlich atemlos und keines Wortes mächtig in die Küche.

Es währte nicht lange, da klopfte es an die Tür. Wer kam herein? Ein schwarzer Mann! Was sagte er? »Ja, Kind, kennst mi denn nich, löppst vör mi weg? Ick do di doch nix!« Ich hob mein verweintes Gesicht, ich sah ihn an: ja, das war ja Waalkes, unser Kohlenhändler aus der Kranstraße, und natürlich war er schwarz!

71

Dieses alles mochte mir jetzt durch den Kopf gehen. Den dicken Mann auf mich zukommen sehen, in seinen großen Händen dieses wahre Ungetüm von Schere gewahrend – das Maß meines Kummers war voll! Ich sprang herunter von der Wagendeichsel, auf der wir gerade einträchtig beinander saßen, als mir Vaters Abwesenheit bewußt wurde, und rannte bitterlich weinend davon ins Blaue hinein, stürzte endlich Vater in die Arme, klammerte mich an ihn, als seien wir von bösen Mächten auseinandergerissen worden.

Noch ein zweites Mal reiste ich mit Vater in die Krummhörn. Ich war etwa zwölf Jahre alt. Wir wanderten von Dorf zu Dorf. Hin und wieder gab Vater mir seinen Handstock. Ich mußte ihn auf dem Rücken tragen und mit beiden Armen halten. »Siehst du, wie schön gerade du gehen kannst, und nun feste marschieren!« feuerte er mich an. Als wir in Pewsum zu Mittag einkehrten, war ich müde und rechtschaffen hungrig. Was für ein Gericht uns vorgesetzt wurde, weiß ich nicht mehr, aber der Nachtisch ist mir unvergeßlich geblieben: »Omelette mit Kronsbeeren!« belehrte mich Vater. »Etwas Feines!« Ja, Pfannkuchen kannte ich ja – aber Omelette?

Ach, es war zu schön, mit Vater »auf Reisen« zu gehen!

KINDERÄNGSTE

Es mag gegen Ende meines ersten Schuljahres gewesen sein, das ich noch in der alten Töchterschule in der Burgstraße erlebte. Die Fenster des Klassenzimmers sahen auf den Schulhof, auf den alten Birnbaum neben der aufgemauerten Regenbacke. An der hohen Mauer, die sich auf zwei Seiten des Hofes hinzog und einen kleinen Vorsprung hatte, auf dem unsere Füßchen mit knapper Not einen Halt fanden, spielten wir Kleinen in den Pausen unermüdlich: »Kaiser von Rom, hat einen Sohn, war noch zu klein, Kaiser zu sein. Rück ein bißchen weiter ... dreh dich mal um!«

Diesen Hof liebte ich nicht. Er erschien mir so dunkel, so unfreundlich, so abgeschlossen von aller Welt, von allem fröhlichen Leben. »Wie ein Gefängnishof ist er«, sagte ich mir oft.

Fand es sich, daß ich eine Stunde eher frei war als mein Bruder Arend, so setzte ich mich lieber draußen auf den ausgetretenen Drüppel des Eingangs, um auf ihn zu warten.

Mir gegenüber lag das schöne Fissersche Haus mit seinen hohen Fenstern und tiefen Fensterbänken, auf denen es sich zur Abwechslung auch gut saß! Ich ließ die Beine baumeln, betrachtete aufmerksam die Häusergiebel, spähte durch offenstehende Haustüren ins Innere der meist schmalen Häuser und sann darüber nach, wie es wohl in den Räumen neben den dunklen Hauseingängen ausschauen möge, um immer wieder aufatmend festzustellen: »Nirgends auf der Welt ist es schöner als bei uns auf dem Hammrich!« Kärglich fiel die Sonne in die engen Straßen der Altstadt. Nichts war zu spüren von lebendigem Grün, von Weite und Licht ... Ich träumte vor mich hin, nie wurde die Wartezeit mir lang.

Es war an einem Montagmorgen. Unsere erste Schulstunde lag hinter uns, eine Religionsstunde voller Erregung und Spannung. Wir hatten die Kreuzigungsgeschichte gehört. Sie hatte mich tief beeindruckt. Noch ganz im Banne des Gehörten ging ich langsam aus der Klassentür, sah abwesend auf die Großen, die die breite Treppe von oben lachend und schwatzend herabkamen, und wandte mich dem Spielplatz zu. Da lief mir mitten im Gedränge der Kinder ein Mitschüler in den Weg, der als Jude an dem Unterricht nicht teilgenommen hatte und sich jetzt mit seinem Tornister ungestüm den Zugang zur Klasse bahnte, wobei der an langem Band herausbaumelnde Tafellappen mitsamt dem triefend nassen Schwamm den Mitschülern ins Gehege kam. Ihn sehen, seinen Arm packen, ihn schütteln und ihm erregt zuzischeln: »Du, du – ihr habt Jesus ans Kreuz geschlagen!« war das Werk eines Augenblicks. Er starrte mich an, entsetzt und sprachlos, dann aber packte auch er mit beiden Händen meinen Arm und hielt mich fest. Er war stärker als ich und zog mich aus der Menge der aus der Klasse strömenden Kinder in eine dunkle Ecke des unteren Flurs. »Du«, stieß er wütend hervor, »du – dich werd' ich kriegen, ich werde es unserer Klassenlehrerin melden, da wirst du sehen, was passiert!« Irgendwie war es mir schon klar geworden, daß meine Beschuldigung ungerecht war. Ich fürchtete mich, denn unsere Lehrerin war streng. Er sah meine Angst, lockerte den Griff seiner Hände und flüsterte mir zu: »Aber ich sag nichts, wenn du mir von deinen Lesezeichen gibst« ... er überlegte ... »drei Stück!«

Die Lesezeichen waren Hauchblättchen. In dem kleinen Laden dicht neben dem Goldenen Adler, in dem wir unsere Hefte, Federchen, Bleistifte u. a. kauften, bekamen wir sie als Zugabe. Wie sehr liebte ich sie! Manche waren schmal, rot oder blau, mit einem Spruch darauf in Goldbuchstaben. Andere, kostbarere, waren größer und zeigten Bilder: Engel oder Szenen aus der biblischen Geschichte oder aus Märchen. Ja, er hatte recht, ich hatte mehrere davon in der Fibel liegen – obwohl es uns untersagt war, sie dort aufzubewahren. Er saß im Unterricht in meiner Nähe, er wußte das. Er zwang mich, mit ihm in die Klasse zu gehen und ihm gleich drei abzugeben. Ich tat es schweren Herzens und glaubte, daß nun alles gut sei. Befreit lief ich zu den anderen nach draußen.

Ich hatte mich geirrt. Als ein paar Tage vergangen waren, zog der

Junge mich wiederum abseits in den dunklen Flur, wiederholte seine Drohung und zwang mich, aufs neue drei Bilder herauszugeben. Auch danach ruhte er nicht. Erst als er sich überzeugt hatte, daß ich keine Lesezeichen mehr besaß, ließ er mich in Ruhe. Mir aber erging es seltsam bei diesem Handel, der nichts anderes als eine Erpressung war. Ich hatte eingesehen, daß er nicht für die Taten seiner Väter geradestehen könne, daß ich demnach eine schwere Beschuldigung ausgesprochen hatte, die wohl Strafe verdienen mochte. Ich geriet immer mehr in ein Gefühl der Schuld, das mich daran hinderte, mich irgendeinem Menschen anzuvertrauen. Meine Lehrerin hatte ich zwar sehr geliebt, ja, ich liebte sie noch, aber es war etwas geschehen, was mich tief verletzt hatte. Ich hatte mich einst in der Pause verspielt und war gezwungen, mich schon bald nach Beginn der Stunde zu melden mit der Bitte, »hinaus« zu dürfen. Zaghaft genug mag sie über meine Lippen gekommen sein. Sie wurde zwar gewährt – was blieb der Lehrerin auch anderes übrig? – aber zuvor gab es einen gepfefferten »Handjeklapp« mit dem Rohrstock. Wenn Fräulein Zander, diese von mir so geliebte Lehrerin, gewußt hätte, was sie mir mit dieser Maßregelung angetan hatte! Mich ihr anvertrauen? Nein, dieses brachte ich nicht über mich. Ich schwieg und litt unter der Vorstellung, mindestens durch die drei Jahre der gemeinsamen Vorschule hindurch, diesem Jungen meine Bilder geben zu müssen. Wie es dann geschah, daß er doch eines Tages die Erpressung aufgab, weiß ich nicht mehr. Viel später habe ich meinen Brüdern alles erzählt. Nur durch mein dringlichstes Bitten waren sie davon zurückzuhalten, ihm, der jetzt wie sie Gymnasiast war, noch nachträglich eine tüchtige Tracht Prügel zu verabreichen. Es war eine qualvolle Zeit, die ich diesem raffinierten kleinen Judenjungen zu verdanken hatte.

Wer mir diese Schauergeschichte erzählt hatte, woher sie zu uns Kindern gekommen war – ich weiß es nicht mehr. Vielleicht hatten die Dorfkinder in Steinau sie uns überbracht. In Steinau, ein Ort im Lande Hadeln, weilten wir in den Ferien oft zu Besuch bei unserem Onkel, der dort Pastor war. Sie wußten vieles, und sie erzählten gerne, besonders an Regentagen, wenn wir nicht draußen herumtollen konnten und uns die Zeit mit allerhand Spielen im Konfirmandensaal oder in der geräumigen Scheune des Pastorats vertrieben.

Einem Manne – so hieß es – war es eingefallen, dreimal um den Friedhof zu gehen und dabei auszurufen:»Teufel, hole mich!« Dreist und sicher und langsamen Schrittes war er auf dem breiten, mit Kiessand bestreuten Pfad dahingeschritten. Nichts geschah bei der ersten Runde, nichts bei der zweiten. Schon frohlockte sein frevelndes Herz – aber siehe! Beim dritten Male war er da, der Teufel, packte ihn und verschwand mit seiner Beute in die Hölle, von wo er lautlos und plötzlich gekommen war – und niemand sah diesen Mann je wieder! Eine böse Geschichte! Sie ging mir lange im Kopf herum.»Sollte dasselbe geschehen« – so fragte ich mich –»wenn man dreimal ums runde Beet im heimatlichen Garten gehen würde mit diesem frevelhaften und gewagten Ruf?« Doch hütete ich mich wohl, diesen Versuch anzustellen. Am hellen Tage, beim fröhlichen Spiel, fiel es auch leichter, sich dieser Vorstellungen zu erwehren; aber es kam der Abend, ich lag lange wach im Bett, ich war allein mit mir und meinen Gedanken. Ich dachte krampfhaft an die Schule, an meine Puppen, an Märchen, die ich gelesen hatte, an die Spiele mit den Geschwistern. Schon wurde ich müde, schon verwirrten sich meine Gedanken – da – plötzlich – war sie wieder da, die Anfechtung:»Sollte ...?« Verflogen war die Müdigkeit! Von neuem begann die Qual. Sie war größer als am Tage, denn ich lag im Dunkeln, ausgeliefert diesen unheimlichen Einflüsterungen.»Vielleicht brauchte man gar nicht um eine Kirche zu gehen oder um das runde Beet?« fragte es in mir.»Wenn ich es hier an Ort und Stelle, hier im sicheren Bett sagen würde? Ob er dann käme, der Teufel, und mich an den Zöpfen mit sich nähme?« Ich begann:»Teufel, hole mich!« Ich lag ganz still, mein Herz klopfte wild. Nichts geschah, alles blieb wie vordem. Aus dem anderen Bett an der mir entgegengesetzten Wand des schmalen Stübchens dicht neben der Salontür drangen die ruhigen Atemzüge der schlafenden Brüder. In den Linden vor dem schmalen Fenster mir im Rücken rauschte der Nachtwind. Aus der

Küche drangen Geräusche von Tassenklappern, vom Hantieren am Herd – sonst nichts. »Teufel, hol mich!« sagte ich zum zweiten Male – unruhiger jetzt, gespannter, gepeinigter. *Noch* hatte ich eine Frist – *noch* hatte ich den frevelhaften Ruf erst *zweimal* – leise und schnell vor mich hingesagt. Wenn aber ...? Das Herz fing an zu rasen, ich fühlte den jagenden Pulsschlag. Hin und her warf ich mich, ich erlitt wahre Qualen, aber ich wagte doch nicht den dritten Ruf. Endlich übermannte mich der Schlaf, doch der folgende Abend brachte dasselbe Spiel. Es war eine schaurige Zeit, und sie währte durch Wochen.

Keinem Erwachsenen, keinem Gespielen vertraute ich mich an, ich mußte es alleine durchstehen. Woher mir dann die Erlösung kam – ich weiß es nicht mehr, von Menschen wohl nicht. Gott muß ein Einsehen gehabt haben.

NATURGEMÄSSE KRANKENBEHANDLUNG

Unsere Mutter war eine moderne Frau, die – obwohl Bauerntochter – nicht stur an überkommenen Gebräuchen festhielt, vielmehr dem Neuen und dem Fortschritt in der Welt zugewandt war. So muß sie eines Tages, wohl durch Vorträge im Kneippverein oder ähnlichen Veranstaltungen veranlaßt, mit einem Naturarzt, der sich gerade in Emden niedergelassen hatte, in Verbindung getreten sein. Anstatt des Hausarztes wurde dieser nun zu uns Kindern gerufen, wenn Zitronensaft mit Brustkluntje, Milch mit Sirup und Butter, Seifenzäpfchen oder gar Wurmsamen, mit Sirup vermengt – ein grauenhaftes Mittel! – oder Salatöl mit Zukker nicht mehr anschlugen. Übrigens pflegte Mutter bei Erkältung eines ihrer Kinder systematisch auch den Gesunden nüchtern einen Eßlöffel Öl mit Zucker einzuflößen. Sie kam nicht selber zu dieser Prozedur, vielmehr stand in aller Frühe, wenn noch der Schlaf auf unseren Lidern lag, unsere Tilly an unserem Bett in der Butze, die bewußte Tasse unheilverkündend in der Rechten. All unser Wehren half nichts. Es hieß: »Mund auf und parieren!« Glücklicherweise kehrte sie gleich danach mit dem großen Teebrett zu uns zurück, auf dem die vielen Koppkes Tee standen, mit denen in unserer Jugend Friesenkinder geweckt wurden.

Dieser »Onkel Doktor« nahm auch mich eines Tages in Behandlung. Ich hatte einen »Kringwurm« am linken Oberarm, aber ich muß wohl auch erkältet gewesen sein – und außerdem hatte ich einen meiner schönen, blauen Ohrringe verloren und Tränen darüber vergossen, aber dieses war ja nun kein »Leiden«, dem er mit einem ansteigenden Vollbad zuleibe gehen wollte. Auch darüber mußte ich weinen, und zwar schon vorher, denn ich wußte ja, daß ich nicht schwitzen konnte, und daß er nun wohl Schlimmes anstellen würde, um dennoch zum Ziele zu kommen und seinen guten Ruf nicht zu gefährden.

Vor dem hohen eisernen Ofen im Eßzimmer lag ich in der Wanne, bis an den Rand meiner Seele mit Abwehr und Mißtrauen erfüllt. Er sah mich an. Auch ich wandte kein Auge von ihm und sehe noch heute den geneigten Lockenkopf des Mannes, den prüfenden Blick seiner Augen vor mir. Zwischendurch trank er Tee und verzehrte Mutters Schinkenbrote, ließ sich heißes Wasser reichen und füllte es in Abständen am Fußende in der Wanne nach. Er strich mir freundlich über die Stirn, aber endlich wurde – so schien es mir – sein Blick strenger, seine Geduld schwächer und der zufließende heiße Strahl kräftiger. Ich war noch ein kleines Kind, aber ich weiß, wie laut mein Herz klopfte, wie »benaut« mir wurde, wie tief überzeugt ich in meinem Innern davon war, daß dieses ein grauenerregender Zweig der Medizin sein müsse. Nie hätte unser guter, alter Hausarzt solches über mich kommen lassen!

Anders jedoch erging es meinem Bruder Arend, der eines Tages über Halsschmerzen klagte und ebenfalls in die Hände dieses erprobten Mannes fiel. Was mir erspart geblieben war, ereilte den um zwei Jahre älteren: Die Ganzpackung, eine ohne Zweifel gute Sache für Nichtbeteiligte. Nach dem Bad also bekam er die vorschriftsmäßige Packung. Die äußere Umhüllung, eine braunwollne Decke, wurde sorgfältig festgesteckt, nur der Kopf blieb frei. So lag Arend im kleinen Stübchen am Ende des Hausganges wohlverwahrt im Bett. Außerdem war es ganz tröstlich, in diesem Raum krank zu liegen. Er lag neben der Küche. Alle Geräusche, wie Geschirrwaschen, Eßtöpfeklappern, Glut aufrakeln, alles Reden und Lachen drangen ans Ohr des Kranken. Ja, auch das helle Klingen der kleinen Teelöffel, wenn die Koppkes aufgestellt wurden, das Kluntjekneifen, das Aufheben und Einsetzen des Wasserkessels waren deutlich zu hören und erfreuten das Herz des Patienten, sofern er nicht so ernstlich erkrankt war, daß ihm der Tee nicht mehr schmeckte.

Unser Arend lag unbeweglich, es war Abendbrotzeit, der Doktor hatte sich verabschiedet. Die Hängelampe wanderte mit in die Küche und kam an ihren Platz über dem Herd, wo sie die Ofenplatte, die Torfkiste, den Anrichtetisch, Pumpe und Gossenstein soweit erhellte, daß die Mädchen dort hantieren konnten. Um den langen Küchentisch saßen alle Gesunden. Die große Zuglampe brannte, Mutter saß an ihrem Platz oben am Tisch, der Hund ihr zu Füßen neben ihrem warmen Stövchen, die Katze wärmte ihr schnurrend das rheumatische Kreuz. Die Buttermilchsuppe mit Sirup gesüßt, die Bratkartoffeln mit roten Beten mundeten vortrefflich. Löffel und Gabeln klapperten, es wurde aus Wirtschaft und Schule erzählt und des wohlverwahrten Bruders kaum noch gedacht. Da – plötzlich – erscholl ein furchtbares Gebrüll! Aus dem Stübchen kam es, und Arend, der dort schlafen und nebenbei tüchtig schwitzen sollte, war es, der unentwegt schrie: »Hilfe, Hilfe!!« Im Nu war alles auf den Beinen, nur Mutter, schmerzgeplagt, wand sich mühsam hoch, wenn auch durch Schrecken beflügelt. Tilly ergriff die Hängelampe, alle miteinander stürzten ihr nach, die energisch und gefaßt die Tür aufriß. Einbrecher? Mörder? dachten wir Kinder. Da standen wir nun: ein Teil am Bett, ein Teil draußen im Gang. Und Arend schrie und schrie, denn – eine Fliege, nein, eine Stechmücke saß mitten auf seiner Stirn und stach und stach. Dem Armen aber waren doch die Arme am Körper festgewickelt, kaum konnte er seines Halswickels wegen den Kopf schütteln, was außerdem auf dieses Tier nicht den geringsten Eindruck machte. Die Tränen liefen ihm über die Wangen, er tobte und revoltierte, er verfluchte den Onkel Doktor mit seinen Methoden, ja, nun lag er bereits in Schweiß gebadet, Zorn und Verzweiflung hatten das Ihre getan und der Prozedur vorzeitig zum Erfolg verholfen. Ihm war zumute, als sei er in die Hölle geraten. Mutter konnte ihn kaum beruhigen. Wir Geschwister aber hatten Mühe, unser befreites Lachen über diese komische Situation zu verbeißen, wir durften ihn nicht auch noch reizen. Die Arme wurden ihm freigemacht, die Lampe blieb ihm zum Trost da, er durfte sich etwas Gutes zum Essen wünschen, und allein sollte er auch nicht mehr bleiben.

Dieses war die allerletzte Behandlung nach den Grundsätzen der naturgemäßen Heilweise unter den Augen dieses Onkel Doktors.

Wir revoltierten alle, wir lehnten ihn radikal ab. Lieber wollten wir alle Hausmittel ohne Murren zu uns nehmen, auch das verwünschte Wurmkraut, auch dann, wenn gar keine Veranlassung dazu war, dieses Mittel bei sieben Kindern anzuwenden, wenn doch nur eins davon der Patient war. Es war nun einmal so, daß unsere Mutter viel von dem alten bewährten Ausspruch hielt: »Vorbeugen ist besser als Heilen!« Außerdem: Wir hatten eine kluge, erfahrene Mutter, sie hatte nun ja alle Maßnahmen durchexerziert, die häufige und harmlose Erkrankungen in der Kinderstube erfordern. Sie wußte sich zu helfen und das Richtige anzuordnen, denn als Ergebnis dieser Epoche besaß sie fortan auch ein ganz dickes, Respekt einflößendes, über alle Vorgänge des gesunden und kranken Körpers aufklärendes Doktorbuch, das wohlverwahrt im Salon unten in dem alten Glasschrank seinen Platz erhielt.

KINDLICHES TUN UND TREIBEN

Ferienzeit – schönste Zeit für uns Kinder, Schreckenszeit für unsere Mädchen, sobald sie in das Winterhalbjahr fiel. Wohin mit der Kinderschar, zu der sich immer noch Freunde aus der Stadt gesellten? Einfach war alles, wenn die Witterung es ermöglichte, draußen zu spielen. Das begann Ostern mit dem Eierwerfen in dem großen Weidestück jenseits des Grabens vor unserem Hause in »Jude sein Land« – wie wir es nach seinem Besitzer nannten. Da lag zwar als Gefahrenzone für die Kleinen, die »Dobbe«, aber ihnen war so oft von dem »Schwarzen Mann« erzählt worden, der darin hause und mit seinen langen schwarzbehaarten Armen die kleinen Kinder vom Ufer zu sich in die Tiefe ziehe, daß sie von selber einen Bogen um dieses Gewässer herum machten. Wir größeren suchten schon eher im Schilfrand nach Froscheiern, Schnecken, Blutegeln und mancherlei anderem Getier und spähten aus nach der bewußten dunklen Stelle, die etwa in der Mitte der Dobbe lag, an der sich die geheimnisvolle, nie versiegende Quelle befand, die diesen Tümpel selbst im dürrsten Sommer noch speiste.

Die vielen Meedjegötjes, die das Land durchzogen, waren ungefährlich und boten immer wieder einen Anreiz zum Hinüberspringen. Wohl gab es nasse Füße, aber zu welcher Jahreszeit gab es diese bei uns nicht? Wer kann zählen, wie oft wir an der glitschigen Böschung eines Grabens abglitten bei dem schönen Spiel des Schlootjespringens? Wie oft wir durch eine dünne Eisdecke einbrachen? Wie oft ein solcher Unglücksrabe dann am Schlootrand saß und seine nassen Strümpfe im Winde gegen das Holz einer Fohre ausklopfte, bis sie ihn trocken genug dünkten? Ja, lagen wir vielleicht deshalb in der kalten Jahreszeit abwechselnd im Bett und löffelten heißes Zitronenwasser oder Milch mit Sirup gegen das lästige Kratzen im Halse?

In die Osterzeit fiel auch das »Teekjefürtjemaken«, ein verbotenes Spiel. Es barg zudem die Gefahr in sich, mit der Polizei in Konflikt zu geraten. Es mußte daher heimlich und weit weg vom Elternhaus betrieben werden, und kein Großer durfte darum wissen. So zog ich dann in der schönen Vorfrühlingszeit mit den Brüdern über den Deich in die Gefilde jenseits der Kanalbrücke, dorthin, wo ein breiter Fahrweg in die Felder führte und die Bäume einsam in einem Feldstück standen. Sie waren sagenumwoben, knorrig, alt, verkrüppelt, vergessen, Überreste eines Gartens, der vorzeiten zu einem Anwesen gehörte, in dem ein Mord verübt worden war, und von dem nun nichts mehr aufzufinden war. Nur die Mädchen, die zum Melken gingen, kamen hier vorbei und im Sommer die Grasmäher. Wir selber besaßen hier in der einsamen Weite auch ein Meedland und fuhren in den Sommerferien »mit Kind und Kegel« zum Heuen.

Hier also dünkten wir uns sicher vor der Polizei und vor der Mutter. Ach, dieses Fürtjemaken war doch eine herrliche Sache! Wie lustig brannte das welke Gras an der Grabenböschung, wie rasend schnell fraß es sich weiter, angefacht von dem frei übers Feld fegenden Wind! Wie sprangen wir schreiend und in Gefahrenmomenten mit unseren Weidenstöcken fuchtelnd hin und her, um es in unserer Gewalt zu behalten! Es knisterte, es sprühte, es sank in sich zusammen, zuckte aufs neue hoch, wälzte Rauchschwaden über die Böschung.

Kamen wir nach solchem Spiel nach Stunden – von Hunger getrieben – heim, zerzaust, die Hände geschwärzt von Rauch und Klei, Brandgeruch in den Kleidern, brauchte uns keiner erst noch zu fragen: »Wo kommt ihr her?« Wohl mieden wir die Nähe unserer Mutter, legten heimlich die fast geleerte Streichholzschachtel auf jenes alte Büro neben der Küchentür, dorthin, wo unsere zahlreichen Petroleumlampen in Reih und Glied standen, woher wir sie entwendet hatten, unter den schmalen, hohen Spiegel, neben dem ein buntbemaltes Kammkästchen hing. Wir wuschen uns schnell und heimlich im Stall an der Pütte mit grüner Seife und saßen bald danach brav am Eßtisch und ließen uns die mit Graupen gekochte und mit Sirup gesüßte Buttermilchsuppe gut schmecken. Je satter wir wurden, desto kleiner wurden unsere Augen, desto stiller wurde es am Tisch. Wurde dann die Hängelampe angezündet, war es Zeit für uns Kinder, zur abendlichen Waschung anzutreten. Hie und da meuterte noch einer gegen eine allzu energische Abreibung. Bald aber herrschte Ruhe, und nur die Großen behaupteten noch das Feld. Unzählige Spiele dachten wir uns aus. Der große Garten, die weiten Felder – sie boten ja Raum die Hülle und Fülle. Ich kann sie unmöglich alle aufzählen. Vergessen möchte ich aber nicht das unermüdliche Spielen im »Sandhoppel«, der seinen Platz vor dem östlichen Küchenfenster hatte.

Sehnsüchtig warteten wir bereits in der Osterzeit auf das Torfmuttje, das uns den gelben Sand von den Fehnen bringen sollte. Vom Bobenhammerk her mußte es kommen mit seinem stolzen, braunen Segel – wie das »Geldschiff«, das uns zeitlebens schmählich im Stich ließ – wie auch das Torfschiff mit seiner hochgetürmten schwarzen Last, das uns dagegen nie vergaß! Wie jubelten wir, wenn es neben der Mühle vor Janßens Haus auftauchte! Kaum konnten wir es abwarten, daß der Laufsteg ausgeworfen und nun Karre um Karre über die schwankenden Bretter an Land geschoben wurde. Wie eifrig eilten wir herbei mit unseren kleinen Spaten! Hellgelb hob sich die Spur vom Schiff zum Sandhoppel ab von unserem dunklen Kleiboden. Bis zum Fenstersims hinauf häufte sich der Sand. Der Rest der Ladung zierte den Platz unter dem Reck, die breiten Gartenwege um das große runde Rasenbeet und den Pfad zur Lindenlaube. Wie schön sah nun alles aus! Ein Paradies schien uns unser Reich zu sein. Während der Schiffer bewirtet wurde und danach den leeren Schiffsbauch mit unserem Mist füllte, waren wir schon dabei, uns eine Burg anzulegen, eine zünftige Burg mit einem Graben, denn unter dem Stübchen und angrenzenden Salon lag der geräumige Keller, der bei hohem Wasserstand täglich leergepumpt werden mußte. Während die Pumpenschläge dumpf aus der Tiefe hallten, floß das Wasser munter durch eine gepflasterte Rinne um unseren Sandhoppel herum, vereinigte sich mit dem Abfluß aus der Regenbacke und dem Gossenstein und endete endlich nach langem Lauf durch eine Grüppe an Beerenbüschen vorbei im Fehntjertief. Konnte es einen schöneren Graben geben für unsere Burg? Selbstgefertigte Schiffchen trieben eilends auf der Flut dahin, ja, sie konnten auf Seitenkanälen in unser »Seeräubernest« geleitet werden, ähnlich dem Wasserlauf, auf dem Störtebeker, der in Marienhafe sein Wesen getrieben hatte, mit seiner Beute in den Turm gelangte. An Kämpfen in Ernst und Spaß fehlte es uns auch nicht. Noch trage ich am Hinterkopf eine Narbe von einem Spatenhieb, den mir ein Spielkamerad versetzte, als er in Wut geriet und Spiel und Ernst nicht mehr auseinanderhielt.

Bei Regenwetter spannten wir einen buntgewürfelten, alten Bettbezug über die kunstvolle Anlage. So geräumig war sie, daß unser Spieltisch, Kinderstühlchen und Stövchen Platz darin hatten. Waren die Jungen einmal anderweitig beschäftigt, setzten wir Mädchen unsere Puppenkinder um den Tisch und spielten »Mütterchen«.

Sogar große Leute reizte dieser Sandhoppel. Wie oft hat Habbo, damals Student, an dessen erstes Auftauchen bei uns ich mich nicht erinnern kann – so klein muß ich noch gewesen sein! – mit uns an unserer Burg gebaut! Dann wurde sie besonders kunstvoll aufgeführt. Kein Wunder, wurde er doch später »Wasserbauer«. Ein sehr getreuer Kamerad war er uns Kindern, lange bevor er unser Schwager wurde.

Wehe mir aber, wenn die Zeit nahte, in der die Brüder die Lust am Fischen ergriff! Obwohl mir vor dem Würmersuchen graute, ließ ich sie doch nie im Stich. Mit dem kleinen Setzspaten, dem unentbehrlichen Werkzeug der Marschbauern, purrten wir im Klei herum und sammelten die Köder in alten Blechdosen. Mit dem krabbelnden Gewürm gingen wir in die Lindenlaube und reihten es kunstgerecht auf, wobei Arend die zappelnden Tiere liebevoll und ungehemmt an seine Brust drückte, um sie so besser in den Griff zu bekommen. Ich wollte weder feige, noch zimperlich, noch treulos sein und machte demnach mit! Wie mir bei solchem Tun innerlich zumute war, wie meine Schürze nach vollbrachter Arbeit aussah, danach frage man uns nicht! Der Lohn blieb nicht aus: Die Freude des Fischens selbst. Manchmal blieben wir in der Nähe und setzten uns mit unseren Angelstöcken friedlich an die Tiefkante. Oft aber machten wir einen langen Weg bis zur Eisenbahnbrücke hinter Niddert Janßens Haus. Auf diese Weise entgingen wir der peinlichen Frage der Großen: »Habt Ihr eure Schularbeiten gemacht?« Außerdem: Schön saß es sich dort am Deich hart neben der Brücke, über die hin und wieder mit Gepolter eine fauchende Lokomotive hinwegrollte. Einmal kamen unsere Lehrer über den Deich entlangspaziert. Obwohl wir uns mucksmäuschenstill unter der Brücke verbargen, entdeckten sie uns doch und riefen uns aus der Deckung heraus. Da schämte ich mich sehr wegen meiner Schürze, die glitschig war und naß von den fest an mich gedrückten gefangenen Fischen, die sonst so leicht den Händen entglitten, wegen der kleibeschmierten, alten Schuhe, den zerzausten Zöpfen, aus denen zumeist eine Schleife verloren war, und wegen unserer schwarzen Hände. Ich machte meinen Knicks und sah schnell und verlegen zur Seite. Es war nun einmal so: ein Polizist, das Auge der Ordnung und Gerechtigkeit, ein Lehrer außerhalb der Schulzeit an einem solchen Ort und der Pastor am Sonntagnachmittag, wenn man die Katechese verschwitzt hatte – dieses löste allemal spontan ein schlechtes Gewissen aus!

Unsere Beute war zumeist nicht groß: etliche Plattfische, ein paar dürftige Aale. Unsere gute Mutter aber briet sie uns doch, und sie mundeten uns vortrefflich!

Täglich sahen wir die Züge auf dem Bahndamm dahinrollen. Da waren die stattlichen DZüge mit der schweren, einem fauchenden Ungetüm gleichenden Lokomotive davor. An ihrem dumpfen Rollen erkannten wir sie schon lange, bevor sie in Sicht kamen. Sie brachten uns den Besuch, der aus weiter Ferne kam: Tante Marie – Vaters Schwester – und Onkel Wilhelm aus Einbeck, später aus Goslar; unsere sehr geliebte Base Käthe aus Berlin oder auch die Freunde der Eltern aus Hamburg u. a. Wir standen an der Tiefkante und winkten ihnen den Willkommensgruß zu, während der Zug bremsend den Bahnübergang, der den Binnendeich durchbrach, überquerte und unseren Augen entschwand.

Bog hingegen ein Güterzug gleich einer langen Schlange um den dichten Baumbestand der jenseits des Tiefs liegenden Gehöfte, so machte es uns besonderen Spaß, die vielen Wagen zu zählen und festzustellen, daß die Lokomotive bereits den Deichdurchbruch hinter sich ließ, als die letzten Wagen noch kaum sichtbar wurden. Er ratterte und knatterte langsam dem Bahnhof zu.

Sinnig trudelten auch die Personenzüge ein, diese in unseren Augen ganz gewöhnlichen Züge, die, so meinten wir, wohl nur für die engere Heimat bestimmt waren. Wir benutzten sie denn auch später – und zwar nur 4. Klasse! – wenn wir im Winter nach Aurich schöfelten und mit der Bahn heimkehrten, oder auf unseren botanischen Schulausflügen, auf denen wir in Nadörst ausstiegen und botanisierend nach Norden wanderten.

Unser kindlicher Nachahmungstrieb brachte uns bald darauf, eifrig und hingebungsvoll auf mancherlei Weise, »Zug« zu spielen. Wir besaßen einen soliden, großen Kastenwagen, den »Bullerwagen«, außen grün, innen rot gestrichen. Einer von uns stand vorne aufrecht im Wagen, den Griff fest in beiden Händen, alleiniger Insasse und stolzer Lenker des Gefährtes. Zwei schoben nach mit aller Kraft und bestmöglichster Geschwindigkeit. Der schmale Fußweg neben dem zerfahrenen Fahrweg war das Zuggleis, Reiseziel Hoffmanns Haus und Sägemühle. Hart am Graben entlang ging die Fahrt, mitunter in bedrohlichem Zickzack, sobald der Lenker das Steuer nicht fest genug im Griff hatte. Das Herz schlug uns vor Spannung und Anstrengung. So polterten wir dahin, vergaßen auch nicht, wie eine Lokomotive zu fauchen, wichen weder einem Spaziergänger noch den vom Melken heimkehrenden Mädchen aus, die auch bereitwillig mit ihrer Tracht Eimer am Jück auf den Kleiweg ausbogen, nicht ohne uns gutgemeinte Ermahnungen zuzurufen, die wir allemal in den Wind schlugen.

An Regentagen und im Winter war unser langer Kuhstall ein idealer Schienenstrang. Hart an der Graupe entlang, wo die Steine hochkant gepflastert waren, sauste der Schnellzug, dargestellt durch denjenigen von uns, den durch Abzählen das Los traf. In der Mitte des Ganges fauchte der »Bummelzug« und innen an den Ställen ent-

lang schlängelte sich der Güterzug gemächlich an Holz- und Torf-
haufen und der »Dranktonne« entlang. Wir ballten die Hände zu
Fäusten, drückten die Ellenbogen an und ließen diese unsere »Räder« und »Gestänge« langsam anlaufen beim Verlassen des Bahn-
hofs, der vor der westlichen Stalltür lag. Haarscharf rasten wir bald
darauf aneinander vorbei, fauchend, pfeifend, schweißtriefend. Ein
herrliches Spiel, bei dem ein Entgleisen des Schnellzuges nicht immer zu vermeiden war, er sauste die glitschige Böschung zur Graupe ab. Dann gab es wohl böse Beulen und Schrammen und lautes
Gebrüll.

An einem warmen Sommertag, an dem die Eltern mit unserem Besuch, dem Onkel Arend und unserer Tante Meta, einen Ausflug
nach Borkum unternahmen und wir Kinder samt Tilly und Juliane
und dem Bäschen Hilda, das als Säugling im Kinderwagen lag, alleine das Feld behaupteten, kam uns eine beglückende Idee.

Wir hatten den Auftrag erhalten, auf das Kind »aufzupassen«, das
bedeutete, den Kinderwagen auf den breiten Gartenwegen auf und
ab zu fahren, sobald das Kind aufwachen und weinen würde, was
denn auch nur zu bald geschah. Für uns war es ein langweiliges und
stumpfsinniges Geschäft, den hohen Korbwagen, in den die kleineren von uns nicht mal richtig hineingucken konnten, durch den
Sand hin und her zu kariolieren, was zudem den kleinen Schreihals
kaum zu beeindrucken schien. Wir beschlossen, es mit dem »Zug-
spielen« zu versuchen. Flugs holten wir etliche lange Taue aus der
Scheune herbei, stellten vor dem Giebel des Hauses eine Verbindung zwischen einer Linde und der Mauer her, brachten eine ausge-
diente Schiffsrolle an, über die wir ein langes Tau laufen ließen. An
einem Ende zogen wir, das andere zog den miteinander verkoppel-
ten Bullerwagen und Kinderwagen. Und nun ging's los! Eine
schwere Arbeit, aber reizvoll und noch nie dagewesen! Ein paarmal
glückte die Fahrt, aber sie ging rätselhaft schwer vonstatten und
dazu zu unserem Ärger in einem Tempo, das weit unter dem des
Personenzuges lag. Dazu schlängelten die Wagen, gerieten in Kollision, ja, und endlich – oh Graus! – entgleiste ausgerechnet der Kinderwagen, kippte um und begrub den Inhalt unter sich! Wir schrien

allesamt, als säßen wir am Spieß, worauf unser Scherf zu bellen anhub. Wir blickten bestürzt auf die Bescherung; einen Haufen Kissen, zwischen denen etwas Lebendiges zappelte und ebenfalls schrie. Tilly und Juliane stürzten, Unheil ahnend, aus Küche und Stall herbei, knieten im Sand, hoben das Kind auf, untersuchten, betasteten es und atmeten auf. Nichts fehlte dem Schreihals, gar nichts, zwischen dem Kissenwerk war er weich gefallen, keine Gefahr bestand, daß er nun den Verstand verloren haben könnte! Wir weinten alle, wir begriffen, daß wir so etwas wie eine Untat begangen hatten. Merkwürdig! Tilly, die Mutterstelle an uns vertrat, wenn wir alleine waren, schalt nicht, drohte nicht, nein, sie beruhigte uns. »Verrat uns nicht, Tilly, bei Mutti und Tante Meta!« flehten wir. »Laßt man«, sagte sie, »seid man still, ich werd es schon machen, räumt Ihr bloß Euren blödsinnigen Zug ab!« Das taten wir ohne Widerrede so geschwind, als kämen die Großen schon bald heim.

»Wenn ich groß bin, bringe ich es zu einem Auto, das sage ich euch«, meinte Arend und quälte sich mit dem verknoteten Tau. »Wenn ich still im Gras liege, die Augen zumache und ich denke tüchtig daran, dann fühle ich, wie schön das Fahren geht.«

Für diese seine Kunst hatte ich Verständnis. Sie glich meinen eigenen Träumereien, denen ich vor dem Einschlafen gerne nachhing. Ich kletterte in Gedanken auf den rechten Pfosten unserer Gartenpforte vor dem Hause und machte Flugbewegungen. Mitunter, nicht immer, zuckte plötzlich ein Gefühl des Schwebens in mir auf. Ich stieg empor – wie unser Drachen zur Herbstzeit – breitete die Arme aus und flog in Richtung Wolthusen hoch in den Lüften davon, von tiefer Sehnsucht beseelt, bis ins Morgenland zu fliegen, bis zum Garten Gethsemane, in dem die Bäume schwarz und still in der mondhellen Nacht dastehen würden, wenn ich langsam über ihnen niederschweben würde.

Träumereien, die sich bei Arend erfüllten und – so hoffe ich – ihn auch zu Beginn beglückten.

Ich aber blieb der Erde verhaftet!

IM TIEFEN KELLER

Ein langer, schmaler Hausgang zog sich quer durch unser Vorderhaus. An seinem Südende war ein kleines Stübchen von ihm abgetrennt worden, in dem die Brüder ihre Schularbeiten machten und, sobald sie diese notdürftig erledigt hatten, oft genug zum Spiel durch das hohe Fenster in den Garten entwischten. Auch ihre Freunde wählten mit Vorliebe, der Kürze und des Reizes wegen, diesen verbotenen Weg, nicht ohne sich zu vergewissern, daß die Luft rein sei. Dennoch ereilte eines Tages ein strenger Zuruf meiner Mutter, die unversehens am Küchenfenster erschien, einen der zahlreichen Pastorensöhne aus Dunum, als jener gerade aufatmend den Klimmzug zum Fenstersims hinauf geschafft hatte, so daß er vor Schreck um ein Haar rücklings aus dem Rahmen gefallen wäre. Dieser Gang, im Vorderteil mit großen blauen und gelbgrauen Fliesen ausgelegt, im weiteren Verlauf mit roten Steinen gepflastert, trennte die schönen, weiten Räume vorne im Giebel von dem geräumigen Wohnzimmer und der Küche, von der aus man ins Hinterhaus gelangte.

In diesem Gang befand sich unmittelbar neben dem Stübchen, der Küchentür gegenüber, der Eingang zum Keller. Wir Kinder konnten die schwere Tür nur mühsam aufklinken. Eine breite, ausgetretene Steintreppe führte in die Tiefe. Große Leute mußten sich bükken, um nicht gegen die Verschalung zu stoßen. Ein kühler, feuchter Hauch schlug uns entgegen. Unser Auge mußte sich erst an das spärliche Licht gewöhnen, das durch vier kleine, vergitterte Fenster, je zwei an der Ost- und Südseite, in den großen Raum fiel. Da lagen auf den Borden linker Hand die Daueräpfel, standen Einmachgläser, lag im Sommer der große, runde, selbstgemachte Käse. Rechter Hand befand sich, durch Lattenstäbe abgegrenzt, der

Weinkeller, an dessen Innenwand sich noch der alte Aufgang abzeichnete aus der Zeit, in der man von der Küche aus neben der Regenbacke durch eine Klapptür in den Keller gelangte. Mitten im Keller befand sich auf Steinen und Balken erhöht die »Tuffelbak«, ein für unseren Kinderbegriff riesengroßer, quadratischer Kasten, in dem Kartoffeln und Wurzelgemüse lagerten. An der Südwand, in der Ecke neben dem Weinkeller, war eine Pumpe angebracht worden. Das lange Pumprohr führte durch eine offene viereckige Öffnung in die Tiefe eines Schachtes, der stets randvoll mit Wasser gefüllt war. »Hütet euch davor, in dieses Loch zu treten, ihr müßt versinken!« hatte uns die Mutter eingeschärft. Hob sich nun in Regenzeiten, vor allem im Herbst, der Wasserspiegel des Fehntjertiefs, so stieg gleicherweise das Wasser in unserem Keller, der ohnehin nie ganz trocken war. Es stand nicht selten bis vor dem Fuß der Treppe. Dann schienen Sauerkraut-, Gurken- und Bohnenfaß trotz der Erhöhung durch Steine im Wasser zu schwimmen, und die Tuffelbak glich der Arche Noah. Sie war nur über schwankende Bretter, die man von der Treppe aus auf ihren Rand legte, zu erreichen. Täglich mußte gepumpt werden. Noch heute liegen mir die Pumpenschläge im Ohr. Sie schallten durchs ganze Haus.

In den Ferien wurden wir Kinder zu dieser Arbeit ausersehen. Anfangs murrten wir. Mutter blieb ungerührt, und endlich fanden wir, daß auch diese Beschäftigung eine vergnügliche Angelegenheit sein konnte, wenn man sie nur richtig anfaßte. »Jeder fünfzig Schlag!« kommandierte der älteste der Kinderschar, zu der sich meistens noch Spielkameraden gesellten. Kleinere konnten aufrecht an der Pumpe stehen, größere mußten sich vorsehen, um nicht gegen die niedrige Balkendecke zu stoßen. Während nun ständig einer pumpte, hockten die anderen vergnügt in der Tuffelbak, spülten Wurzeln ab und futterten munter diese gesunde Rohkost, turnten auch wohl auf dem Rand der Bak oder balancierten mit gespreizten Armen auf den Balken, die quer durch das Wasser zu den Borden und Fässern führten. Durch die grünlich beschlagenen Feuster drang kümmerliches Tageslicht, wir hörten die Gänse schnattern, die Hühner gakkern, und mitunter steckte unser Hund, der ausgesperrt war und uns vermißte, seine Schnauze vors Pumpenloch und schnaufte zu uns herein, winselte und bellte.

Es währte lange Zeit, bis wir endlich feststellen konnten, daß sich der Wasserspiegel zurückzog und die roten Steine freilegte. Zum Zeitvertreib fingen wir an zu singen. Nicht selten aber gab es auch einen Streit, zumal dann, wenn es sich zeigte, daß der Pumpende mogeln wollte und beim Ertapptwerden behauptete, sich nur verzählt zu haben. War der Keller endlich halb leergepumpt, so dünkte uns, das Wasser zöge sich jetzt schneller zurück. Nun war es schon möglich, Tick zu spielen und in wilder Jagd um und über Tuffelbak, Balken und Planken zu tollen, wobei wir oft genug abglitten und Beulen und Schrammen davontrugen.

Der Rest des Wassers sammelte sich in einer Rinne, die an den Wänden entlanglief. Auch diese mußte restlos leer sein, ehe wir aus unserem kaltfeuchten und doch amüsanten Verließ befreit wurden.

Ich stand damals – ich mochte sieben oder acht Jahre zählen – nie ohne Gruseln an dieser Pumpe, ja, so im Kreise der Geschwister, da überwand ich dieses Gefühl, aber es konnte vorkommen, daß mich zu anderer Zeit eines der Mädchen – des Pumpens überdrüssig – bat, den Rest des Wassers zu schaffen. Ich mochte mich ihm zuliebe nicht weigern, und da stand ich nun allein an der Pumpe und starrte klopfenden Herzens auf das Loch, das schwarz zu meinen Füßen gähnte. Wie tief mochte es sein? Immer, wenn das Wasser im Tief stieg, stieg es auch hier im Loch. Es mußte also – so folgerte ich – eine Verbindung geben zwischen ihm und dem Tief, vielleicht einen unterirdischen Wasserlauf unter dem Garten durch? Nun hatte ich in einem Buch, das meine große Schwester geschenkt bekommen hatte, die Geschichte von der schönen Lau gelesen. Ich war noch klein und las noch nicht schnell, als ich über diese Erzählung geraten war. Gleich aber hatte ich an unseren Keller denken müssen. Wenn sie nun käme, die schöne Lau? Wenn ihr bleiches Gesicht, umwallt von langem, schwarzen Haar aus der Tiefe auftauchen würde und ihre schlanken Hände mit der Schwimmhaut zwischen den Fingern nach mir greifen, ihre großen Augen mich ansehen würden? Wenn sie gar spräche mit einer tiefen hohlen Stimme? Ich pumpte immer schneller, immer eifriger, das Herz klopfte – und unentwegt starrte ich in dieses schwarze Loch. War es endlich geschafft, so floh ich aus dieser Ecke, aber auf der Kellertreppe mußte ich mich doch noch einmal umwenden. Da lag der Raum: schweigend, düster, abgeschieden, verlassen, und hütete – davon war ich lange fest überzeugt – in diesem viereckigen, schwarzen Loch ein Geheimnis, vor dem ich floh, und das mich wiederum anlockte. Ich wandte mich ab. Mit ein paar flinken Sätzen sprang ich hinauf, stieß die Tür auf, rannte in die Küche. Hier oben war Helle und Leben, Lachen und Frohsinn! Niemals aber habe ich irgendeinem der Geschwister noch jemandem sonst von dieser heimlichen Not erzählt. Dieser Keller war die Rettung der Mutter und Schwester und Nachbarn, als das Haus in einer eisigen Januarnacht im zweiten Weltkrieg in Trümmer ging.

DIE GANZE FAMILIE FLIEGT AUS

Die Morgensonne bricht durch das Laub der Linden, trifft die Ostfenster der guten Stube, zieht helle Bahnen über den Teppich, spielt über Sessel und Tisch, stiehlt sich endlich durch die mattgrüne verblichene Scheibengardine der schmalen Tür zum Nebenraum und malt Kringel auf das gemaserte Holz des Kleiderschrankes, der über den schmalen Trittflächen des Treppchens, unter dem der Kellereingang liegt, angebracht ist. Neben ihm steht ein breites Bett, in dem ich mit der großen Schwester schlafe. Uns zu Häupten hängen hinter einem Vorhang die hellen, farbenfrohen, frischgestärkten Sommerkleider, zu denen wir mitten im kalten Winter oft hinaufblickten, und die uns Sommerlust und -freude vorgaukelten. Es ist noch früher Morgen, aber es ist ein ganz besonderer Tag. Als wir die Augen aufschlagen, geweckt von den vielfachen Geräuschen aus Küche und Keller, tut das kleine Herz einen raschen Schlag vor Freude und froher Erwartung. Da wird auch schon die Tür vom Flur her geöffnet und unsere Tilly steht vor uns mit dem Teebrett und bringt uns nach altem Brauch ein Koppke Tee. Nun sind wir munter und nicht mehr im Bett zu halten. Bald finden wir uns alle in der geräumigen Küche ein. Sonntagskleider werden angezogen, Sonntagsschleifen kommen in die Flechten, neue, hohe, weiße Segeltuchschuhe an die Füße! In großer Eile wird am langen Tisch gegessen, die aufgeregte Schar ist kaum zu bändigen. Alle, alle, auch die Kleinen dürfen mit. Niemals vorher wurde ein solcher Plan geschmiedet, niemals zogen wir mit »Kind und Kegel« in die Welt hinaus. Und unser »Onkel Mustert«, ein Hausfreund und Besitzer eines Photoapparates, war auch dabei. Unsere Schäferuhr an der Küchenwand, die immer zehn Minuten vorging, zeigte 20 Minuten vor sieben. Es wurde Zeit zum Aufbruch. An der Herrentorbrücke, neben der schwarzen Räucherei, erwartete uns ein Federwagen, auf dem wir alle unterkommen konnten mitsamt dem reichlichen Proviant, der für einen ganzen langen Sommertag reichen sollte. Schon scharrten die Pferde ungeduldig mit den Hufen. Röse, Vaters bewährter Kutscher auf den Dienstfahrten durch die Krummhörn, versuchte, sie durch gutes Zureden zu beruhigen. Wohin ging denn die Fahrt? Nach Riepe! Durch die Meeden nach Riepe! An Theilens Mühle vorbei führte der breite Landweg und ließ hier zugleich die letzten Häuser hinter sich zurück. Vor uns lag jetzt nichts als die unendliche Weite der Marsch. Noch wehte ein kühler Morgenhauch. Wir fuhren dem frischen Ostwind und der steigenden Sonne entgegen. Wie glänzte der Tau auf den Gräsern am Wege, auf dem Schilf an den Ufern des Kanals! Als wir die Brükke überquerten, wandten wir uns noch einmal zur Seite, um einen letzten Abschiedsblick auf das Elternhaus zu werfen, das nun so still und verlassen unter den Linden dalag. Wir bogen in den alten »Doodenweg« ein. Ausgetrocknet und hart wie eine Tenne war er um diese Zeit. Linker Hand sahen wir den Bengenschen Hof liegen mit den Resten einer alten Ziegelei. Im Schutze des Deiches lagen die beiden Häuser da. Rechts vor uns tauchten bald die drei einsamen, sagenumwobenen Bäume auf, die uns immer wieder beeindruckten, sooft wir vom Heuen im Bobenhammerk heimkehrend, an ihnen vorüberfuhren. Ragte dort nicht schon das »Hooge Hus«, die Häuptlingsburg, auf und jetzt das Wolthuser Kirchlein? Der Doodenweg machte bereits die Wendung zur Brücke, Kreuze und Grabsteine lugten durch Gebüsch zu uns herüber und verrieten den nahen Friedhof, auf dem unsere Vorfahren ruhten. An dieser Wegbiegung verließen wir jedoch den Doodenweg und fuhren im Schutze des Deiches weiter, bis wir kurz vor Uphusen auf jenen Fahrweg lenkten, der sich in mancherlei Windungen durch die weite Einsamkeit der Meeden nach Riepe schlängelte. Über uns trillerten Lerchen und stiegen hoch, hoch hinauf ins Himmelsblau. Kiebitze riefen über den blühenden Wiesen. Schilfzüge verrieten die Nähe der Meere. In der Sonne blänkerten die Wasserspiegel. Dort zwischen dem Uphuser- und dem Bansmeer mußten jene Gefilde sich erstrekken, in denen unser Großvater auf die Jagd gegangen war. Entenhütten sahen wir liegen, klein und versteckt und weit entfernt. Allerlei Getier flog auf: Krickenten, Bleßhühner? Weithin leuchtete in der hellen Sonne die weißgestrichene Uphuser Klappe, die am Eingang des Uphuser Meeres liegt, dort, wo ein Nebenlauf des Fehntjertiefs einmündet. Wie oft haben wir in späteren Jahren auf unseren Bootsfahrten jene schwere Brücke an ihren dicken Eisenketten mit viel Mühe hochgezogen und auch einmal die Hand bös verletzt!

Wie gebannt hingen unsere Augen an dem Grabenrand uns zur Seite. Über und über besät war er mit Blumen, die um so mannigfaltiger und üppiger wurden, je tiefer uns der Weg in die Meeden führte. Wie glücklich war ich, als Halt gemacht wurde und wir die Gräben ein wenig erforschen durften. Wie bescheiden ist doch die Marsch hinsichtlich aller wildwachsenden Blumenkinder! Wie jubelten wir, als wir sogar wilde Stiefmütterchen entdeckten! Wie stark duftete der Klappertopf, wie freundlich leuchteten die Vergißmeinnicht! Wie weit wölbte sich der Himmel, wie viele Schäfchenwolken zogen an diesem Tage an ihm entlang in unermeßlicher Höhe! Schön war die Welt!

Wir aßen unser Butterbrot, wir durften uns ein wenig »auslaufen«, dann aber wurde die Fahrt fortgesetzt. Aus voller Kehle sangen die Größeren: »Was frag ich viel nach Geld und Gut ...« und Vater brummte dazu, singen konnte er nicht. Im Fluge verrann die Zeit. Wir näherten uns dem Ziele. Dort, jener schmale Wasserlauf mußte das Kapellentief sein, das in die Riepster Dobbe einmündete. Wie ein dunkles Gebüsch lagen die beiden Höfe, von denen erzählt wurde, daß sie einst ein zum Kloster Ihlow gehöriges Vorwerk gewesen seien, an seinem Ufer. Bei der Anlage eines Kellers in einem dieser Häuser war man auf ein Gerippe gestoßen und vermutete, daß sich an jener Stelle ein Kirchhof befunden habe.

Dieses ganze Gebiet »um Kapelle« und »Ülkefalle« war gleichsam übersät mit Wassermühlen. Vögel umkreisten ihre Kuppen und Flügel. In einsamer Stille und Weite standen sie da, hin und wieder von Weidengebüsch umstanden. Der Landweg ging endlich in die Dorfstraße über. Weithin winkte der Turm der Riepster Kirche, die

»Teebürse« – so genannt nach seiner Form. Am »braunen Pferd« hielten wir, spannten aus und suchten uns im Garten der Wirtschaft ein lauschiges Plätzchen. Wir alle hatten Teedurst und rechtschaffenen Hunger. Mutter packte den Mundvorrat aus. Ein großer Braten kam zum Vorschein, Kartoffelsalat – es fehlte nichts an einem kräftigen Imbiß. Neugierig lugte die Dorfjugend durch die Hecke, umstand den Wagen, blickte später, als Onkel Mustert uns knipste, verwundert auf unsere Schuhe und städtischen Mützen. In dichtem Kreise umstanden uns Große und Kleine und freuten sich, daß sie mit auf das Bild kamen.

So gerne wären wir noch nach Hüllenerfehn, Mutters Geburtsort, gefahren! Ein schmaler Richtweg durch Leegmoor und Torfstich führte dorthin. Den konnten wir nicht befahren, und über Simonswolde wäre es zu weit gewesen. So suchten wir zur Teezeit zwei Tanten auf, die uns Kinder mit Zuckerwasser bewirteten. Steinalt kamen sie uns vor. Ganz altmodisch waren sie gekleidet, und ihre Gesichter waren voller Runzeln und Falten, der Mund klein und ohne Zähne. Aber ihre Freude über Mutters Erscheinen war groß und des Erzählens kein Ende.

Spät am Nachmittag kehrten wir über Oldersum, Petkum, Borssum heim, tief befriedigt, freudensatt und sehr müde.

ES KOMMT TORF!

Es sind Sommerferien! Sommerferien – das bedeutet für uns Kinder
Herumtollen durch Garten, Wiesen und Felder. Das heißt: Früh-
aufstehen und im Nachthemd in den Garten rennen, Badeanzug
anziehen und dort, wo am Ufer die Balsampappel ihre großblättrige
Krone bis über das Wasser breitet, ins Fehntjertief springen; warten, ob nicht ein Torfmuttje mit stolzem braunen Segel und dem
wütend kläffenden Spitz an Bord, mit dem aus dem Kajütenschorn-
stein aufkräuselnden, bläulichen Torfrauch auftaucht, um sich flugs
aufs Steuer zu schwingen und einen Absprung zu wagen, während
der Schiffer, priemend oder sein Piepke schmökend, uns lachend
gewähren läßt. Sommerferien – das heißt: in der runden Laube hin-

ter dem großen Mittelbeet frühstücken, Butterbrot zu gebratenen, kleinen, neuen Kartoffeln, und kurz darauf in alle Bäume klettern, immer wieder und immer höher, so hoch, daß wir aus dem Gipfel des Birnbaumes neben dem Backhaus ganz, ganz weit in der Ferne die Meere bei Riepe in der Sonne blinken sehen können. Hinter uns liegt die Stadt, aber sie interessiert uns in dieser Zeit nicht. Uns lockt nur die Ferne, in die hinein alle Züge auf dem nahen Bahndamm rollen. Es reizt uns unaufhörlich, diese Ferne zu erkunden. Wir schmieden Pläne dort oben in luftiger Höhe, nebeneinander im Geäst hockend. Einmal müssen wir es zu einem Boot bringen. Einmal müssen wir alle ein Rad haben und sei es auch nur ein altgekauftes, klappriges Gestell! Wann wird das sein? Was antwortet die Mutter, sooft wir mit unseren Wünschen – sie erscheinen uns selber verwegen genug! – zu ihr kommen, wenn sie auf der Bank vor dem Backhaus in der Sonne sitzt und Beeren abstreift oder Gemüse putzt? Sie sagt immer das gleiche: »Wenn das Geldschiff kommt!« »Woher kommt es denn?« »Von dort her, wo die Sonne aufgeht.« Vom Bobenhammerk also! Oft hielten wir Ausschau, spähten vom Ufer des Fehntjertiefs mit vorgehaltener Hand über das im Morgenlicht glitzernde Wasser. Vergeblich! »Vielleicht sind wir noch zu klein für ein Segelboot und auch für ein Rad«, trösteten wir uns und schickten uns ins Unvermeidliche.

Blieb das Geldschiff auch aus, so kam doch alljährlich zweimal weither von den Fehnen »unser Torfmuttje« – wie wir sagten. Einmal brachte es uns den Torf, ein andermal den gelben Sand für die Gartenwege und vor allem für unseren Sandhaufen, der wohlgeschützt zwischen dem Ostfenster der Küche und dem Fenster des Stübchens am Ende des Hausganges lag, so daß die Erwachsenen uns bei ihrer Arbeit unter Augen hatten. Beladen mit unserem Düngerhaufen fuhr der Schiffer wieder heim. Einmal glückte es, daß das Schiff in den Sommerferien kam. Wir freuten uns schon seit dem frühen Morgen auf das Eintreffen des Torfmuttje. Immer wieder rannten wir den Weg von der Küchentür am Backhaus und der langen Beerenreihe entlang hinunter ans Tief.

Endlich, gegen Mittag, sahen wir es kommen. Neben der Mühle

tauchte das Segel auf. Flugs stellten wir die Hintertür unseres langen Stalles weit auf, rannten hin und her, schleppten die Körbe eilig ans Tief, stolperten über unseren Hund, der uns zwischen die Beine geriet und gleich darauf in wilden Sätzen am Ufer hin- und hersprang und das nahende Schiff mit wütendem Gebell begrüßte, gereizt durch die lange Holzstange des Schiffers, mit der dieser sein Schiff zum Steg lenkte, vor allem aber durch das Gekläff des Spitzes, der seinerseits wild am Schiffsrand hin- und herraste. Es half nichts, unser Scherf mußte um des Friedens willen an die Kette gelegt werden, so sehr er sich auch dagegen sträubte.

Torfkorb auf Torfkorb wurde nun hereingeschafft. Die Ställe, auf denen zu Großelternzeiten die Kühe standen, füllten sich, ebenso die Verschläge unter dem Seitendach der Scheune. In der Teepause, die nach einer Weile eingelegt und nach unserer Erfahrung nicht knapp bemessen wurde, kamen meine Brüder und ich auf den Gedanken, das Innere des Torfmuttje genau zu erkunden. Zum Glück war der Spitz seinem Herrn gefolgt und würde sich an zugeworfenen Brocken stärken und uns nicht stören.

Wie bedenklich der schmale Laufsteg unter unseren Tritten schwankte! Wie gut der Torf riecht – nach Heide und Moor! Wie unsere Sehnsucht wächst, jenes Land des Moors und des schönen, gelben Sandes kennenzulernen! Bislang ist uns nur die Marsch, der »Klei« vertraut. Die Kajüte lockt am meisten. Wie klein, wie schmal, wie heiß, wie stickig! Hier unten also wurde der Bookweitenschubber gebacken! Und da, in der Ecke, eine Koje – eine ganz schmale Liegestatt mit dunkelbuntgewürfeltem Bettzeug. Viel Platz ist nicht darin, aber alle Torfschiffer, die wir in unserem Leben an unserem Hause vorbeifahren sahen, waren ja hager und mager und braungebrannt und meistens auch nur klein. Wie es sich darin liegen mag? Mich gruselt es, aber wie gebannt muß ich immer wieder in die dunkle Ecke schielen. Und es hilft alles nichts: trotz des Gruselns, trotz des merkwürdigen Geruches hier unten muß ich mich doch – neugierig und voller Unbehagen zugleich – eben hineinlegen und mir ausdenken, wie es hier unten sein mag in dunkler Nacht, wenn das Wasser an die Schiffsplanken schlägt und leise gluckst.

»Sie kommen, sie kommen – heraus, heraus!« reißt mich der Schrei der Brüder aus aller Träumerei. Im Nu sind wir oben und schnell an Land.

Ich denke noch lange an die kleine, nicht sehr saubere Koje, und es wird nach einer Weile offenbar, daß es bald hier, bald da am Körper zwackt und sticht. Es wird mir ungemütlich zumute, ich weiß nicht, was mit mir los ist. Da stimmt doch etwas nicht! Als ich mich endlich unserem Mädchen, dem getreuen, anvertraue, da entdecken wir beide, daß es da unten in der geheimnisvollen Kajüte nicht ganz geheuer ist, daß man Flöhe davonträgt, wenn man sich so dumm in anderer Leute Bettstatt legt, tief unten in einem vollgepackten Torfmuttje.

Dennoch: es war ein Erlebnis, das ich nie vergessen konnte.

WEEKE HOFFMANN

Weeke war die Müllerstochter auf unserem Hammrich und lebte in dem trauten, efeuumsponnenen Doppelhäuschen neben der alten Mühle. Ich erinnere mich ihrer nur als eines ältlichen, etwas verwachsenen Mädchens. Jeden Sonntag kam sie auf dem Wege zur Kirche an unserem Hause vorbei. Noch heute sehe ich die kleine, schmächtige Gestalt mit zierlichen Schritten in der Morgensonne auf dem Pfad am Schloot entlang daherkommen. Sie trug ein schwarzes Kleid, dessen Saum sie sorgfältig mit der Rechten schürzte, damit er nicht die taufeuchten Gräser zu beiden Seiten des Weges streifte. Eine kostbare, goldene Brosche zierte den Stehkragen, den ein blendend weißes Rüschchen am Halse abschloß. Faltenreich war das schmale Gesicht. Immer aber huschte ein Lächeln darüber hin, sobald sie uns sah.

In dem Gärtchen vor den Giebeln zog Weeke viele, viele Rosen. Hinter einer hohen Hecke lag es tief versteckt. Nur über das schmale Pförtchen zwischen der Hausmauer und einer hohen Erle konnte der Vorübergehende vom Wege aus hineinlugen. Da sah er die sauber geharkten Pfade, die gepflegten Rabatten und mitten zwischen aller Blumenpracht die aufgemauerte Regenbacke mit dem grüngestrichenen Deckel und dem Eimer an der Kette.

Jedes Jahr brachte Weeke unserer ältesten Schwester zu ihrem Geburtstag am 18. Juni bereits in der Morgenfrühe einen Strauß taufrischer Rosenknospen. Schmuck und sauber lag das Anwesen da. Leuchtend rot geschrubbt waren die Steinpfade, die um das Häuschen führten und sich quer durch den Garten zum Bootssteg am Fehntjertief hinzogen, vor dem die Jolle sich auf leise plätschernden Wellen im hohen Schilf wiegte.

Weeke weilte oft bei uns im Hause. Sie nähte und stopfte und besserte mit ihren nimmermüden Händen unsere Kleider aus. Schweigend zumeist schaffte sie an der vom Großvater geerbten, stabilen Kürschnernähmaschine, die an solchen Tagen vor eines der Eßzimmerfenster gerückt wurde. Von hier ging der Blick über weite Wiesen zum Deich hinüber und weiter zur Hohen Brücke und zum Wolthuser Kirchlein mit der Burg daneben.

Geduldig war Weeke. Wenn ich als kleines Kind neben ihr saß, durfte ich ungestört mit ihr plaudern. Ich zog mir auch wohl ein Stövchen heran, setzte mich darauf, was vor allem im Winter, wenn noch etwas Glut in der Teste war, besonders angenehm war, legte ein großes, dunkel eingebundenes Buch auf meine Knie oder auf einen Stuhl und las. Langsam ging es, ich las noch mit dem Finger. Traurige Geschichten standen in dem Buch. »Auf Umwegen zum Ziel« lautete eine und die andere, ebenso traurige war kurz »Verirrt« überschrieben. Ein Bild stand zwischen den Zeilen: Schwesterchen trocknete dem Brüderchen mit dem Schürzenzipfel die Tränen, und beide standen einsam im tiefen Schnee. Es standen auch Lieder in dem Buch. Eines begann: »Laß mich gehn, laß mich gehn, daß ich Jesum möchte sehn.«

Eines Tages – ich mochte zehn Jahre alt gewesen sein – schenkte meine große Schwester mir ihr altes Gesangbuch. Ich besitze es heute noch. Damals war ich stolz und glücklich darüber, ein eigenes Gesangbuch zu haben. Nun kletterte ich, wenn Weeke bei uns war und ich in der Mittagsstunde allein mit ihr blieb, auf einen Stuhl. Laut und deutlich las ich einen Gesang nach dem anderen vor, und sie hörte geduldig zu, ja, ich hatte das Empfinden, als mache ich ihr mit diesem Vorlesen eine Freude.

Als ich zwölf Jahre alt war, durfte ich in den großen Ferien zu Weeke gehen und Maschinennähen lernen. Damals heiratete ihr Bruder Dirk, und sie zog mit den betagten Eltern ins Nebenhaus, das sie nun ebenso schmuck und sauber hielt, wie vordem die Wohnküche am Wege. Durch die Südfenster schien die Sonne auf meine Arbeit und auf die mit weißem Sand kunstvoll bestreuten roten Steine zu meinen Füßen. Weit erstreckte sich vor mir der Obstgarten bis ans Tief, sorgfältig gepflegt waren die Gemüsebeete und Blumenrabatten. Auf den Fensterbänken, zwischen den gerafften mit Teewasser gekremten Gardinen, prangten üppig blühende Geranien, Pantoffeln, Fuchsien und viele andere Blumenstöcke in den damals so beliebten buntbemalten Porzellantöpfen. Mir im Rücken summte das Teewasser und auf dem Tisch mit dem sauberen Wachstuch standen schon die Teekoppkes, das Teestövchen und der Kluntjepott bereit. Im Hörn saß die Oma gebückt, ergraut, durch eine schneeweiße, mit Spitzenband verzierte Nachtmütze vor Zugluft geschützt, die Füße auf dem weißgescheuerten Stövchen, dessen schnell erlöschende Torfglut von Zeit zu Zeit erneuert wurde. Behaglich schnurrte die Katze auf einem weichen Stuhlkissen, während der weiße Spitz neben der warmen Herdplatte verschlafen in die Sonne plirrte. Schön war es im trauten Müllerhäuschen!

Viele Jahre haben wir so miteinander auf dem Hammrich gelebt. Als das Mühlengrundstück verkauft werden mußte, zog der Bruder mit seiner Familie nach Uphusen. Weeke bezog eine kleine Wohnung in der Stadt. Nicht lange lebte sie dort, eine tückische Krankheit raffte sie bald dahin. Heute denke ich oft, ob sie in der Stadtwohnung nicht Heimweh gehabt hat nach ihrem Gärtchen und der Stille und Weite des Hammrichs?

Der Ausbruch des 1. Weltkrieges zerschlug den geplanten Bau einer durch dieses Grundstück führenden Umgehungsbahn. Nur die heutige »Sandbrücke« wurde noch fertiggestellt. Bereits Ostern 1913 war die alte Mühle Naarstigheid in einer Nacht einem Orkan zum Opfer gefallen. Die Häuschen wurden abgebrochen. Lange lag das Anwesen verlassen da. Die gepflegten Pfade verschwanden unter wucherndem Grün, die Rosenbüsche verwilderten. Strauchwerk schoß auf. Die Hecke am Wege wuchs und wuchs, dahinter lagen Bäume und Sträucher im Dornröschenschlaf. Manchmal stand ich sehr früh auf – es war ein Sommer nach einer längeren Krankheit, als ich viel in der Schule nachzuholen hatte – und ging mit einem Buch nach diesem verlassenen Grundstück. Ich saß auf einer morschen Gartenbank unter den Obstbäumen. Vor mir im Osten ging die Sonne auf. Es tropfte von den Blättern auf mein Haar, und ich erschauerte in der Morgenkühle. Kein Mensch störte mich, nur die Vögel waren da und jubilierten ohne Unterlaß. Mit leisem Glucksen zogen die Wellen des Tiefs am Ufer entlang. Da spürte ich so recht den Zauber der Morgenfrühe. Und doch konnte ich mich eines Wehmutsgefühls nicht erwehren. Hier hatten doch Menschen gelebt, die zu meinen Kinderjahren gehört hatten, hier auf dem Mühlengrundstück hatten wir so oft gespielt. Nun wucherte der Holunder an den bröckelnden Steinen des Fundaments. So verlassen, so entseelt lag alles da und doch nicht ohne den Zauber verschwiegener grüner Einsamkeit.

TREUE ARBEITER

Ihrer waren viele. Es würde zu weit führen, von ihnen allen zu erzählen. Nur einige greife ich heraus.

Unsere Mutter war eine Bauerntochter. Sie liebte Tiere und hielt in unserer Kinderzeit Kühe, Schafe, Ziegen, Hühner, Puten, Enten, Gänse. Unser Anwesen war groß. Wie sollten zwei Mädchen mit der anfallenden Arbeit fertig werden, zumal viele Gäste in unserem Hause ein- und ausgingen und zahlreiche Verwandte die schöne Jahreszeit bei uns auf dem Lande verlebten? Mühsam war das Hakken und Jäten im Gemüsegarten, wenn unter heißer Sonne und soorem Wind der Kleiboden klutig und hart geworden war. Anhaltend nasse Witterung machte die Arbeit nicht leichter. Da stapfte man mit schweren Tritten auf matschigen Pfaden zwischen den langen Äckern dahin. Da waren kräftige Männerfäuste am Platze. Solange ich zurückdenken kann, hatten wir vom Frühjahr ab bis in den Winter hinein einen ständigen Arbeiter.

Ich war noch klein, als Überheim zu uns kam. Vater nannte ihn im Scherz »Übersbein«, vielleicht deshalb, weil er mitunter einen über den Durst nahm. Er war ein kleiner, gesetzter Mann. Wo er in der Stadt wohnte, ob er Familie besaß, weiß ich nicht. Schon zeitig am Morgen war er da. Er setzte sich gleich auf seinen Platz auf dem Torfkasten zwischen Herd und Anrichtetisch. Mutter strich ihm einen großen Teller Brote, die er mit Genuß und viel Ruhe verzehrte, wobei er viele Tassen Tee trank, schweigsam und nur hin und wieder dem Hund oder der Katze ein kurzes Wort zurufend, die wohl unter dem langen Eßtisch, an dem Mutter mit den Mädchen und den noch nicht schulpflichtigen Kindern endlich Muße zum Frühstücken fand, hervorkrochen und ihm um die Beine strichen. Im Frühjahr, Sommer und Herbst hatte Überheim vollauf im Freien zu tun. Wir Kinder brachten ihm vormittags gegen 11 Uhr ein »Söpke« in den Garten. Fest klemmten wir die Flasche unter den Arm, stapften mühsam quer über die Äcker, riefen laut und winkten ihm mit dem leeren Gläschen zu. Dann hob er den Kopf, fuhr sich mit dem Hemdsärmel über die schweißige Stirn, stieß den Spaten in die Erde, schneuzte sich, und kam uns mit langen Schritten und frohem Gesicht entgegen. Er hielt das Glas zwischen seinen braunen haarigen Fingern, und wir schenkten, die Flasche vorsichtig mit beiden Händen haltend, zweimal ein. Ganz unbekannt war uns der Inhalt der Flasche nicht. Wenn man so heftige Zahnschmerzen hatte, daß man nur noch wimmern und nicht mehr spielen konnte, mußte man ein kleines Schlückchen dieser Flüssigkeit nehmen, die Wange auf die wehe Seite legen und eine ganze Zeit stille halten, ehe man ausspucken durfte. Dann brannte alles im Munde, und der hohle Zahn war nun wohl totgebrannt.

Wie aber ein Mensch zum reinen Vergnügen dieses scharfe Getränk hinunterschlucken mochte, war uns unverständlich.

Sooft ich diesen Mann, in seiner Nähe spielend, genauer betrachtete, sein braunes Gesicht, sein rubbeliges Kinn, die kurzen, borstigen Haare auf seinem Kopf, mußte ich daran denken, daß er von ganz, ganz weit her gekommen war – aus Polen, einem Land, das für meine Begriffe in unendlicher Ferne lag, und das man erreichen müßte, wenn man lange, lange in Richtung Wolthusen – Uphusen immer in den kalten Ostwind hinein wandern würde. Weil er aus dieser Fremde kam, konnte er ja auch kein Plattdeutsch, und was er sagte, klang oft seltsam. Ich glaubte nicht daran, daß er jemals seine Heimat wiedersehen könne, denn so viel Geld, um mit dem Zug zu fahren, würde er nie erübrigen, weil er im Winter all sein Erspartes vertrank. Aber vielleicht wollte er auch gar nicht wieder dorthin in die »polnische Wirtschaft«, in der doch alles, wie dieses geflügelte Wort besagte, kopfüber und -unter ging. Ich hätte ihn gerne danach gefragt, aber ich wagte es nicht. Ich war überzeugt, daß ein Mensch nur dann seine Heimat verlassen könnte, wenn ihm etwas ganz Böses zugestoßen sei oder er selber ein Verbrechen begangen habe. So sah ich ihn mir nur um so öfter von der Seite an, aber dann fand ich, daß er doch »gut« sei und uns Kinder gern hatte und alles, was

Mutter von ihm verlangte, ohne Widerrede tat. Bis tief in den Herbst hinein behielt Mutter ihn da. Seine erste Arbeit am Morgen war das Auspumpen unseres Kellers, der um diese Zeit bei dem hohen Wasserstand des Tiefs bald wieder voll lief. Noch klingen mir die Pumpenschläge im Ohr. Danach half er dem Mädchen im Stall, hackte Holz, schaffte Torf herbei, räumte die Dreschdiele auf, besserte Zäune aus, verstopfte hier und da einen verbotenen Durchschlupf. Mitunter schlief er auf einer Strohschütte im Pferdestall, in dem unsere Kühe standen, und hatte an einer verschwiegenen Stelle im Heugulf sein eigenes »Örtchen«. Kam dann der Winter, konnte Mutter ihn nicht mehr genügend beschäftigen und schickte ihn heim. Doch währte es nicht lange, da stand unser Überheim wieder unverhofft in der Küchentür.

Es war noch früh am Morgen. Kaum graute der Tag. Wir Schulkinder schlüpften gerade in unsere Mäntel, zogen die Kapuzen über die Ohren, tranken noch schnell das letzte, süße Schlückchen Tee. »Überheim?« Mutter tat sehr erstaunt. »Sie wissen doch ...« Sie beugte sich vor, schob die Hängelampe etwas höher, lugte scharf zur Tür. Überheim schwieg, kaum, daß er zur Seite wich, um die Großen vorbeizulassen, die jetzt hinausstürmten. »Woher kommen Sie, Überheim?« fragte Mutter streng. Er sah vor sich nieder, schwieg beharrlich, drehte seine Mütze in den Händen und sah so verändert aus: so sauber gewaschen, so sauber geschoren der Kopf! »Gesessen?« »Ja ... war mir zu kalt zu Hause.«

Ja, es war immer dasselbe! Er hatte wohl niemanden, der richtig für ihn sorgte. Da fing er an zu trinken, spektakelte auf der Straße zu später Stunde und freute sich dann, wenn er »abgeführt« wurde, warm sitzen konnte, sich waschen mußte, geschoren wurde und sich sattessen durfte. Er blieb also wieder bei uns, und Mutter suchte Arbeit für ihn. Und wenn es gar nichts mehr zu tun gab, setzte Mutter ihn neben den Kinderwagen, damit er unser Kleinstes, unser »Püppi«, in den Schlaf singe. So steht mir ein solcher Abend noch lebhaft in der Erinnerung.

Es war in der Zeit kurz vor dem Abendbrot. Überheim hatte die Tiere gefüttert, sich gründlich gewaschen und schob nun den Kinderwagen mit seinen verarbeiteten Händen hin und her oder schaukelte ihn sanft. Der hohe Korbwagen stand an der Wand zum Eßzimmer, geschützt vor dem Zug der vielen großen Türen, die trotz aller Ermahnungen immer wieder offen standen, weil Große und Kleine sie nicht ordentlich zuklinkten. Gut, daß es Stövchen und schafwollenes Unterzeug in den ostfriesischen Landhäusern gab!

Mitten über dem Tisch hing die große Petroleumlampe, eine Hängelampe erleuchtete den Herd, an dem Mutter stand und die Suppe kochte, eine Obstsuppe mit Hafergrütze und getrockneten Pflaumen und Apfel- und Birnenstückchen, oder Buttermilchbrei, der mit Sirup gesüßt wurde, oder auch »Puppkebrei«, eine mit Gries zubereitete Milchsuppe. Die Mädchen waren anderweitig beschäftigt. Da saß nun dieser Mann neben dem Wagen und sang mit leiser, aber guter Stimme die Lieder seiner Heimat, schwermütige Weisen. Unermüdlich sang er, das Nesthäkchen schlief darüber ein, und wir anderen hörten zu. Ich hockte auf einem Stövchen, die Puppe im Arm, Hund und Katzen lagen verträglich unter dem Tisch, vor den unverhängten Fenstern stand die frühe Dunkelheit. Mitunter tickte ein Lindenzweig an die oberen Scheiben, oder ein Vogel flog gegen das Glas, angelockt von dem gelblichen Lichtschein. Der Wind strich um die Hausecken und sirrte im kahlen Geäst. Über uns huschte Getier über die von Alter dunkle Balkendecke und den angrenzenden Stallboden. Und Überheim? Sah er die schneebedeckten Weiten seiner Heimat vor sich? Gedachte er der Menschen, die einst an seiner Wiege gestanden haben mochten? Er sah aus, als sei er weit, weit weg mit seinen Gedanken.

Am Martinitag sang Überheim vor jeder Tür unserer bewohnten Zimmer sein Lied. Mutter gab den Brüdern, die unten im Haus ihr Arbeitsstübchen hatten, und uns Mädchen, die wir oben im Giebel hausten, ein Geldstück für ihn. Er begann, sobald es dunkel wurde, bei der Küchentür; war Vater daheim, sang er danach vor dem Eßzimmer, dann erklangen seine Lieder unten im Flur, und endlich polterte er die Treppe zu uns herauf und sang auf dem Boden, auf dem es von allen Seiten durch die Pfannen zog, besonders lange und schön für uns.

Allmählich wurde seine Stimme brüchig, aber er sang noch immer bei der Arbeit, im Hause und im Winter auf der Straße, um ab und an »sitzen« zu dürfen. Dann muß er wohl eines Tages gestorben sein, von seinem Ende weiß ich nichts. An seine Stelle trat ein anderer Arbeiter, der wiederum ein seltsames Schicksal hatte.

»Johann I Behrends« hieß er, und so hat er sich auf einer Fensterscheibe in unserem Kuhstall verewigt, d. h. »verewigt« nicht, denn jene Scheibe ging ja in einer Bombennacht des 2. Weltkrieges mitsamt dem Hause in Trümmer. Lange Jahre hindurch, in denen wir nie wieder von diesem Mann hörten, erinnerten diese Zeichen uns an ihn, so daß wir ihn schon deshalb nicht vergaßen.

»Johann I Behrends« war er im Zuchthaus genannt worden, machte auch keinen Hehl daraus und nannte sich selber immer so. Niemand hatte diesen Zuchthäusler, der einen Mord auf dem Gewissen hatte, nach seiner Entlassung in Arbeit nehmen wollen. Unsere Mutter tat es. Aus Moordorf kam er, und ein Zigeuner war er. Moordorf war eine fast verrufene Gegend, in der tief im Moor in dürftigen Katen die »Schwartwegerkes« wohnten. Von dort kam einmal im Jahr jene hochgewachsene, gutaussehende Frau, die uns »Heidbessens«, Schrubber und Pottbohner verkaufte, auch wohl Matten mitbrachte, in einem großen Tuch wohl verwahrt, baumelte ihr ein Säugling den Rücken herab. Fing er an zu schreien, so brachte sie ihn bald durch wiegende Bewegungen ihres Körpers zur Ruhe, ohne in ihrem Wortschwall einzuhalten, mit dem sie ihre Ware anbot. Wir standen um sie herum. Sie wußte wohl, was uns lockte, warf das Bündel zur Seite und ließ uns hineinlugen. Da lag das kleine Zigeunerkind, daumenlutschend, mucksmäuschenstill, die blanken, schwarzbraunen Äuglein fest auf uns gerichtet. Ein schönes Kind!

Johann I Behrends war ein großer, breitschultriger Mann. An manchen Tagen brachte er seine Frau und sein kleines Mädchen mit. Frau Behrends, eine schmächtige, mittelgroße Person, hatte keinen Gaumen. Wir konnten sie anfangs nur mühsam verstehen, das besserte sich jedoch bald. Sie half bei der Wäsche, jätete im Garten und wusch unsere vielen hohen Fenster mit dem langen Fensterwascher, der zwischen zwei Haken unter dem Backhausdach von jeher seinen Platz hatte. Mit einer Handspritze spülte sie anschließend die Scheiben. Das war allemal pläsierlich anzusehen, zumal sie hin und wieder einen Strahl im Scherz auf uns Spielende richtete, so daß wir mit Geschrei auseinanderstoben.

Mit ihrem kleinen Mädchen, das ungefähr in meinem Alter stand, spielte ich gern. Auf einem Restchen Stramin brachte ich ihr – in einer Grüppe zwischen zwei Beeten sitzend – mit buntem Stickgarn den Kreuzstich bei, den wir gerade in der Schule lernten. Wir beide vertrugen uns gut.

Hin und wieder schlief Behrends auch wohl bei uns im Heu. Wir Kinder wußten, daß er einst in Jähzorn und Trunkenheit einen Nebenbuhler erschlagen hatte. Uns dünkte es unheimlich, einen solchen Mann nachts zu beherbergen. Mutter aber hatte keine Sorge. Außerdem wurden die Küchentüren, von denen eine ins Freie, die andere in den Stall führte, abends mit einem Schiebeschloß, dem »Schötel«, gesichert. Die Tür zum langen Flur blieb offenstehen. Unser Schäferhund konnte ungehindert umhergehen; wenn es ihm beliebte, öffnete er mit seiner Pfote auch die Zimmertüren und besuchte die Schläfer in ihren Butzen. Mutter war eine tapfere und sehr gutmütige Frau. Sie versorgte diese Familie nicht nur reichlich mit Essen, sie erhielt auch Kleidungsstücke und Spielzeug. Wie sollte da dieser Mann Gutes mit Bösem vergelten?

Und doch! Eines Morgens gerieten wir samt und sonders in Angst und Schrecken. Es war an einem Montag mitten im Winter. Wir saßen gerade am Frühstückstisch und schlürften mit Behagen den heißen Tee, als sich die Außentür öffnete und Behrends hereinkam. Zugleich mit dem eisigen Luftzug, der uns um die Beine fuhr, da der Schneesturm aus Westen auf dieser Tür stand, drang Fuselgeruch zu uns herein. Wir merkten sofort, daß er getrunken hatte. Vielleicht hatte er sich die Nacht durch umhergetrieben. Wirr stand sein dichtes Haar um seinen Kopf. Er schwankte leicht und stolperte gegen den großen Küchenschrank, der dort neben dem Eingang stand. Es war kalt, ja es fror knuffig. Die Fenster waren voller Eisblumen. Wie Rauch stand der Atem vor seinem Munde, die Tür hinter ihm stand noch immer offen. Nichts Gutes konnte dieser Mann im Sinne haben.

Langsam trat er näher, zog einen der dicken Fausthandschuhe aus und versuchte, den Hund unter dem Tisch hervorzulocken. Keiner sagte ein Wort. Wir Kinder legten unsere Brote auf den Teller zurück und fühlten unsere Herzen klopfen. Die Mädchen saßen unbeweglich. Mutter blieb scheinbar ganz gelassen. Sie sah Behrends nur an, sagte aber kein Wort.

Als er darauf anfing, den Hund mit dem großen Handschuh zu reizen, indem er ihn vor seiner Nase hin- und herschwenkte, leise hißte und immer näher kam, griff Mutter Scherf ins Fell, sah scharf zu dem Mann hinüber und befahl kurz: »Herut!« Als dieser noch zögerte, ließ sie den bereits wütend knurrenden Hund los mit dem Ruf: »Pack an!« Behrends sprang zurück, riß die Tür auf, warf sie krachend dem nachsetzenden Hund vor der Nase zu, nahm Reißaus und war im Nu im dichten Schneegestöber verschwunden. Wir atmeten auf.

Der Winter ging dahin, das Frühjahr kam, Johann I Behrends ließ sich nicht sehen. Der Spiegel des Fehntjertiefs sank, die Grüppen zwischen den Äckern trockneten ab, die Nachbarn schickten sich an, das Land zu bestellen. Da – endlich – erschien eines Tages, gleichsam als »Vorreiter« von ihrem Mann geschickt, die kleine, flinke, fleißige Frau Behrends. Was sie mit unserer Mutter verhandelte, erfuhren wir Kinder ja nicht, aber unser Behrends kehrte reumütig zu uns zurück. Wohl mieden wir ihn eine Zeitlang, schlichen ein wenig scheu um ihn herum und gingen auf seine Späße nicht ein. Nach und nach aber kehrte das alte Vertrauen zurück.

Niemals wieder kam es zu einem Zwischenfall, er war vielmehr williger und fleißiger denn je. Lange Jahre war er unser Arbeiter. Danach blieb er in seinem Anwesen in Moordorf, und wir verloren ihn nach und nach aus unseren Augen.

UNSERE HUNDE LEO UND SCHERF

An dem langen Weg, der von der Küchentür zum Tief hinabführte, dicht neben der Pforte in der Weißdornhecke, die zu unserem Kummer stets verschlossen war, blühte in jedem Jahr ein hoher, dichter Heckenrosenbusch. Als kleines Kind stand ich oft vor ihm still und sah zu ihm auf. Wie hoch er gewachsen war, so dicht und leider voller Dornen! Ich zeigte dem Puppenkind in meinem Arm im Frühjahr die unzähligen Knospen, im Sommer die zartrosa Blüten, die in üppiger Pracht weit in den Garten hineinleuchteten, an denen die Bienen hingen und fleißig summten, im Herbst die sattroten Hagebutten. Dieser Busch war ja kein gewöhnlicher Strauch. Er hütete ein Geheimnis, er wucherte und grünte und blühte über einem Grab, dem Grab unseres Leo. Leo war ein Bernhardiner gewesen. Ich habe ihn nicht mehr gekannt. Vater erzählte uns oft, daß er ein schönes und treues Tier gewesen sei und ihm einst beim Baden das Leben gerettet habe. Leo war mir gar nicht fremd, vielmehr liebte ich ihn sehr auf eine besondere Weise. Vorne im roten Zimmer lag sein Fell vor dem hohen Spiegel in der Ecke zwischen den Fenstern, in dem sich die kostbare chinesische Vase spiegelte und dem wir darum möglichst fernbleiben sollten. Dieses Fell zog mich unwiderstehlich in seinen Bann. An Festtagen oder bei Besuch, wenn auch wir Kinder in diesem Zimmer sein durften, legte ich mich auf dieses Fell, das noch – so meinte ich – ganz deutlich nach »Hund« roch. Ich lag auf dem Bauch und bedachte Leos Leben. Ich betrachtete den Kopf und purrte an den Glasaugen. Was für ein großes Maul hatte er doch gehabt und so breite Tatzen! Ich konnte es nur schwer begreifen, daß dieses weiche, warme Fell, auf dem es sich so schön lag, einmal vor langer, langer Zeit einen lebendigen Leib umschlossen hatte. Nun spielte am Sonntagmorgen die Wintersonne, die durch die kahlen Lindenäste fiel, auf dem Fell und ließ das Braun und Gelb goldig und warm aufleuchten. Vater saß im Sessel am Tisch und rauchte seine Zigarre. Es roch so gut und festtäglich im großen Raum, und öffnete einer die Tür zum Flur, so drang zudem der Geruch des Sonntagsbratens zu uns herein und machte mich vorzeitig lüstern. Im Dauerbrenner knisterte ein tüchtiges Feuer, rot glühten die Augen in der Ofentür.

Abends leuchteten die Flammen des Kronleuchters über den wuchtigen Tisch, um den die Gäste mit den Großen saßen. Es wurde Wein aus den hohen »Römern« getrunken, wir durften einmal nippen. Es wurde musiziert, erzählt und gelacht. Von all dem – außer von der Musik, die auch das kindliche Ohr umschmeichelte – verstand ich nichts, aber ich lag sehr befriedigt auf meinem Fell und ließ meinem Sinnen und Träumen freien Lauf. Manchmal gesellte sich Georg, der kleine Sohn eines Gastes, zu mir. Wir spielten zusammen, erzählten uns etwas oder betrachteten die buntschillernden Prismen am Kronleuchter. Er war älter als ich, verbrachte nach seiner Schulzeit längere Zeit in England, stand eines Tages nach seiner Rückkehr unvermutet vor mir und erklärte, mich, die ich, kaum zum Backfisch herangewachsen war, heiraten zu wollen. Ich lachte ihn aus. Daraufhin küßte er mich hinterrücks in einer Mittagsstunde, als ich nichtsahnend neben ihm den Hausflur entlangging, auf die Wange, worauf ich so laut »Hilfe« rief, daß Vater aus seinem Mittagsschlaf auffuhr, herbeistürzte und die ganze Affaire mit den kurzen Worten: »Dummes Gör!« abtat. Der Rosenbusch am Tief stand noch da, als ich das Elternhaus verließ.

Scherf, ein schöner, langhaariger Schäferhund, begleitete mich durch meine ganzen Kinderjahre. Bei all unseren Spielen im Garten war er dabei. Geduldig stand er und unbeweglich, wenn eines der Kinder sich beim Versteckspielen hinter ihm verbarg. Er lag neben uns in der Sonne im Gras, er tollte zwischen uns herum, wenn wir schlootjesprangen oder Puttjebeine machten oder im Winter auf unseren Glidderbahnen quer über die Dobbe dahinsausten. Abends lag er zu unseren Füßen unter dem Tisch, und wenn es fror, neben uns vor dem hohen Eisenofen im Eßzimmer. Die Katze ließ er unbehelligt über seinen Rücken krabbeln. Wo Mutter war, war auch Scherf. Er kauerte sich zu ihren Füßen nieder, wenn sie auf warmem Stövchen oben am Eßtisch saß und Brote strich oder im Sommer auf der Gartenbank neben dem Backhaus Gemüse putzte oder in der Büchermappe blätterte. Er stand neben ihr, wenn sie in späteren Jahren abschiednehmend neben der Pforte stand und uns nachwinkte, bis wir sie nicht mehr sehen konnten. Mutter und Scherf, am Ufer des Fehntjertiefs stehend, auf den ausfahrenden Zug wartend – das war das Bild, das sich mir unauslöschlich einprägte, und das ich als letzten Gruß mit mir nahm, wenn ich in den Jahren vor dem 2. Weltkrieg nach einem Tagesbesuch mit dem Abendzug heimfuhr.

Als Mutter einst mit Vater zur Kur in der Schweiz war und wochenlang fernblieb, erfaßte nicht nur uns alle bitteres Heimweh, nein, unser Nesthäkchen Tini, ein Schoßkind noch, und Scherf erkrankten beide. Hausarzt und Tierarzt wurden herbeigerufen. Keiner konnte helfen. Kind und Hund verweigerten die Nahrung. Immer schmächtiger wurde unser zartes Püppchen. Teilnahmslos lag Scherf unter dem Seitentisch in der Küche, den Kopf zwischen die Vorderpfoten gedrückt. Ratlos waren wir alle. In der guten Stube auf dem Tisch stand das Bild, das die Eltern – uns zum Trost, so glaubten sie! – aus der Ferne geschickt hatten. Sooft wir es ansahen, kullerten uns die Tränen über die Wangen. Was aber geschah am Tage ihrer Heimkehr? Scherf hob den Kopf, kroch, mit dem Schwanz wedelnd, unter dem Tisch hervor. Das Nesthäkchen lebte wieder auf. Überflüssig war fortan alle Kinder- und Hundemedizin. Beide Geschöpfe waren von Stund an gesund, keine Krankheit – das Heimweh hatte sie geplagt.

Ja, Scherf war ein treuer Gefährte und bewahrte einst unsere Mutter vor dem heimtückischen Zugriff eines Hausierers. An einem Vormittag im Sommer war es. Mutter hatte alle Fenster und Türen weit aufgesperrt, um Sonne und Licht ins Haus zu lassen. Die Mädchen arbeiteten im Garten, die Kinder waren in der Schule. Plötzlich stand ein Hausierer vor ihr, ein Ausländer, den Kasten mit Verkaufsgegenständen reich gefüllt an breitem Riemen über die Schulter gehängt, in hocherhobener Hand ein großes Brotmesser, das er mit vielen Worten pries und ihr anbot. Als Mutter ablehnte, kam er ihr näher, ließ den geschärften Stahl spielerisch in der Morgenhelle funkeln. Sie wich zurück – er folgte. Sie ging um den Tisch herum – er folgte. Seine schwarzen Augen ließen sie nicht los. Da – endlich – gelang es Mutter, von dem Mann unbemerkt, mit der auf den Rükken gelegten Hand auf die elektrische Klingel neben der Eßzimmertür zu drücken. Sie schrillte durch das stille Haus, laut, anhaltend, bis in den Garten hinein. Mit langen Sätzen kam der Hund herbeigesprungen und fuhr dem Mann prompt an die Kehle, der, rückwärtstaumelnd, fluchend die Flucht ergriff.

Uns Kinder beeindruckte dieses erregende Ereignis sehr. Fortan schlossen wir bei einfallender Dämmerung sämtliche Türen, wenn es uns einmal in seltenen Fällen oblag, ohne Erwachsene das Haus zu hüten.

Scherf blieb so lange bei uns, bis ihm sein Leben zur Last geworden war. Da wurde er eines Morgens abgeholt, um schnell und schmerzlos aus dem Leben zu scheiden. Wir alle – Mutter vor allem – weinten bittere Tränen um diesen treuen Gefährten unserer Kinderzeit. Nie wieder wuchs uns ein Hund so sehr ans Herz wie unser Scherf.

116

EIN AUSFLUG ZUR SCHLEUSE

Es war für uns Kinder allemal ein großes Ereignis, wenn uns an einem Sonntagmittag, während wir am langen Eßtisch mit Heißhunger den Sonntagsbraten verschmausten, der Vater unerwartet verkündete:»Heute fahren wir zur Schleuse!« Unsere gebeugten Köpfe fuhren hoch, wir jubelten. Kaum konnten wir das Mittagsschläfchen der Eltern abwarten. Es hielt schwer, unsere Ungeduld zu zügeln und uns vor unbedachten Taten zu bewahren, etwa davor, in unseren Sonntagskleidern den knorrigen Efeustamm am Backhaus hochzuklettern, uns aufs Dach zu schwingen und an den bröckligen Pfannen bis zum First hochzuziehen, um aus luftiger Höhe Ausschau zu halten nach den Nordseewerken in der Ferne, den ein- und ausfahrenden Zügen auf dem Bahndamm, den vereinzelt vorbeiziehenden Booten auf dem Fehntjertief, das an unserem Anwesen vorbeifloß.

Wie lang schien uns der Weg durch die Stadt zum Rathausdelft! Brav trotteten wir vor unserem Vater her, einzeln hintereinander auf dem schmalen Steinpaddje am Wasser entlang. Hinter der Schiefen Tille gingen wir zu zweit. Da war schon die Räucherei, ein altes, schwarzes, häßliches Gebäude, an dem wir im Dunkeln nicht gern vorübergingen. Freundlich sah das Gravemansche Anwesen ihm gegenüber aus mit seinem hellgelben Anstrich und den bunten Blumen im Gärtchen. An der Herrentorbrücke blühten am Abhang die »Keeskes«, schwankten die Wipfel der alten hohen Eschen im Winde. Der Messingklopfer an der Haustür des Klaasenschen Brückenhäuschens blitzte in der Sonne. Am Wasser spielten die Kinder, und über den Wall, der hier am Herrentor begann, spazierten sonntäglich gekleidete Menschen. Und da war die Kettenbrücke! Zum Glück war sie geschlossen. An einem Alltag hätten wir es begrüßt, wenn sie gerade bei unserer Ankunft aufgedreht worden wäre. Einmal war es interessant, das Durchschleusen eines Schiffes zu beobachten, und zum andern war man an der Schulverspätung unschuldig und kam vielleicht um eine bereits abgefaßte, schwierige Aufgabe herum. Gleich hinter der Brücke rechter Hand an der Ecke zur Strohstraße lag jener Laden, der uns Kinder in seinen Bann zog. Wohl sahen wir in seinem Fenster in hohen Glasbehältern vielfarbige Schlangen aller Größen, von denen es hieß, daß man sie stundenlang zwischen den Zähnen mahlen konnte, aber unsere Blicke suchten vor allem das große in bunten Farben prangende Steinrelief oben am Giebel dieses Hauses. Aus weit aufgerissenem Maul spie der Walfisch den Propheten Jonas an Land. Täglich kam ich auf meinem Schulweg hier vorüber. Immer wieder blieb ich als Kind stehen und sah hinauf und mußte es bedenken: drei Tage im dunklen Bauch dieses Ungeheuers – der arme Jonas! – Weithin blickte dieses Relief nach Süden und grüßte die Schiffer, die ihre Fahrzeuge aus dem Hafen in den Falderndelft lenkten.

Die Hofstraße war schnell durchquert, ein rascher Blick in den Hexengang geworfen. Schon winkte der Rathausbogen, und nun standen wir auf dem breiten hellen Platz der Rathausbrücke. Hier herrschte reges Leben. Viele Menschen eilten gleich uns die breite Treppe zur Anlegestelle des Motorbootes hinab. Was gab es nicht alles zu sehen: Hart neben uns jenes Gebäude mit den Kanonen davor war die Polizeiwache. Ein wenig scheu streifte unser Blick die schöne Eingangstür mit dem Emder Wappen darüber. Die Polizei! Unwillkürlich regte sich unser Gewissen. Mußten wir nicht auf der Hut vor ihr sein, besonders dann, wenn es uns lockte, zur Zeit der Osterferien heimlich an den Schlooträndern die lustigen »Teekjefürtjes« zu entfachen? Die Kanonen sahen zwar bedrohlich aus mit ihren langen Rohren, die auf den Stadtgarten gerichtet waren, wir gingen wohl aufmerksam um sie herum, aber was wußten wir Kinder der Jahrhundertwende von Krieg und Gefahr?

Neben der Wache lag der Goldene Adler. Eine Glasveranda ragte über das Wasser hinaus und bot den Gästen einen weiten Blick über den Rathausdelft. Hoch oben am Giebel dieses Gebäudes war ein Kopf eingemeißelt, der »Albakopf« – so sagte der Volksmund. Wir konnten ihn, von der Schule heimkehrend, bereits von der Großen Straße aus erkennen. Nachdem ich erfahren hatte, was es mit diesem Alba auf sich hatte, konnte ich mit leisem Grimm auf dieses Antlitz blicken, das – so dünkte es mich – schmal und finster aus stolzer Höhe über Stadt und Delft blickte.

Scheu streiften unsere Augen jene Gruppe von Männern, die, breit über das Rathausbrückengeländer gelehnt, unentwegt priemten und ins Wasser spuckten. Delftspucker nannte man sie.

Aufregend war der Augenblick, wenn das Motorboot nahte, der Laufsteg ausgelegt wurde, die Menschen sich herandrängten und kräftige Männerfäuste uns Kinder griffen und verstauten. Schön war es, so dazusitzen, heimlich und schnell die Hand ins strudelnde Wasser zu tauchen, Haus bei Haus am Ufer der Westerbutvenne vorbeiziehen zu sehen. Schmal und hoch ragten sie auf mit ihren durch Blumenkästen reichgeschmückten Veranden. Hier lag das Schiff, das den Walfisch barg, den wir mit unserer Lehrerin für einen Groschen besichtigen und dessen weit aufgerissenes Maul wir staunend betrachteten, waren doch Tisch und Stühle hineingestellt.

Da – »Schreyers Hoek« tauchte auf! Vorzeiten floß hier die Ems vorbei. Ob damals dort bei Sturm und tobender See Frauen und Kinder in Angst und Not nach ihren Männern und Vätern ausgeschaut hatten, ob deshalb diese vorspringende Landzunge diesen Namen trug?

Wie weit der Platz sich dehnte, auf dem unzählige Netze der Heringsfischerei zum Trocknen aushingen! Und dort die Reihe hoher Pappeln – das mußte die »Seufzerallee« sein. Warum Seufzerallee? Ich wußte es nicht. Die großen Mädchen in der Schule erzählten, daß diese Bäume einen wenig belebten Weg umsäumten, der in der Nähe des Deichdurchbruches beim Bahnübergang auf die Borssumer Landstraße mündete. Am dunklen Abend sei er jedoch nicht ganz geheuer. Selten nur begegne einem ein Paar, das dort lustwandele. Waren diese es, die seufzten, waren es die Baumkronen? Genug, vom »Seufzen« hatte ich keine Vorstellung, aber dieser Name – manche sagten auch »Flüsterallee« – beeindruckte mich sehr.

Noch hatten meine Gedanken sich nicht von diesem Wege gelöst, der hart neben der Eisenbahnbrücke begann, da erschreckte mich der plötzliche Befehl des Bootsführers: »Achtung!« Und noch einmal, energischer noch: »Achtung!« Schlagartig beugten sämtliche Insassen ihren Oberkörper weit nach unten, mit kräftigem Ruck senkte sich das Verdeck des Bootes auf uns herab. Nicht selten donnerte gerade jetzt ein Zug über uns hin, die wir auf diese Weise die Drehbrücke passierten. Sooft ich dieses erlebte, erschreckte es mich tief, jedesmal atmete ich jenseits der Brücke befreit auf, als sei ich einer dunklen Gefahr entronnen.

An der alten Nesserlander Schleuse – die neue Seeschleuse gab es noch nicht – endete unsere Wasserfahrt. Neue Eindrücke nahmen uns gefangen. Da waren die pausenlos arbeitenden Greifer, da gab es riesige Kräne, Ladebrücken, Kohlenkipper, Schuppen und Speicher. Lange Kähne wiegten sich längsseits am Kai. Wir sahen den ein- und ausfahrenden Schiffen zu, trafen auch wohl auf einen Chinesen, der den Zuschauern, die ihn dicht umstanden, seltsame Spiele und Künste vorführte. Wie lustig wippte sein langer Zopf, wie seltsam war er gekleidet!

Wir strebten jedoch bald aus diesem regen Treiben fort zur Mole hin. Oh, dieser Molenkopf, der weit ins Meer hineinragte, an dessen Grundmauern die Wogen brandeten! Weit ging der Blick über das bewegte Wasser. Silberne Bahnen warfen die Sonnenstrahlen und dunkle, fliegende Schatten die ziehenden Wolken. Eine kräftige Brise zerrte an unseren »Tellermützen« mit den flatternden Bändern, nahm uns den Atem, lockte uns dennoch, nach kurzem Verschnaufen wiederum die Wetterseite des dicken Turmes aufzusuchen, in dessen Kopf das Feuer glühte. Schön war es hier draußen!

Das Fluttor auf Nesserland, das bei Sturmflutgefahr geschlossen wurde, erregte unsere besondere Aufmerksamkeit. In dem hart am Deich gelegenen Café erfrischten wir uns an Limonade und einigen Keksen. Ich hatte kaum mein Glas geleert, da trieb es mich schon hinaus. Wohin? Zu jenem Fleckchen Erde, das abseits hinter dem Garten lag. Ein erhöhter Platz, verwildert, ein paar verwitterte, verfallene Grabsteine, Maulwurfshügel zwischen Grasbülten und Unkraut – das war der Rest des alten Friedhofs von Nesserland. Mit aller Macht zog es mich dorthin, wichtiger noch als das Meer, das ich doch über alles liebte, war mir dieser sagenumwobene Ort. Vorzeiten, so erzählte der Vater, als die Ems noch an den Mauern unserer Stadt vorüberfloß, lag Nesserland jenseits des Wassers und gehörte zum Rheiderland. Als dann der Fluß seinen Lauf änderte und blühende Dörfer im Dollart versanken, blieb Nesserland allein übrig, fortan eine den Sturmwinden und Fluten preisgegebene Insel mit Kirche und Turm, von dem herab die Menschen weit über das brausende Meer blickten wie wir an diesem Tage vom Molenkopf aus. Das aber war lange, lange her!

Die Rückfahrt zur Stadt machten wir mit der Elektrischen. Schön saß es sich darin, nahe am Fenster, dicht neben dem Vater, den ich unermüdlich fragte, der immer eine Antwort wußte! So schön klingelte die Bahn und lief so geheimnisvoll an Drähten! Nach Osten hin lag der Hafen. Ich las die Namen der Lagerschuppen, sah die Masten der Schiffe hinter den Dächern aufragen. Nach Schliek, Öl, Teer roch es. Nach Westen hin erstreckte sich der Polder, damals noch unbesiedelt. Weit ging der Blick. Die Ferne säumte der Außendeich, die Sonne stand tief und versank bereits wie ein feuerroter Ball hinter der Deichkuppe, überschüttete mit ihren letzten Strahlen die Wolkenstreifen am Horizont. Von der Stadt her wand sich die Larreler Landstraße mit ihren windschiefen Bäumen durch das ebene Land. Von hoher Warft schaute die alte Larreler Kirche groß und stattlich in die Weite.

Nach kurzer Fahrt tauchten ein paar Baracken auf, deren Anblick mich allemal erregte. »Pestbaracken« hießen sie im Volksmund. Abgesondert und vergessen lagen sie mitten im Polder. Ein Feldweg führte dorthin, aber kein Mensch war auf ihm zu sehen. Ein paar Schafe weideten wohl am Feldrain. Vögel kreisten über den Äckern, Möwen gesellten sich zu ihnen. So von aller Welt verlassen, so ausgestoßen – dachte ich mir – müssen wohl die Aussätzigen zu Jesu Zeiten in der Wüste gelebt haben.

Viel zu schnell tauchte der Stadtrand auf. Weithin sichtbar wachte der Turm der Großen Kirche über der Altstadt mit ihren schmalen hohen Giebeln und dem Gewirr der vielen Gassen. Nun zog schon das Weiße Haus vorüber, die Börse, die Delfthalle. Schnell noch hinübergeschaut zum Rathausturm, einen Blick noch geworfen auf die Standbilder ruhmreicher Vergangenheit am Eingang zum Stadtgarten, auf die Blumenfülle der Anlage! War dort nicht schon die Buchhandlung Schwalbe, bei der wir unsere Schulbücher bestellten? Ja, und nun stoppte die Elektrische am Ende des alten Marktes, dicht vor dem Hause, in dem vorzeiten die Großmutter gewohnt hatte, bei der es bei einem Besuch »Küssentjes«, rotgestreifte Pfefferminzbonbons, gab.

Wir stiegen aus, wir wanderten hungrig, erlebnismüde, schweigsamer als am Mittag durch die Straßen dem Hammrich zu. Auf dem Weg vor unserem Hause stand unser Schäferhund und schaute nach uns aus. Wir verdoppelten unsere Schritte, wir rannten um den Giebel, wir rissen die Küchentür auf. Da stand der lange Tisch gedeckt, am Herd wirkte die Mutter, auf dem Feuer brutzelten Bratkartoffeln, das Teewasser sang. Wir waren daheim!

DIE MÜHLE »NAARSTIGHEID«

Geht man vom Emder Stadtgebiet kommend am Fehntjertief die
Marienburger Straße entlang zur Sandbrücke, so sieht man dort
rechter Hand am Wege neben ein paar zerbröckelnden Steinresten
einige Büsche und ausgeschlagene Baumstümpfe. Etwas abseits davon – dort, wo ein kleiner, von Holundergebüsch umstandener
Schuppen steht – liegen im Ackerboden die Reste eines Mühlenfun-
daments.
Hier stand vor Zeiten die alte Sägemühle »Naarstigheid«, auch
»Paltrock« genannt. Die erste Bezeichnung bedeutet so viel wie

»Emsigkeit«, die zweite bezog sich auf den Bau der Mühle. Sie lag mit dem kleinen, efeuumsponnenen Müllerhäuschen und den vier in ihrer Nähe liegenden Bauernhäusern hüben und drüben des Fehntjertiefs fernab vom städtischen Getriebe in ländlichem Frieden. Damals gab es noch keine Siedlung Ostpreußen. Ein schmaler Steinpfad, dessen kümmerliche Überreste noch lange vorhanden waren, führte durch grüne Wiesen an der malerisch gelegenen »Schiefen Tille« vorbei zur Stadt. In stiller Abgeschiedenheit lag der Hammrich an den Wochentagen da. Des Sonntags aber waren der Deich von Wolthusen aus bis zum Düker hin und der schmale Pfad, der dort begann – zunächst in Holz, danach in Stein – und an der Mühle vorbeiführte, stark belebt von Spaziergängern. Und welchem alten Emder verbindet sich mit der Erinnerung an die alte, schöne Mühle nicht auch das Bild des hart am Pfade liegenden, kleinen Müllerhauses?

Wo noch lange Jahre hindurch ein paar kümmerliche Baumstümpfe verlassen am Wege standen, beschattete damals eine dichte Baumkrone das kleine Mauerpförtchen, das in einen sorgfältig gepflegten Garten führte. Den Vorübergehenden grüßten Rosenbüsche und bunte Sommerblumen in Fülle. Verträumt lag zwischen ihnen ein Brunnen. Hinter dem Vorgärtchen erstreckte sich ein Obstgarten bis hart an die Mühle heran. Ein schmaler Steinpfad lief von der Tür des Hauses durch ihn hindurch bis an das Tief. Dort endete er in einigen abgetretenen Steinstufen, vor denen im Schilf ein schmales Boot, die »Jülle«, sich leise auf plätschernden Wellen wiegte.

Mit Efeu dicht umsponnen war das kleine Doppelhäuschen mit den grünen Fensterläden. Der Steinpfad neben dem breiten Fahrweg führte ganz dicht an den Fenstern der Wohnküche entlang. Sie lagen so tief, daß der Vorübergehende hineinsehen konnte. Alles blitzte in dem freundlichen Raum: das Zinngeschirr, die Löffel und die Fliesen, mit denen die Rückwand des Herdes ausgelegt war. Die roten Steine des Fußbodens waren kunstvoll mit Figuren aus weißem Sand bestreut. Jahre hindurch grüßte den Hineinschauenden das freundliche Gesicht der Oma des Hauses, die an einem der Fenster ihren Platz hatte. Ihre hagere, gebeugte Gestalt steht noch heute lebendig vor mir. Auf ihrem ergrauten Haar trug sie stets eine schneeweiße Mütze. In einem großen Hörnstuhl saß sie, das Stövchen unter den Füßen, vor sich auf dem sauberen, geblümten Wachstuch ein Köppke Tee. Zuweilen, an frühen Herbst- und Wintertagen, wenn die jungen Leute im Stall das Vieh besorgten und die Dämmerung schon früh herabsank, fiel der flackernde Schein des offenen Herdes über die gebeugte Gestalt und malte goldene, tanzende Lichter auf die allzeit blankgeputzten, kleinen Fensterscheiben.

Die alte Sägemühle selber übte einen starken Reiz auf uns Kinder aus, der um so größer wurde, je strenger uns das Betreten der baufälligen Mühle und vor allem das Klettern in ihr verboten wurde. Wie manchen Sonntagmorgen und Ferientag haben wir auf jenem Grundstück, das ein tiefer, vom Tief gespeister Graben vom Wege trennte, verspielt! Am Fuße der Mühle wuchsen unzählige vielfarbige Blumen. Im Windschatten saß es sich so schön, und auf den morschen Planken konnte man lange liegen und sich sonnen. Über uns hin zogen am Himmel die Lämmerwölkchen, Vögel huschten mit schnellem Flügelschlag vorüber. Im Schilf am Ufer des Tiefs neben uns sirrte der Wind, und seltsam knarrte es in der Mühle. Wir konnten der Versuchung, zum mindesten den unteren Teil der Mühle zu erforschen, nicht widerstehen und kletterten die abgebrochenen Stufen eines Treppchens hoch. Da lag ein gewaltiger Baumstamm, grau-schwarz die Rinde, vertrocknet und aufgerissen. Halb durchgesägt war er, die rostigen Sägen steckten noch zwischen den Brettern. Ganz plötzlich mußte die Mühle stehengeblieben sein, damals, vor vielen, vielen Jahren. Niemand hatte daran gedacht, den Stamm fortzuschaffen. Woher mochte er gekommen sein, wem gehört haben?

An einem versteckten Ort hing ein Schränkchen, es sah ebenso verwittert, so schwarz-grau aus wie alles Holz um uns herum. Dieses Schränkchen zog uns immer wieder in seinen Bann. Verrostet war das Schloß, das Türchen hing schief in den Angeln, allerlei Gerät wie Hammer, Zange, Nägel lagen darin. Vor allem aber bestaunten wir ein altes, vergilbtes, beschriebenes Papier, dessen verwitterte

Schriftzüge wir nicht entziffern konnten. Sorgfältig packten wir alles wieder an seinen Ort.

Ein einziges Mal haben mein Bruder und ich doch das Verbot der Eltern übertreten und sind bis oben in die Mühle geklettert. In einer Mittagsstunde war es, an einem heißen Sommertage. Die Alten im Müllerhause hielten um diese Zeit ihr Mittagsschläfchen, der Sohn aber – das hatten wir zufällig gesehen – war mit seiner Jülle zur Stadt gefahren. Die Luft war rein, ein langgehegter, oft so schwer bekämpfter Wunsch konnte in Erfüllung gehen. Mein Bruder, er war zwei Jahre älter als ich, kletterte voran. Unter jedem Tritt ächzte und stöhnte das morsche Holz. Je höher wir kamen, um so heißer und stickiger wurde die Luft – oder machte auch die Angst vor Entdeckung, vor Hals- und Beinbruch uns heiß? Feiner Staub rieselte auf uns herab, Spinnweb und Gewöll der Eulen. Jetzt hatten wir die Kappe erreicht. Einen Augenblick faßte uns lähmendes Entsetzen, denn mit lautem Gekrächz und wildem Flügelschlag flog allerlei Getier, das da oben seit Jahren ungestört genistet hatte und nun aufgescheucht wurde, uns um die Köpfe. Um ein Haar wäre ich in die Tiefe gestürzt.

Die Aussicht von der Kappe aus war herrlich, der bedrohliche Aufstieg lohnte sich. Über das Dach des Müllerhauses hinweg sahen wir unser Elternhaus liegen mit seinem von hohen Linden umstandenen Giebel. Dahinter grüßten uns die Türme der Stadt. An der anderen Seite ging unser Blick weit, weit über grüne Wiesen. Wie ein silbernes Band schlängelte sich das Fehntjertief durch sie hindurch. In der Ferne blinkte der Spiegel des Uphuser Meeres, das schon von alters her das Ziel unserer Sehnsucht war und das wir später noch oft mit unserem Segelboot befahren haben. Zur rechten Hand lagen die Dörfer Borssum und Petkum. Wie schön war das alles!

Wir dachten nicht daran, daß wir jetzt, wo unsere Köpfe oben aus der Mühle herausragten, schon von weitem entdeckt werden konnten. Wir fühlten uns sicher und betrachteten eingehend das morsche Gebälk um uns herum und die zerbrochenen Mühlenflügel unter uns. Doch nicht lange sollte diese Freude währen. Eher als wir gedacht, war der junge Mann zurückgekehrt. Mit Entsetzen hatte er uns wahrgenommen. Jetzt kam er angerannt. Der sonst so freundliche und kinderliebe Mann war ernstlich böse auf uns. Uns schlug das Gewissen. Mit hängenden Köpfen ließen wir die wohlverdiente Strafrede über uns ergehen. Dann aber fingen wir an, inständig zu bitten und zu flehen, er möge uns dieses eine Mal verzeihen und der Mutter nichts sagen. Sei es nun, daß sein Zorn wider Erwarten schnell verrauchte, sei es, daß ihm graute vor unserem Abstieg, wir erreichten es jedenfalls, daß er uns versprach, nichts zu verraten. Wir sollten nur ganz vorsichtig herunterkommen. Er stand unten und sah unserer Kletterei zu. Alles ging gut. Nie wieder wagten wir diesen Aufstieg!

Einen besonderen Reiz hatte die Mühle für uns an dunklen, böigen Herbsttagen. Eng aneinandergeschmiegt saßen wir dann mit unseren Freunden an einer schuligen Ecke auf einem Balken. Der Wind fing sich in dem morschen Gebälk, das sich ächzend und stöhnend bog. Die verrosteten Kettengewinde knarrten. Unheimlich ertönte hin und wieder ein Käuzchenschrei oder das Gekrächze eines Raben. Wir sahen uns an und ein heimliches Gruseln ließ uns näher zusammenrücken. Jedermann hier auf dem Hammrich wußte es: nicht geheuer ist dieser Ort zu solcher Stunde. Es spukt in dieser alten Mühle. Ruhelos irrt die verdammte Seele Albrecht de Ruyters in dem altersgrauen Gebälk umher, dieses Mörders, der vor vielen, vielen Jahren hingerichtet worden war. Er hatte einen Juden im Fehntjertief ersäuft. Der Richtplatz mit dem Galgen soll jenseits der Schiefen Tille gestanden haben, dort, wo sich in meiner Kinderzeit weite Wiesen bis den Deich dehnten, der sich an der Petkumer Landstraße entlang bis zur Parallelstraße zog. Einsam lagen die Wiesen, von mannshohem Schilf umsäumt, zur Herbst- und Winterzeit vom Wasser überschwemmt. Hier also soll de Ruyter die Todesstrafe ereilt haben. Als ihn der Kaplan kurz vor der Hinrichtung fragte, was nun aus seiner armen Seele werden würde, antwortete ihm der Mörder: »De kann van mienwegen in de olle Möhlen flegen!«

Immer, wenn einer von uns im Dämmern an der Mühle vorbeigehen mußte, beschleunigte er unwillkürlich seinen Schritt. Wohl schon lange wäre die Mühle abgebrochen worden, wenn sie nicht ein solch schönes Denkmal aus Emdens vergangenen Tagen gewesen wäre. Für viele Maler bildete sie ein geschätztes Motiv. Uns Kindern machte es viel Freude, dem Künstler zuzusehen, wie er unsere geliebte Mühle Strich für Strich vor unseren Augen erstehen ließ. Auch das Mühlenhaus wurde gerne hinzugenommen. Wir selber sind oft in den Ferien hinausgezogen, mit Feldstuhl, Blatt und Stift, und haben sie auf dem Papier festzuhalten versucht.

In einer Sturmnacht des Jahres 1913, um die Osterzeit, stürzte die Mühle zusammen. Bald danach mußte auch das Mühlenhaus abgebrochen werden.

HEIMWEH

Sommerferien in Steinau – einem Dorf im Lande Hadeln – in dem weitläufigen Pfarrhaus, in dem großen Garten mit seinen weiten Rasenflächen, breiten Wegen, lauschigen Plätzen, dichtverwachsenen Hecken und schmalen verwilderten Pfaden hart an der Wetter entlang, einem Wasserlauf, der an Friedhof und Pfarre vorbeifließt. Still ist die Mittagsstunde, und warm ist es. Kein Blatt regt sich an den Bäumen. Ich sitze allein abseits in einer Laube dicht am Wasser, das träge, an seinen Ufern mit dichtem Pflanzengewirr übersät, dahinfließt. Durch das Gewirr der dichtbelaubten Äste schimmert das grauweiße Geländer der nahen Brücke, die von der Dorfstraße auf den Friedhof führt, leuchtet das Gelb des breiten Pfades, kann ich das Gemäuer der Kirche und Grabsteine erblicken, auf denen die heiße Sonne liegt. Geruch von Wacholder, Buchsbaum und Tannengrün, von frischen Kränzen zieht zu mir her.

Ich war noch ein Kind. Mein Bruder Arend – zwei Jahre älter als ich – war mit mir hierher zu seinem Patenonkel gefahren, der, frühverwitwet, mit einer bereits greisen Haushälterin das große Anwesen allein bewohnte. Schön war die Reise gewesen, fern von der ostfriesischen Marsch her, und ein wenig aufregend. So sehr mußte man sich sputen, um die Fähre an der Weser nicht zu verfehlen! Danach aber hatten wir gemächlich mit großen Augen in diese Landschaft geblickt, die uns Kindern von der Waterkant mit ihren Heideflächen, den lichten Birken und dunklen Wäldern ein Land voller Wunder und Geheimnisse zu sein dünkte.

Jetzt saß der Bruder weitab von mir im hohen, weitästigen Kirschbaum, aus dem er erst kürzlich beim Schmausen rücklings in die Wetter gefallen war. Unser Onkel hatte ihn vom Tode des Ertrinkens gerettet. Von unserem Geschrei aufgeschreckt, war er mit einem Satz durch das Fenster des Studierzimmers in den Garten gesprungen, hatte noch im Lauf die Jacke abgeworfen, sich ins Wasser gestürzt und ihn ans Land gezogen.

Ich hörte Arend flöten, zwischendurch war es still, dann futterte er wahrscheinlich wiederum Kirschen. Ach, diese Jungs! Leichtfertig sind sie, nur an Freuden denken sie und niemals an eine solche Stunde wie diese jetzt, die mir doch so viele Gedanken macht!

Eine Beerdigung sollte sein, und wir hatten strikte Anordnung erhalten, weder den Garten zu verlassen noch neugierig an der Pforte zu lauschen. Eine Beerdigung! Niemals hatte ich eine erlebt! Wohl konnte es geschehen, daß auf meinem Schulweg von fern ein Leichenzug auftauchte; der schwarz verhangene Wagen, der lange Zug dunkler Gestalten erschreckten mich. Ehe mich der Trauerzug erreichen konnte, war ich bereits mit klopfendem Herzen durch eine Nebengasse davongerannt.

Unheimlich wie jener Zug dünkte mich auch diese Mittagsstunde. Und doch plagte mich die Neugier. Darum hatte ich mich hierher verkrochen, wo ich – den Blicken der Menschen entzogen – ungestört wahrnehmen konnte, was auf dem Friedhof vor sich ging.

Schwer und bang war mir zumute. Da – der erste Schlag des Geläutes! Langsam fielen die Töne vom Turm herab, erst einzeln, dann vereint. Ach, wie nah und laut trafen sie mein lauschendes Ohr! Und nun nahten die Träger. Langsamen Schrittes überquerten sie die Brücke neben mir. Eintöniger Gesang begleitete die dunkle Schar der Leidtragenden. Um den ganzen Friedhof wandelten sie, kamen noch ein zweites Mal an meinem Versteck vorüber. Dann schallte die Stimme meines Onkels zu mir her. Ach, diese tiefe, dunkle Grube, um die sich jetzt die Schar versammelt hatte! Ich hatte dabeigestanden, als der Totengräber sie auswarf. Noch nie hatte ich dieses so bewußt überdacht: Sollten wir alle nach diesem schönen Leben, von Puppen und Sonnenschein, vom Märchenlesen und Spielen fort in eine solche dunkle Grube müssen? Mir wurde traurig und immer trauriger zumute. Da fuhr es mir durch den Sinn: Wo suchen große Leute Trost im Kummer? In einem der frommen Bücher! Ich glitt lautlos aus meinem Versteck, eilte durch den Garten, huschte ins Studierzimmer und holte mir das Gesangbuch. Tröstliche Gebete enthielt es – so sagten die Großen. Ich suchte: In Sturmesnöten – ach nein, Sturm war nicht da, der tobte wohl nur bei uns daheim, wo es das Meer und die Deiche gab. Ich blätterte weiter! Unendlich viele Gebete standen in diesem Buch. Ob auch dieses dabei war, von dem ich einmal gehört hatte: Gebet in Kindesnöten? Ich war ein Kind und in Nöten dazu! – Ich suchte vergebens. So fremd und schwer waren alle Gebete! Ich fand keinen Trost – zu klein war ich wohl noch für solch ein wichtiges Buch! Ich verließ die dunkle Laube und trat in den tröstlichen Sonnenschein hinaus, und dann kletterte auch ich in den Kirschbaum hinauf.

Ich konnte klettern wie ein Junge, aber an diesem Tage war es auch mit dem Klettern nichts. Es war ein Unglückstag! Ich glitt von einer Baumgabel ab, rutschte an einem Ast herunter und scheuerte mir einen Karbunkel an der Hüfte auf, der mich schon tagelang gequält hatte. Nun rief ich kläglich nach meinem Bruder. Der kam auch gleich, und bald saßen wir einträchtig beieinander auf dem dicken Ast! Da zog Arend aus seiner Tasche einen Brief hervor. Dieser Brief war am Morgen gekommen und gehörte mit zu diesem Unglückstag! Er war von unseren Geschwistern geschrieben, und sie hatten von ihren Ferienfreuden berichtet. Indianerspiele hatten sie gemacht in dem hohen Schilf am Bahndamm jenseits des Fehntjertiefs, gebadet hatten sie Tag für Tag, Bratkartoffeln hatten sie schon frühmorgens in der Laube im Garten gegessen, und dicken Reis mit Saft – und Beeren, Beeren! Herumgetollt waren sie mit all den Freunden aus der Stadt, hatten unsere selbstdachten, schönsten Spiele gespielt.

Mein Bruder seufzte, ich seufzte auch! Wir sahen uns verstohlen aus den Augenwinkeln an, dann kam es:»Oh, Lieschen, wären wir man zu Hause!«»Ach, Arend, und wie mag es meinen Puppen ergehen!« – »Ach was, Puppen! Mädchenkram! Aber die Indianerspiele!«»Ach ja, und das Baden! Wenn dann die Torfmuttjes vorbeikommen und die Großen dürfen vom Steuer abspringen!«»Lies noch mal vor!« Wir beugten uns beide über den Brief, aber – was ist das? Wir entziffern kein Wort mehr. Beschmutzt war der Brief schon sowieso. Wie oft mochte Arend ihn auch seit dem Morgen aus seiner Tasche hervorgeholt haben! Nun aber tropften unsere Tränen auf die Seiten und verwischten alle Schriftzüge! Die Kirschen vor unseren Augen, sie locken uns nicht mehr. Ganz gleich ist es uns, wenn auch noch so viele dicke Stare sie uns wegstiebitzen, wir jagen sie nicht mehr davon – mögen sie sie alle fressen! Nichts mehr ist es mit der Heide dort hinten am Moor, nichts mehr mit den merkwürdigen Pflanzen dort, dem Sonnentau, der Glöckchenheide; nichts mehr mit dem gruseligen Gefühl, plötzlich auf eine Kreuzotter zu stoßen! Nicht einmal das Baden in der Schaukelwanne auf der Koppel, unter Weidengebüsch, lockt uns mehr. Aus und vorbei! Wir sehen nur noch den Hammrich vor uns: den Garten, die Wiesen, die Schlöte, das Tief. Und Mutter sitzt oben an dem langen Tisch in der großen Küche und streicht Brote für uns, und Scherf, der Schäferhund, liegt zu ihren Füßen. Im kühlen »Kabuffke« – einem kleinen Raum im Stall – steht der Eimer mit Milch, an seinem Rande hängt ein großer Schleef. Wir trinken daraus, sobald wir durstig sind, zerzaust und müde vom Toben ums große Haus. Und wir sind alle sieben beisammen!

Wir haben Heimweh – bitterliches Heimweh! Wir sitzen aneinandergeschmiegt, und unsere Tränen rinnen und rinnen. Wir reiben uns die Augen mit den schmutzigen Kirschenhänden, und der Karbunkel schmerzt wie nie zuvor ...

So fand uns unser guter Onkel Arend, und er hatte ein Einsehen, ja, er widersprach auch nicht, als wir ihn schluchzend baten, nach Hause zu dürfen – er tröstete nur. Am Abend badeten wir noch einmal nach Herzenslust. Dann packten wir unsere Habseligkeiten in unsere Köfferchen. Wir schliefen nicht mehr vor Vorfreude und malten uns nur immer wieder aus, was für Gesichter sie alle daheim machen würden, wenn wir so vorzeitig heimkehrten. Am anderen Morgen fuhr uns mein Onkel zur Bahn, sehr zeitig schon, denn die rundliche Fanny, die uns so manches Mal zu einer Taufe ins Nachbardorf gebracht hatte, liebte die ruhige, besinnliche Gangart, aus der sie weder ein Zuruf ihres Herrn, noch ein Peitschenknall jemals herauszubringen vermochte.

EIN SPUK

Dunkel war es, ein stürmischer Herbstabend. Äste klopften gegen Dachziegel und Regenrinne, Zweige pochten an die obere Scheibe des schmalen Kammerfensters, unter dem mein Bett stand. Sorgfältig hatten die Brüder, ehe sie ihr gemeinsames Lager am anderen Ende des Raumes aufsuchten, den flachen Holzriegel der Glastür, die in den Salon, das beste Zimmer des Hauses, führte, überprüft. Der Salon! Hatte er nicht immer für uns Kinder etwas Geheimnisvolles und zugleich Unheimliches an sich! Wir kamen selten hinein, eigentlich nur zu Weihnachten und an hohen Festtagen. Seitdem aber Omas Sarg dort gestanden hatte, wagten wir kaum, im Dämmern durch einen Spalt der grünseidenen Vorhänge zu spähen, mit denen die Scheiben der schmalen Tür von der Salonseite aus verhängt waren. In hellen Nächten warf der Mond seine Strahlen durch die hohen Fenster. Sie geisterten über den Teppich, die behäbigen Sessel, den Kronleuchter, den alten Glasschrank mit den chinesischen Tassen und Andenken aus fremden Ländern. Am frühen Morgen hingegen stahl sich die Sonne durch die Spalten der Verbindungstür und warf huschende Lichter über den braunlackierten, kunstvoll gestrichenen Kleiderschrank neben dem Bett der Brüder. Zu ihm hinauf führte ein Treppchen mit schmalen Stufen, unter dem sich der Kellereingang vom Flur aus befand. Auf ihm stellten wir Kerzenhalter und Trinkwasser für die Nacht ab.

An diesem Abend nun wollte der Schlaf nicht kommen. Längst schon hatten wir einander guteNacht gesagt, und noch immer lagen wir still da und horchten. Hin und wieder bewegte sich die leichte Tür in den Angeln. War sie doch nicht richtig geschlossen? Wir konnten hören, wie der Wind in dem weiten Schornstein nebenan auf- und niederstieg. Es knackte in den Dielen, in den Möbeln, in den Balken der Decke. Plötzlich sprang die Tür zu dem roten Zim-

133

mer, das neben dem Salon lag, auf. Und niemand war da! So weit weg waren sie alle: die Eltern, die Mädchen, die großen Geschwister. Im Eßzimmer saßen sie gemütlich beisammen, das ganz an der anderen Seite des langen Hausganges lag, oder auch in der Küche, und diese schien uns auch noch weit genug entfernt. Wie sang doch unsere Juliane, wenn sie Geschirr wusch? »... und da drang durch die Gardine eine kalte, bleiche Totenhand!« Wenn nun eine solche Geisterhand durch jene grüne Gardine leise und geheimnisvoll nach uns griffe? Aus jenem kalten, stillen Zimmer? Immer tiefer krochen wir hüben und drüben unter unsere Bettdecke, und endlich wurden doch die Augenlider schwer. Da, horch! Ein Geräusch! Seufzt es nicht irgendwo? Und jetzt! Stöhnt es nicht? Schiebt sich nicht etwas aus einer Zimmerecke hervor? Ich rufe – leise: »Arend, Julius?« Sie rufen mir schon entgegen: »Da ist was!« Wir warten ab. Wenn es doch nicht so dunkel wäre! Wir haben keine Lampe – elektrisches Licht kannten wir auf dem Hammrich nicht! – und die Kerze steht nicht an ihrem Platz, auch die Streichholzschachtel nicht! Rufen? Nein, so feige sieht das aus! Vernehmlicher schiebt es sich seufzend und stöhnend über den Boden. Es läuft mir kalt über den Rücken – unter meinem Bett muß es sein! Das stellen auch die Jungs fest. Näher kommt es, näher, immer näher! Mein Herz klopft zum Zerspringen. Ich dränge mich eng an die Wand, an der mein Bett steht. Ein weiteres Ausweichen gibt es nicht mehr! Wirklich nicht? Doch! Die Wand ist aus Holz, an ihr entlang laufen Holzleisten, so breit, daß man zur Not eine Streichholzschachtel daraufstellen kann. Also müssen sie auch Kinderfüßen einen Halt geben. Ich werfe das Bett zurück, ich klettere hoch. Der Geist schiebt sich mit lauterem Ächzen unter dem Bett hervor. Julius, der jüngste von uns dreien, schreit, als ob er am Spieße säße, auch Arend, der älteste, hat alle Ruhe verloren. Als nun der Geist sich vollends unter meinem Bett hervorzuwinden scheint, erheben wir ein mörderliches Gebrüll. Nebenan gibt es plötzlich einen lauten Krach. Nun ist es um unsere letzte Ruhe geschehen! Ich rufe unentwegt: »Julius kriegt die Treminen (Krämpfe), Julius kriegt die Treminen.« Wir schreien alle drei: »Hilfe, Hilfe, ein Geist, ein Geist!« Türen schlagen, alle Hausbewohner stürzen herein, die ersten mit der Hängelampe in hocherhobener Hand. Wie das Licht über uns fällt, bietet sich ihnen ein seltsamer Anblick. Wir drei kleben förmlich an der Holzwand, zitternd wie Espenlaub. Einen Augenblick stehen alle sprachlos da und dann? Ja – dann tritt unsere Mutter vor, bückt sich und zieht mit festem Griff den vermeintlichen Geist in der Gestalt unseres ältesten Bruders nun vollends unter meinem Bett hervor. Man löste uns von der Wand, man öffnete, Unheil ahnend, die Verbindungstür. Was war geschehen? Durch unsere verzweifelte Kletterei hatte sich die weiße Kaiserbüste jenseits der Wand gelöst und war krachend auf den Sofatisch geschlagen und in Stücke gesprungen. Lange noch lagen wir an diesem Abend wach. Nun mußte einer von den Großen bei uns bleiben und uns trösten, während der Übeltäter – er war doch sonst ein braver Junge! – seine Strafe verbüßte.

Das alte Backhaus   R.Lüken. 24.4.41.

UNSER BACKHAUS

Vor dem Südfenster der Küche stand es, durch ein breites »Straatje« vom Haus getrennt. Vor seiner grüngestrichenen Tür mit dem Hängeschloß daran und an der Westseite entlang floß in einer Gosse das Pumpenwasser aus dem Keller und das Spülwasser aus der Küche in eine »Grüppe« ab, die wiederum ziemlich versteckt an Beerenbüschen vorbei zum Tief führte. Wenn eine kräftige Hand im dunklen Keller eifrig pumpte, ließen wir unsere Schiffchen, selbstgeschnitzte Holzstücke, auf dem strömenden Wasser die Reise bis zu den Büschen antreten. Weiter ging die Fahrt nicht. In dem unwirtlichen Gewässer der Grüppe scheiterten zu unserem Kummer unsere Fahrzeuge an dem Gewirr des Strauchwerks. Auch verwehrte uns eine verschlossene Pforte in der hohen Weißdornhecke den Zugang zum Tief, das in unserer Phantasie die eigentliche Weite des Ozeans darstellte. Wir spähten sehnsüchtig durch die Latten und sannen auf Flucht in die Freiheit. Sie gelang uns denn auch eines Tages durch ein Hühnerloch an einer verschwiegenen Stelle der dornigen Hecke in stiller Mittagsstunde. Während die Brüder mühelos hindurchschlüpften, zerriß ich mir die Kleider. Sie hatten mir geraten, die Beine zuerst hindurchzustecken und zerrten und rissen solange an ihnen, bis ich hindurch war. Zum Glück bewahrten mich die hochgeschobenen Röckchen davor, daß die Dornen mir das Gesicht zerkratzten; aber wie sahen diese nach der Prozedur aus! Wie büßten wir unsere Freiheitsgelüste!

Wir liebten das Backhaus. Wie alt mochte es sein? Im Gemäuer an der Südseite, versteckt unter Gesträuch, verriet ein gemauerter Rundbogen die Stelle, an welcher sich einst der Backofen befand. Das war vor unseren Lebzeiten gewesen, für unsere Begriffe in grauer Vorzeit. Unsere Großmutter, die hier geschaltet und gewaltet hatte, war schon lange tot. Als sie starb, zählte unsere Mutter kaum sieben Jahre.

Ja, alt war dies Häuschen. Wenn es erzählen könnte! Sein Giebel war von Efeu dicht umsponnen. Weit über das Dach war er gerankt. In seinem Blättergewirr nisteten unzählige Spatzen. Sie hausten tief versteckt. Der dicke Efeustamm, weit verzweigt und das Mauerwerk unter sich begrabend, verlockte uns zum Klettern. Wir zogen uns an ihm hoch, griffen ins Geranke mit den dicken Beeren daran und saßen bald rittlings auf dem First nahe am Schornstein, aus dessen Fugen der Kalk schon lange herabgerieselt war. Verwittert und bröckelig waren die Pfannen. Sie verschoben sich unter uns. Nur zögernd wagten wir, Halt an ihnen zu suchen, wie wir es doch so gerne bei unseren Kletterpartien aufs Dach des Wohnhauses taten. Dort griffen wir unbesorgt hinter die Pfannen, zogen uns hoch und befanden uns bald in schwindelnder Höhe, dicht unter dem Pferd, das stolz vom Scheunendach über den ganzen Hammrich blickte. Wie klein war im Vergleich dazu unser Backhaus! Ein Puppenhaus! Dennoch – zum Herunterfallen war es auch wieder zu hoch. Es kam viel darauf an, daß wir uns hier oben auf dem altersschwachen First gut vertrugen und kein ungebärdiger Mutwille uns plagte, der die Sicherheit gefährdete. Wir freuten uns über die schöne Aussicht und blickten im Herbst verlangend in die Zweige des Birnbaumes, der seine voll beladenen Äste bis über unsere Köpfe erstreckte. Bei Sturm prasselten die Früchte auf das Dach herab und sprangen in Stücke. Dann stürzten sich die Gänse mit Geschrei auf die unverhoffte Beute.

Dünngescheuerte Hosen und fleckige Schürzen waren allemal das Ende solcher Kletterpartien.

Mit welcher Hingabe habe ich Ball gespielt an der Mauer und auf den Pfannen, wobei jede Dachziegelreihe für mich ein Kind darstellte! Mitunter spielten wir Ball über das ganze Dach hinweg.

Das Backhaus, seiner ursprünglichen Bestimmung enthoben, fand im Laufe des Jahres wechselnde Verwendung. Sobald die heißen Tage kamen, wurde dort gekocht. An jener Giebelseite, wo sich einst der Backofen befand, stand nun unter tief herabgezogenem

»Schösteinbossem« ein eiserner Kochherd. Mutter ließ rechts neben ihm die Mauer durchbrechen und ein Fenster anbringen. Nun konnte sie vom Kochtopf aus tief in den Garten hineinblicken und die Torfmuttjes auf dem Tief dahinziehen sehen. Vor dem Fenster fand ein alter, ausgedienter, nicht minder gemütlicher Lehnstuhl seinen Platz. Es saß sich gut darin, und außerdem konnte man von ihm aus so schön »Pottjekieker« spielen und um ein Pröwke von diesem und jenem leckeren Gericht betteln. Wann haben gesunde Kinder keinen Hunger?! Hier in diesem Stuhl saß ich oft in jenem Sommer 1908, als ich lange Zeit unter dem Wechselfieber litt. »Dardedagskole« nannten die Emder diese in unserer Gegend damals häufig auftretende Krankheit. Da saß ich denn, aus der Schule fortgeschickt, ein heißes Stövchen unter mir, eingehüllt in Mutters Umschlagetuch, und doch klapperten mir die Zähne aufeinander. Wenig trösteten mich in solchen Zeiten die köstlichen Gerüche, die von den brodelnden Töpfen auf dem Herd um meine Nase zogen. Auch das Köppke Tee, das auf dem Tisch vor einem der kleinen Westfensterchen um 11 Uhr vormittags angerichtet wurde, für mich mit besonders dickem Kluntje, reizte mich nicht. Unsere Katze, die aus der Küche mit ins Backhaus gezogen war, sprang auf meinen Stuhl und drängte sich schnurrend hinter meinen Rücken. Der Hund legte wohl seinen Kopf auf meine Knie und sah mich an, als wolle er fragen: »Was ist denn nur mit dir los?«

Der Raum war sehr niedrig. Unsere stattliche Cornelia, eine der treuen Hilfen, konnte nicht aufrecht darin stehen. Ihr Kopf mit der schweren Flechtenkrone drohte an die geschwärzte Balkendecke zu stoßen. An einer Längsseite fand eine Gartenbank noch Platz vor einem schmalen Tisch. Ein Hängeschränkchen füllte die Ecke neben der Tür aus. So fehlte selbst im Backhaus nicht eine gewisse Behaglichkeit. Wo unsere Mutter und die Mägde hantierten, waren auch wir Kinder. Oft genug hieß es an Regentagen: »Lauft uns nicht immer vor die Füße!«

Im Nu war ja auch das kleine Backhaus voller Leben, nicht selten gesellte eine Nachbarin sich zum kurzen Proot hinzu.

In den Herbstferien durften wir Kinder nach eigenem Gutdünken in diesem Häuschen schalten und walten, kein Großer kam uns jetzt dazwischen. Wir schummelten den Raum und schütteten uns beim Schrubben das aus der Pütte im Stall mühsam herbeigeschleppte Wasser vor Eifer über die Füße. Wir putzten die zahlreichen kleinen Scheiben der in Ost-, Süd- und Westwand eingelassenen Fenster und vergaßen auch nicht das winzige, das zur Küche sah. Gardinchen wurden aufgehängt und die im Frühjahr gekalkten Wände liebevoll mit Pfauenfedern von unseren Tieren geschmückt. Wie schön ließ es sich hier spielen! Wie heimlich und traut war es darinnen, wenn der Herbststurm um seine Ecken fuhr, sich hin und wieder ein Sonnenstrahl durch die Scheiben stahl, oder wenn der Regen – von der Stadtseite kommend – gegen die Fenster trommelte!

Das Backhaus besaß auch einen Dachboden, zu dem eine Luke über der Tür führte. Er war niedrig und nicht mehr ganz sicher. Trotzdem konnten wir es nicht lassen, in der Mittagsstunde, wenn die Eltern schliefen, an der Tür hochzuklettern und mit gegenseitiger Hilfe durch die kleine grüne Tür hinaufzukriechen. Allerhand altes Gerümpel lag hier herum, das wir auf der Suche nach vergessenen Schätzen begierig durchwühlten. Stickig heiß war es im Sommer dort oben, Spinnweb setzte sich in Gesicht und Haaren fest. Durch schadhafte Pfannen hatten Vögel Einlaß gefunden und flatterten erschreckt um uns herum. Manchmal blinkte ein Sonnenpfeil durch eine Fuge und traf wohl auf einen ausgedienten verrosteten Setzspaten, den wir mit manchem anderen Stück für uns zum Spielen hinunterwarfen. Verstaubt und erhitzt suchten wir bald wieder das Freie.

Später, als wir groß wurden und nacheinander ausflogen, wurde das Backhaus das Heim für unsere Gänse. Waren wir dann bei Mutter zu Besuch, so wurden wir morgens von dem lauten Geschrei und Geschnatter der Tiere geweckt, die schon zeitig hinausgelassen wurden und freudig ihren Futterplätzen zueilten.

Als die Bombe das Elternhaus in jener eiskalten Januarnacht 1942 traf, fegte ein einziger Lindenbaum mit unvorstellbarer Gewalt das ganze Häuschen vom Erdboden fort.

IM HOHEN SCHILF

In meiner Kinderzeit zog sich jenseits des Fehntjertiefs, gleichsam als Ausläufer der Flackjes, die vor dem alten Deich lagen, der sich damals vom Bahnübergang an der Borssumer Landstraße bis zur Parallelstraße erstreckte, ein breiter Schilfrohrgürtel am Bahndamm entlang. Einsam war es dort. Grünland, ein kleines Siel, Gräben und Dobben lagen ringsum. Ein Fahrweg, auf dem selten genug ein Fuhrwerk daherkam, schlängelte sich, nahe am Schilfmeer vorbei, nach einem der wenigen Gehöfte.

Hart am Tief entlang führte der schmale Treidelweg, für die Bewohner jenseits des Wassers die einzige Zuwegung zur Stadt.

Es war um die Zeit unserer Indianerspiele, als wir zu Beginn der Herbstferien beschlossen, dieses von uns noch nicht erkundete Gebiet zu erforschen. So greifbar nahe lag es vor uns, unserem Elternhause schräg gegenüber. Mitunter setzte uns ein gutwilliger Nachbar mit seiner Jolle – »Seelenverkooper« nannten wir dieses flache, leichte Boot – ans andere Ufer über. Meistens aber mußten wir den Umweg über die Schiefe Tille nehmen, was uns allemal recht ärgerlich war.

Jetzt, zu Beginn dieser Ferien, war es noch möglich, dieses Unternehmen zu wagen. Brausten erst die Herbststürme über das Land, stieg der Wasserspiegel des Fehntjertiefs, füllten sich die Wasserläufe, so währte es nicht lange, und dieses ganze Gebiet wurde bis an den Fuß des Deiches, bis in den Bereich der Schiefen Tille überschwemmt und ergab dann bei eintretendem Frost außerhalb des Schilfgürtels das schönste Schöfeleis für jung und alt.

Raschelnd und knackend schlug das mannshohe Rohr über unseren Köpfen zusammen, als wir zum ersten Male in diese Wildnis eindrangen. Allerlei Getier flog auf und erschreckte uns durch Laute und flappenden Flügelschlag. Vorsichtig mußten wir Wege bahnen.

Wir gingen hintereinander, der ältere Bruder voran. Mitunter quoll Wasser hoch unter unseren Tritten, wir sanken in den Kleigrund ein und wichen schnell zurück. Dann wieder stießen wir auf höher liegendes Gebiet, das trocken und fest uns zum weiteren Vordringen verlockte. Geheimnisvoll war diese unbekannte Welt. Wir traten das Schilf platt und hockten eng nebeneinander auf dem Boden. Ein starker Duft nach unbekannten Gewächsen umgab uns. Abgeschnitten von der Welt waren wir, in einem heimlichen Versteck, in dem uns nie ein Mensch finden würde. Wir horchten um uns. Vom nahen Bahndamm klang wohl das Rollen der ein- und ausfahrenden Züge, aber sonst war es still um uns. Doch dünkte uns die Luft von geheimnisvollem Leben erfüllt. Es raschelte bald hier, bald dort, es knisterte uns zur Seite, es wisperte hinter unserem Rücken, es zirpte am Boden und ruschelte über unseren Köpfen. Der Wind sirrte im Schilf, nicht weit von uns plätscherte und gluckste das Wasser des Tiefs ans Ufer.

Wie sehr wir sie liebten – diese Streifzüge! Kreuz und quer bahnten wir uns Haupt- und Nebenwege. Waren wir nicht wie Kundschafter, ausgesandt von einem Häuptling eines Indianerstammes, um auf verborgenen Pfaden der Fährte eines Feindes nachzuspüren? Es währte auch nicht lange, da spielten wir täglich »Indianer«. Friedlich begann es, und zu Beginn waren es nur die Kinder des Hammrichs und unsere Freunde, die begeistert mit uns das Schilf durchstrolchten und immer zu spät nach Hause kamen. Danach aber fanden sich auch fremde Kinder ein, immer größere Trupps rückten an. Wer hatte ihnen nur unsere heimlichen Gefilde verraten? Schon am frühen Vormittag sahen wir sie von der Stadt her auf dem Treidelweg und über den Deich heranziehen. Nun zog ich mich von den Spielen der Brüder zurück. Oft aber saß ich auf unserer Bank am Tief und blickte ein wenig wehmütig zum Schilf hinüber, sah, wie die Halme hin- und her-, auf- und niederwogten und hörte das Geschrei der Jungen. Waren die Brüder und ihre Freunde daheim, so saßen sie in der Tiefe des Gartens in der Lindenlaube am Tief oder hinter der hohen Hecke und schnitzten Dolche, bastelten Pfeil und Bogen, fertigten sich Federschmuck an und hatten für nichts anderes mehr Auge und Ohr. Nichts verrieten sie von ihren Plänen. Selbst mich, die ich doch allezeit mit ihnen durch Dick und Dünn gegangen war, schlossen sie aus. Ich begriff es wohl, warum das plötzlich so war, ich war eben nur ein Mädchen, das ihnen jetzt im Wege stand.

So geschah denn eines Tages gegen Ende der Ferien das Unheil, daß eine wilde Schlacht zwischen den einzelnen Schulen entbrannte, blutig ausgetragen und durch die Polizei jäh beendet wurde. Vorbei war es mit unseren Spielen im weiten, hohen Schilf. Zertrampelt waren die verschwiegenen Pfade, die uns so beglückt hatten, verweht der Zauber, der über diesem Fleckchen Erde gelegen hatte. Vorbei auch war es mit jeglichem Indianerspiel. Andere Freuden fanden wir, und bald lag der Schilfrohrgürtel wieder einsam und verlassen da wie vordem.

DIE RIEPSTER DOBBE

Wir hatten alles: Unternehmungslust und Erfindergeist, sprudelnden Lebensmut und zähe Beharrlichkeit, bloß – kein Geld, und wir wünschten uns doch so sehnlichst ein Boot! Unsere Eltern aber dachten gar nicht daran, uns ein Boot zu kaufen, hofften wohl auch, daß wir solche Pläne bald wieder aufgeben würden. Dem war nicht so. Wir dachten hin und her, und endlich kam uns ein rettender Gedanke. Wir liehen uns ein »Flöttje«, sicherten die Baumstämme noch besonders durch Latten und nagelten ein paar Kluntjekisten darauf, in die wir unsere jüngsten Geschwister verstauten. Eigentlich bedeuteten diese für uns einen unnützen Ballast, aber gerade das kleine und schmächtige Nestküken war von solch einer hartnäkkigen Dickköpfigkeit und schrie so lange, bis wir es um seines unverschämten Geilens willen dennoch mitnahmen.

Lange Stöcke in den unmöglichsten Ausführungen waren unsere Piekhaken. So fuhren wir einen Sommer lang stolz wie Könige auf dem Fehntjertief hin und her. Doch durften wir nie weiter als bis zur alten Sägemühle, die bei der heutigen Sandbrücke stand. Unsere Blicke schweiften sehnsüchtig zum Düker hinüber. Für uns Kinder schien die wirkliche weite Welt erst jenseits der Schleuse zu beginnen. Wir wollten sie erobern und sahen ein, daß dazu wohl ein seetüchtigeres Fahrzeug vonnöten war.

Wir leerten allesamt unsere Steingutäpfel, auch die Eltern steuerten einen Beitrag bei, und wirklich – eines Tages hatten wir ein Boot, ein richtiges Boot! Es sah wenigstens so aus, war alt und seltsam geformt. Irgendwo hatten wir es mit Hilfe guter Freunde aufgetrieben. Wir jubelten. Aus Säcken nähte die Mutter ein Segel, mein Bruder malte schwungvoll mit leuchtenden Farben Störtebekers gepanzerte Faust darauf. Wir waren hochbefriedigt und noch stolzer als früher. Was würden die Schiffer auf ihren Torfmuttjes jetzt sagen? Sie hatten uns oft genug ausgelacht und verspottet!

Mit der »gepanzerten Faust« haben wir manchen Sturm erlebt. Es war nur gut, daß wir schon als kleine Kinder das Schwimmen gelernt hatten. Ich erinnere mich, daß wir mit diesem Boot nie ohne inneres Gruseln die etwas bewegtere Wasserfläche jenseits des Dükers überquerten und uns weigerten, Nichtschwimmer an Bord zu nehmen. Sehr lange hielt dieses Fahrzeug den Gefahren des Wassersportes auch nicht stand. Als es dann endlich auch in den Augen der Eltern für »erledigt« galt, waren wir aber zu einem erfahrenen, seetüchtigen Völkchen herangewachsen. Meine älteste Schwester ergriff bereits ihren Beruf, die Brüder waren bis in die oberen Klassen des Gymnasiums geklettert. Hin und wieder gab es ein paar Groschen durch Nachhilfestunden zu verdienen, die finanzielle Lage unseres Kreises hatte sich gehoben. Wir hatten nur einen gemeinsamen Geburtstags- und Weihnachtswunsch: ein Segelboot! Und dieser Wunsch ging endlich auch in Erfüllung.

Neu war auch dieses Boot nicht, aber dieses Mal hatten wir klüger und sachkundiger gekauft. Und sachkundig teerten und strichen wir unsere Yacht und rüsteten sie vollständig aus. Und nun begann ein herrliches Leben. Kein Wetter hielt uns ab, Sonntag für Sonntag hinauszufahren. Zu bedauern war nur derjenige von uns, der wegen nahender Konfirmation Sonntag nachmittags um zwei Uhr zur Katechese mußte. Der also Betroffene hatte einen harten Kampf zwischen Pflicht und Neigung zu bestehen.

Hatten wir nicht schon jahrelang vom Gipfel unseres hohen Birnbaumes aus in weiter Ferne das Uphuser- und Bansmeer blinken sehen? Hatten wir nicht beim Heuen im Bobenhammerk von weitem die weißgestrichene Klappbrücke winken sehen, so verheißungsvoll, so lockend? Über jene Meere kamen im Winter die Riepster in langer Kette mit ihren Frauen an unserem Hause vorübergeschöfelt. Wir hatten sie immer angestaunt wie Menschen aus einem anderen Erdteil. Aus jener Gegend war unser Großvater mit seinem Schiff gekommen, war so oft an diesem alten Hof mit der Lindenlaube am Tief vorbeigefahren, bis er sein Herz an die Tochter des damaligen Bauern verloren hatte. Jetzt, jetzt würden wir selber jene sagenhaften Meere erkunden und befahren, und niemand sollte uns daran hindern. Die »gepanzerte Faust« mit ihrem Sacksegel hatte uns nicht so weit tragen können. Unsere stolze Yacht aber würde uns nicht im Stich lassen.

Sonnabend abends schmiedeten wir unsere Pläne für den Sonntag. »Kriegsrat halten« nannten wir das. Beschlossen wurde, daß die Kameraden um sechs Uhr früh kommen sollten, und zwar nur, wenn eine ordentliche Brise wehte.

Aus süßem Schlummer weckte uns ein Klirren und Klicken an den Scheiben. Stachelbeeren und Sand wurden dagegen geworfen. Schlaftrunken taumelte einer zum Fenster, jemand rief unten: »Spannende Brise! Steht schnell auf!«

Schon sechs? Wir sahen ungläubig auf die Uhr. Ja, waren die da unten denn noch in Ordnung? Gut vier zeigte unsere Armbanduhr, und sie lief auch. Innerlich grollend, grillerig vor Müdigkeit zogen wir uns dennoch an und schlichen auf Strümpfen die Treppe hinunter. Leise öffneten wir die Tür und ließen die anderen herein. Die lachten verschmitzt. Ahnungsvoll sahen wir zum Fenster hinaus. Die Linden rauschten nur leise, die Brise hatte wohl ausgerechnet nur in der Stadt geweht! Aber nun waren wir alle aufgestanden, nun sollte es auch losgehen. Doch nicht ohne ein Köppke Tee, das allein uns munter machen würde. Flüsternd wurde jetzt in der geräumigen Küche der Herd angemacht, unsere Kameraden hatten sich ja auch nüchtern von daheim fortgeschlichen. Während die Jungen das Boot zurechtmachten, alte Mäntel und Mützen verstauten, auch einige Schulbücher nicht vergaßen – immer hatte jemand am Sonnabend im Vorgenuß des Wochenendes gebummelt – holten wir Mädchen den Mundvorrat herbei. Die gute Mutter hatte im Keller alles bereitgestellt: eine riesengroße Schüssel mit Butterbroten, ein gebratenes Huhn mit Kartoffelsalat und dicken Reis mit Saft. Tee, Kluntjes und Spirituskocher durften natürlich nicht fehlen. Endlich waren wir abmarschbereit. Nach alter ostfriesischer Sitte brachten wir erst noch den Eltern eine Tasse Tee an ihr Bett. Noch höre ich die Stimme unseres Vaters: »Na, Kinder, amüsiert euch!« Und Mutters besorgtes Fragen: »Habt ihr auch genug zu essen? Habt ihr Mäntel mit? Fallt nicht ins Wasser!« – Die Gute! Sie hat nie erfahren, wie oft ihre Kinder Bekanntschaft mit dem nassen Element gemacht haben.

Und dann ging's los! Wohl wehte nun doch eine Brise, aber eine sanfte und aus ganz verkehrter Ecke. Wir mußten rudern, bis wir den Düker hinter uns hatten. Von dort ab begann der Treidelweg, und wir konnten das Boot ziehen. Schön war der Sommermorgen! Wir fuhren der aufgehenden Sonne entgegen. Kühl wehte der Morgenhauch über das Wasser zu uns her, brauender Nebel lag über den weiten Wiesen, umhüllte die Leiber der weidenden Kühe und Pferde. Wie ein silbernes Band schlängelte sich das Fehntjertief durch den Bobenhammerk, der wie ein dunkles Gebüsch vor uns auftauchte. Die Nachbarn fuhren in ihren Jollen zum Melken und winkten uns fröhlich zu. Damals bildete unser Hammrich in seiner Abgelegenheit gleichsam eine einzige große Familie. Wir Jungen schipperten zusammen, wir schöfelten zusammen, ließen im Herbst Drachen steigen, heuten in den Sommerferien und ritten gelegentlich die Pferde zum Land. – Jetzt wünschten sie uns gute Fahrt.

Vorläufig hieß es: ziehen! Diese nicht leichte Arbeit teilten wir uns redlich. Die Mädchen wurden dabei nicht anders behandelt als die Jungs. Niemand von uns wäre auf einen anderen Gedanken gekommen. Ja, wir Mädel mußten uns sogar oft tüchtig wehren. Mein Bruder konnte ganz fürchterlich auf die »Langhaarigen« schelten, sobald man sich ein wenig dumm anstellte, und belegte seine etwas geringschätzige Auffassung von der Nützlichkeit dieses Geschlechtes mit Zitaten aus der neueren und älteren Literatur.

Das Los entschied über die Reihenfolge der Ziehenden. An diesem Morgen mußte mein jüngerer Bruder zuerst daran glauben. Er bekam die Leine mit einer Schlinge um die Brust gelegt, wurde an Land gesetzt und sich selbst überlassen. Das Ziehen auf dem schmalen Treidelweg hatte seine Tücken. Alle naselang mußte man über eine Fohre klettern oder einen schmalen Steg überqueren. Paßte der Steuermann nun nicht gut auf, geriet er etwa – wie es an heißen Tagen wohl geschah – ins Träumen, so daß das Boot den Kurs nach der entgegengesetzten Kante nahm, so drohte dem Ziehenden die Gefahr, ins Wasser hineingezogen zu werden. Noch gefährlicher war es, wenn ein plötzlicher Wind einsetzte und das Segel blähte. Und dieses Unglück geschah an jenem Morgen. Wir hatten wohl alle miteinander nicht aufgepaßt, nicht daran gedacht, daß durch eine Wendung des Tiefs der Wind die Segel fassen konnte. Das Boot schoß plötzlich vorwärts, vorbei an dem Bruder am Ufer. Der rannte im Galopp, schimpfend und schreiend, mit den Armen fuchtelnd hinter uns her. Einen Augenblick waren wir alle kopflos. Wir sahen, daß mein Bruder sich die Leine nicht mehr abziehen konnte, sie hatte sich schon zu fest um seinen Bauch gespannt. Nun bekamen wir es mit der Angst. »Ein Messer, ein Messer!« schrien wir alle durcheinander. Als wir es endlich fanden und die Leine abschnitten, war der Arme bereits ins Wasser gezogen worden und zappelte mit verglasten Augen wie ein Fisch an der Angel.

Abenteuer muß ein Seefahrervoll erleben. Dem Odysseus war es weiland nicht besser ergangen. Wir nahmen dieses Mißgeschick nicht sehr tragisch, beschlossen vielmehr zu landen und uns bei Tee und Brot von dem Schrecken zu erholen. An aufgepflanzten Riemen und Piekhaken flatterten Hemd und Hose lustig im Winde. Der Unglückliche selber lag etwas abseits im hohen Grase, nackend wie ihn Gott erschaffen, schlich sich hin und wieder etwas näher heran, um seine Tasse Tee auszutrinken und sein Butterbrot in Empfang zu nehmen, das wir ihm dort hingesetzt hatten.

Inzwischen kletterte ein anderer auf die morschen Flügel einer kleinen Wassermühle, die dicht neben uns stand, und hielt Ausschau. Die Meere winkten schon ganz in der Nähe. Wir bogen in ein Seitentief ein, zogen an schweren Ketten die Klappbrücke hoch und überquerten mit vollen Segeln das Uphuser Meer. Hei, wie der Wind die Segel blähte, wie gefährlichschön das Boot sich auf die Seite legte! Einsam, ganz von Schilf umgeben, lag das Meer da. Kein Städter war noch bis in diese Weite gedrungen. Wir glaubten, alleinige Beherrscher dieser unberührten Gefilde zu sein. Die Luft war erfüllt vom Vogelsang, von dem süßen Duft blühender Gräser und frisch gemähten Heues. Am Himmel, der nirgends so schön sich wölbt wie über Ostfrieslands endlose Fluren, zogen Schäfchenwolken, im Wind und Wellenschlag wogte und rauschte das hohe Schilf. Enten und Bleßhühner flatterten auf, verkrochen sich eilends. Am Ufer kreisten, unruhig schreiend, unendlich viele Kiebitze, Schnepfen flogen auf. Zwischen den Heuhaufen stolzierte gemächlich ein Storch, in ruhigem Flug zogen Fischreiher ihre Bahn. Die »stinkende Riede«, ein dichtverwachsener, schmaler Wasserlauf, verbindet das Uphuser Meer mit dem Bansmeer. Damals wanden wir uns noch vorsichtig hindurch. Das Schwert streifte den seichten Grund, Schlinggewächse wanden sich um Riemen und Steuer. Heute findet nur noch eine Jolle ihren Weg hindurch. Wasserrosen und Algen, Libellen und Mücken, unzähliges Getier verträumt hier ein ungestörtes Dasein.

Endlich war auch das Bansmeer erreicht. Im Verhältnis zu seinem Nachbarn ist es weiter im Umkreis, tiefer und stärker im Wellenschlag. An jenem hellen Sommertag lagen die Sonnenstrahlen wie flüssiges Silber auf den plätschernden Wellen, hin und wieder geisterte ein Wolkenschatten über sie hin.

Wir landeten an einer Wiese am Ausgang des Meeres und beschlossen, erst zu baden. Danach setzten wir uns im Kreise um unsere älteste Schwester, streiften mit begehrlichen Blicken all die Herrlichkeiten, die nun ausgepackt wurden. Sie aber teilte das Essen der Reihe nach an uns aus, genau so, wie es die Mutter daheim auch machte – gerecht und unbestechlich auch bei der süßen Speise. Sie war überhaupt die einzige unter uns, der wir uns ohne Widerrede und Murren fügten. Wir hatten instinktiv begriffen, daß einer unter uns das Sagen haben mußte, zumal uns allen dank unserer bäuerlichen Vorfahren ein echter, rechter ostfriesischer Dickkopf mit auf die Welt gegeben worden war.

Alles war bald aufgezehrt, das letzte Hühnerbein fein säuberlich abgenagt, die Seele hatte Ruh. Wir legten uns aufs Ohr und hielten ein Schläfchen, aus dem wir jedoch schon nach kurzer Zeit unsanft aufgeschreckt wurden. Schnaubend und fauchend streiften bereits breite, feuchte Kälbermäuler unsere Köpfe. Wir fuhren entsetzt hoch. Da standen diese Geschöpfe vor uns und glotzten uns mit ihren großen Augen an. Mit unserer Rast war es vorbei. Und das war gut so, denn hatten wir jetzt auch das Ziel unserer Sehnsucht erreicht, so reizte uns bereits jenes stille, fernab liegende Gewässer: die Riepster Dobbe. Der Weg dorthin war weit. Wir mußten uns sputen. Ein schmales Tief, das Kapellentief, führte in vielen Windungen dorthin. Segeln konnten wir nicht oder doch nur sehr wenig. Also: heran an die »Galeerensklavenarbeit« und gerudert, abwechselnd nach der Uhr, damit keiner zu gut oder zu schlecht wegkomme. Der Schweiß rann uns von der Stirn, zumal wir Mädchen der damaligen Generation viel zu warm gekleidet waren. Wohl trugen wir auf unseren Fahrten unsere Turnanzüge und glaubten, sehr fortschrittlich zu sein. Aber kein Kind von heute ahnt, was alles wir unter dieser Tracht noch bargen! Wie oft hat es mir leid getan, daß ich nicht als Junge auf die Welt gekommen war und mich mit Zöpfen – aus denen ich stets die Schleifen verlor – und meterweiten Turnhosen plagen mußte.

Dennoch verloren wir niemals Mut und Humor. Diese Weltabgeschiedenheit gefiel uns gut. Alltag, Stadt und Schule schienen uns in unendliche Ferne gerückt zu sein. Es lag sich so friedlich auf der Bordwand, es war so schön, in den Himmel hineinzuträumen und den dahinsegelnden Wolken nachzuschauen, den weichen Wind um Stirn und Wangen streichen zu lassen.

Nur zwei alte, stattliche Gehöfte lagen hier. Wildwucherndes Gebüsch entzog den Garten unseren Blicken, gab dem ganzen Anwesen etwas Düsteres, Geheimnisvolles, Verwunschenes. Die schmalen Blätter der Salweide spielten und blinkten in Sonne und Wind. Holundergebüsch wucherte breit ins Wasser hinein, unter ihm verborgen und geschützt schaukelte die Jolle auf leise plätschernden Wellen. So war es damals dort draußen, so ist es heute, nach 20 Jahren noch. Viele, viele kleine Wassermühlen beleben die Weite ringsum. Sie waren damals schon alt, heute aber zerfällt diese und jene, und keine Menschenhand rührt sich, um sie zu erhalten. Das Gemäuer zerbröckelt, wo einst Fenster und Türen waren, gähnen dunkle Löcher, das Riethdach hängt zerfetzt. Vögel umkreisen die zerbrochenen Flügelarme. Noch sieht man das im Halbkreis einst zum Schutze der Mühle angepflanzte Weidengebüsch.

Immer seichter wurde das Wasser, beschwerlicher das Rudern. Wir kamen in den Bereich der Dobbe. Wir mußten das Schwert ganz hochstellen, den Piekhaken zu Hilfe nehmen. Das Aantjeflött wucherte hier so dicht, daß es wie eine einzige braungelbe Fläche aussah. Nur eine schmale Fahrrinne zeigte uns den Weg quer über die Dobbe.

Auf diesem Gewässer hatten meine Brüder im folgenden Frühjahr ein böses Abenteuer zu bestehen. Der Tag ist uns allen noch heute lebendig. Es war der Gründonnerstag. Nichtsahnend hatten sie sich – sie waren ihrer drei – bis hierher gewagt, als gegen Abend ein Unwetter aufkam mit Sturm und Regen. Vergeblich versuchten sie, das Boot in der Richtung der schmalen Fahrrinne über die Dobbe in das Kapellentief hineinzulenken. Immer wieder trieben sie ab. Stundenlang mühten sie sich, endlich gelang es. Als dann aber das Bansmeer erreicht war, begann dasselbe Manöver. Dazu brach die

Dunkelheit herein. Der Sturm heulte, längst schon waren die Segel gerefft worden. Ringsum alles grau in grau! Wo war der Ausgang? Lange kämpften sie auch hier mit dem Mut Verzweifelnder. Es blieb nichts anderes übrig, als endlich – abgehetzt und todmüde – das Boot im Schilf zu bergen, ins Wasser zu springen, an Land zu waten und den weiten Weg durch die Meeden nach dem Deich zu suchen. Darüber war es Nacht geworden.

Wir alle irrten inzwischen mit den Eltern des Kameraden stundenlang auf dem Wege zum Deich hin und zurück. Endlich zogen die Nachbarn mit Booten und Laternen in die Nacht hinaus. Mitternacht war längst vorüber, da endlich kamen die Vermißten zurück, durchnäßt, erschöpft. Nun mußten auch noch die Nachbarn durch vorher verabredete Lichtzeichen benachrichtigt werden. Es war eine angstvolle Nacht, in der der ganze Hammrich auf den Beinen war.

Wer die Riepster Dobbe kennt, wird leicht einsehen, daß dieses Mißgeschick auch einem Erwachsenen hätte zustoßen können. Uns aber hätte jene Nacht um ein Haar unser Boot gekostet, denn die Eltern wollten lange Zeit nichts mehr von einer Wasserfahrt wissen. Jenseits der Dobbe gelangten wir in ein ganz schmales Tief. Geheimnisvolle, kleine, wildverwachsene Wasserläufe führten zu den kleinen Anwesen, die jetzt häufiger auftauchten und das nahende Dorf verrieten. Vor jedem schwankte, entweder vor einem kleinen Steg oder unter schilfgedecktem Bootsschauer, die Jolle, mit der die Riepster leicht und schnell über die seichten Gewässer hinfahren, um Eier, Butter, Gänse u. a. zur Stadt zu schaffen.

Am Eingang des Dorfes hielten wir und warfen noch einen Blick zum »Gasthaus zum weißen Pferd« hinüber. Dort im Garten hatten wir einmal mit den Eltern zu Mittag gegessen, nachdem wir frühmorgens an der Herrentorbrücke in einen Wagen gestiegen und auf den trockenen, harten Kleiwegen durch die Meeden nach Riepe gefahren waren.

Wir wendeten und fuhren heimwärts, wieder der Sonne entgegen, der sinkenden jetzt. Schön war der Abend! Eine leichte Brise blähte die Segel, leise rauschend glitt der Bootskiel durch die Wellen, und schnell und mühelos kehrten wir heim.

An einem sonnigen Augusttage, kurz nach Kriegsausbruch, waren wir noch einmal alle zusammen dort draußen. Wir fuhren wie immer unseren alten Kurs: Uphuser Meer – Bansmeer – zurück. Kein Mensch kreuzte unsere Bahn, weit und still und friedlich waren diese Gefilde – wie immer. Uns aber, die wir schweigend beieinander saßen, uns dünkte, es sei alles so anders geworden. Noch einmal kletterten wir auf die Flügel der Ravelingschen Mühle – sie steht heute nicht mehr – und blickten über die weite Marsch, nahmen dieses Bild unserer Heimat ganz in unsere Seele hinein. Die Zukunft lag dunkel und ungewiß vor uns, was sie uns bringen würde, wußten wir nicht. Was wir jetzt aber hinter uns ließen, das war uns klar bewußt: das Paradies unserer schönen, sorglosen, behüteten Jugend.

»UMZIEHEN!«

Bei uns zu Hause war es Brauch, daß jedes Kind, das nachmittags schulfrei hatte, sich sofort nach dem Mittagessen umziehen mußte. Wehe uns, wenn wir es vergaßen oder gar absichtlich, vornehmlich aus Faulheit, unterließen und nun in unseren Schulkleidern durch den Garten tollten, in die Bäume kletterten, Boot fuhren, Heuspiele machten! Ich erinnere mich eines bewegten Auftrittes, zu dem es kam, als Mutter eines Tages beim Teetrinken entdeckte, daß unser Arend seinen Schulanzug noch anhatte, der zudem bereits deutliche Spuren unserer mittäglichen Spiele aufwies. Er entwischte jedoch ihren Händen, rannte in die Scheune und kletterte mit affenartiger Geschwindigkeit nach oben in die Hahnebalken. Es war Sommer und das Heugulf leer. Da saß er nun in schwindelnder Höhe. Unten standen wir Geschwister alle hinter Mutter, die ihm energisch gebot, herunterzukommen. »Hier nach oben kommst du im Leben nicht!« wagte er törichterweise von seinem sicheren Sitz herab zu antworten. Dennoch hörte man seiner Stimme an, daß ihm nicht geheuer zumute war. Wir alle hatten Mitleid mit ihm. Immer hatten wir Mitleid mit dem, welchem ein Strafgericht drohte. Einen Augenblick stand unsere Mutter – verblüfft ob solcher unehrerbietigen Rede – unschlüssig da. Auch mochte ihr zu Bewußtsein gekommen sein, wie gefährlich jener Zufluchtsort unter dem Dach war, wie halsbrecherisch der Abstieg. Dennoch: ihre Autorität schien bedroht! Wir hielten den Atem an. »Warte!« rief sie ihm nach einer Weile zu, »warte, ich kriege dich doch!« drehte sich knapp um und verließ die Scheune. Was würde jetzt kommen? Was für ein Ungewitter würde sich über uns zusammenbrauen? Mucksmäuschenstill standen wir da. Auch Arend, der Sündenbock, rührte sich nicht. Er blickte aus der Höhe auf uns herab. Längst schon verwünschte er seine Feigheit, die ihn zu dieser waghalsigen Kletterei veranlaßt hatte. Besser wäre es gewesen und einfacher, Mutters schnell aufbrausenden Zorn, der zudem meistens bald verrauchte, über sich ergehen zu lassen. Hier oben konnte er nicht ewig sitzen bleiben. Außerdem hatte Mutter sich so siegesgewiß, so resolut von uns abgewandt, hatte uns, die wir doch unschuldig waren, keines Blickes mehr gewürdigt – nichts Gutes konnte sie im Schilde führen! Wir ratschlagten, auch Arend fand seine Sprache wieder, aber wir sahen keinen Ausweg aus dieser wahrhaft verfahrenen Lage. Und während wir grübelnd und unschlüssig dastanden und eine plötzliche Stille sich um uns ausbreitete, stürzte unsere Kleinste auf uns zu und rief: »Mutti geht mit dem Möker zum Boot!« Der Möker – das war der schwere Hammer, mit dessen Hilfe unser Schaf umgestickt wurde. Mit ihm trieb man den eisernen Stecker in den sommertags steinharten Kleiboden hinein.

Wir fuhren, Böses ahnend, zusammen. Nun kam das Gericht, und zwar von einer Seite, an die wir nie gedacht hätten. Bum – bum – bum! Da hörten wir sie schon, die schweren Schläge, mit denen Mutter anscheinend unser Boot, unser erst kürzlich unter größten Opfern erstandenes und schön hergerichtetes Boot, unsere stolze Yacht, zertrümmerte. Entsetzen packte uns. Den harten Kopf unserer Mutter kannten wir – an das weiche Herz, das zu diesem Kopf gehörte, dachten wir in unserer Angst nicht mehr. Für uns stand es fest: ein grausames Gericht ging über uns hin! Im Nu war Arend von seinem gefährlichen Sitz herunter. Er glitt den schweren Ständer herab, nun ganz verdreckt von Staub und Spinngewebe. Sein Boot – oh, sein Boot – zu Grus und Mus! – Allesamt stürzten wir aus dem Dielentor, sahen es nun mit unseren leibhaftigen Augen: da stand Mutter am Bootssteg an der Tiefkante, holte weit aus zum wuchtigen Schlag – immer wieder, immer wieder. Dumpf hallten uns die Schläge entgegen. Da hielt uns nichts mehr. Aus vollem Hals schrien wir, warfen die Arme hoch, rannten quer über die Äcker zum Tief, waren alle miteinander kopflos. Keuchend langten wir an, darauf gefaßt, nur noch Trümmer anzutreffen. Was aber geschah? Mutter richtete sich auf und ließ den Hammer sinken, sah uns entgegen – uns, die wir plötzlich wie angewurzelt dastanden, keines Wortes mächtig. Denn – da lag sie ja, unsere geliebte Yacht, unversehrt lag sie da! Alle dumpfen Schläge hatten nur dem Steg gegolten, und nur die Rückseite des Hammers hatte ihn getroffen. Und während wir noch dastanden – völlig stumm und verwirrt, ging ein triumphierendes Lächeln über Mutters Gesicht, und ruhig, ganz ruhig sagte sie mit der Miene des Siegers: »Da bist du ja, Arend!« Weiter nichts!

Da – endlich – brach ein lautes Jubelgeschrei aus unserem Munde, wir liefen auf sie zu, wir hingen ihr am Halse, wir drückten uns an sie. Und der Sünder? Spornstreichs lief er davon, erlöst, befreit, der Hund in langen Sätzen ihm nach. Eigenhändig bürstete er mit Eifer den arg mitgenommenen Schulanzug aus, wusch sich gründlich, ohne an Seife zu sparen, mied aber mit prüfendem Blick Mutters Nähe und Reichweite. Zu sehr war ihm der Schrecken in die Glieder gefahren, ihm und uns allen, so daß für den Rest dieses bewegten Tages aus Mutters wilden Rangen wahre Musterkinder wurden.

ÜBER DAS WEITE, WEITE MOOR

Wir waren in Steinau – Arend und ich. Im Pfarrhaus hauste unser guter Onkel nicht mehr allein mit seinem Pflegekind und »Tante Olerich«, die ihm durch viele Jahre seines Witwerstandes den Haushalt geführt hatte. Sie war alt und grau geworden. Ich sah sie einmal gebückt am Fenster ihres Stübchens im Dorfe sitzen. Sie winkte mir zu, und ich stellte fest, daß sie noch immer ein Bärtchen hatte. Da durchfuhr es mich mit heißem Schrecken: »Was wird dereinst aus dir werden?« Denn mir sproß seit geraumer Zeit ein dunkler Flaum auf meiner Oberlippe. Die Gespielen neckten mich deswegen oft, ja, eine Freundin hatte es fertiggebracht, in einer Deutschstunde, als vom Milchbart die Rede war und von dem Bärtchen der Margarete von Parma, spontan auf mich zu zeigen, die ich alsbald rotübergossen inmitten allgemeinen Gelächters dasaß.

Ins Pfarrhaus war seit geraumer Zeit eine junge Frau eingezogen, und junges Leben wuchs heran.

Sommer war es, trocken und heiß. Da packte meinen Bruder und mich eines Tages jene alte Lust aus frühsten Kindertagen, auf Entdeckungen auszugehen. Wir hatten von einem Judenfriedhof erzählen hören, der abseits der Landstraße, die von Bederkesa nach Steinau führte, verborgen und vergessen tief im Walde liegen sollte. Wir mochten damals 12 und 14 Jahre zählen. Arend hatte seine Malsachen mitgebracht und beschloß, Staffelei und Malkasten mitzunehmen, nach spannenden Motiven Umschau zu halten und ein Bild als Andenken an diesen Ferientag mit heimzubringen.

Wir aßen zeitig zu Mittag. Tante Meta versorgte uns reichlich mit Butterbroten, spendete auch eine große Flasche Johannisbeersaft, die wir an einem Strick über der Schulter trugen. Gerecht verteilten wir unsere übrige Last und zogen unternehmungslustig in Richtung Bederkesa davon. Onkel Arend, Pate meines Bruders und gleichen Namens mit ihm, hatte uns den Weg dorthin genau beschrieben. »Es gibt allerdings auch einen Richtweg mitten durchs Moor«, hatte er noch hinzugefügt. »Aber der ist nur für Leute, die sich dort auskennen.« »Du meinst, wir dürfen es nicht wagen?« warfen wir ein, »so klein sind wir doch auch nicht mehr!« »Das Moor hat seine Tücken, bleibt da lieber weg!« hatte der Onkel gemahnt und sich dann ins kühle Studierzimmer zurückgezogen und aufs Ohr gelegt.

Wir hatten kaum das Dorf hinter uns gelassen, als wir auch schon die Landstraße verließen und Ausschau hielten nach jenem »gefährlichen« Weg. Was sollte uns zustoßen am hellichten Tag? War es nicht langweilig, auf der Landstraße dahinzutrotten, immer der Nase nach und – so schien es uns – so ganz ohne Abwechslung? Konnte man von einer Erkundungsfahrt sprechen? Nein, den Richtweg wollten wir nehmen. Der lockte und lockte! Der weckte unsre Abenteuerlust. Zwar – unser gutes Gewissen war dahin. Es war schwer genug, den leisen Warnruf im Herzen zum Schweigen zu bringen. Dennoch –

wir suchten und fanden den Weg, oder glaubten doch, den richtigen erkannt zu haben. Mutig trabten wir los.

Mittagsstille lag über der weiten einsamen Landschaft. Braun und dunkel, durchsetzt von Flächen von vergilbtem Beentgras, hie und da ein Tupfen freundlichen Birkengrüns, dehnte sich das Moor vor uns aus. Wir hatten es so noch nie gesehen. Heiß brannte die Sonne auf uns herab. Die Luft flimmerte. Es roch nach Torferde und Heidekraut. Über uns trillerte die Heidelerche, um uns raschelte es; Laufkäfer und mancherlei Getier hasteten durch das dichte Gestrüpp zu unseren Füßen. Schmal war der Pfad, wir mußten hintereinander gehen, an einem tiefen Moorschloot entlang. Dunkel, fast schwarz blänkerte es uns aus seinem Grunde entgegen. Träge, mitunter leise glucksend, zog das Wasser dahin. Fern am Horizont blaute ein dichter Wald. Dorthin mußten wir, dort lag Bederkesa. Verlaufen konnten wir uns demnach nicht.

Es kam darauf an, so sagten wir uns, daß dieser schmale Pfad auch wirklich nicht vor dem Ziele aufhöre! Kein Haus war weit und breit zu sehen, kein Mensch zu erblicken. Nur in der Ferne, seitwärts von unserem Wege, durch weite Heideflächen und Moorkuhlen von uns getrennt, arbeiteten ein paar Männer. Rüstig schritten wir aus, Arend voran. Manchmal wagte ich die bange Frage: »Wir kommen doch hin?« »Klar!« antwortete er zuversichtlich. Nun, er war der ältere, er mußte es ja wissen. Ganz wie früher, als wir noch klein waren, tappelte ich hinter ihm her, aber ich konnte es nicht verhindern, daß mir ab und zu Onkel Arends Mahnung im Ohre klang. Es sah auch nach langem Wandern nicht danach aus, als rücke der Wald uns näher. Der Schweiß perlte uns von der Stirn, das Gepäck – diese dumme Staffelei, die ich schleppte! – drückte. An den kühlen schattigen Pfarrgarten mochten wir gar nicht mehr denken. Stur und schweigsam stapften wir dahin und wunderten uns, daß der Moorboden unter unseren Tritten zu federn begann. Schmaler wurde der Pfad, war nur noch eine Spur, stellenweise ganz überwuchert vom Heidegestrüpp. »Wenn nur nicht Kreuzottern hier verborgen liegen!« fuhr es uns durch den Sinn. Es konnten nicht viele Menschen hier gegangen sein, eher dünkte es uns, daß es ein verlassener

Weg sei. Wir blieben stehen. Ach, wie weit hinter uns lag Steinau! Dort, das dunkle Gebüsch, neben dem Kirchturm war das Pfarrhaus. Dort tranken sie jetzt in dem schmalen, langen Raum am Ende des gepflasterten Hausganges Tee. Und wir? Nein, zurückgehen würden wir nicht! So unendlich fern konnte Bederkesa nicht mehr sein und – kapitulieren? Nein, niemals! Doch – was war denn das? Riefen nicht Menschen uns zu? Wir sahen uns um. Ja, dort drüben, die Moorarbeiter – sie winkten und riefen. Was wollten sie? Gingen wir auf verbotenem Weg? Oder – aber das konnte doch wohl nicht möglich sein! – wollten diese Männer etwa einen Moorbrand entfachen? Plötzlich fiel uns ein, was unsere Mutter in jedem Frühjahr zu erzählen pflegte, wenn wir, von der Schule heimkommend, entdeckten, wie der Horizont zum Binnenland hin von Rauchschwaden verhüllt war und ein seltsamer Geruch in der Luft lag. »Nun brennen sie das Moor ab«, beantwortete sie unser stürmisches Fragen, »weit, weit weg, dort wo die ›Schwartwegerkes‹ herkommen und weit hinter Aurich noch, bei Großefehn!« Dann atmeten wir Kinder beruhigt auf. Diese Orte kannten wir nur vom Hörensagen; sie lagen für unser Kindergemüt in sagenhafter Ferne, dort, wo es Wälder, Bickbeeren und Heidekraut gab und nicht nur das Wasser wie bei uns.

Was sollten wir tun? Gott Dank! Das Frühjahr war schon längst vergangen. *Eines* stand fest: zu uns herüber konnten die Männer nicht kommen. Sie waren zu weit entfernt. Heide und Torfkuhlen lagen zwischen uns. Sie konnten uns nichts Böses anhaben, wir mußten uns nur sputen. Es kam uns nicht in den Sinn, daß sie uns warnen und von unserem Weg abbringen wollten. Trotz Hitze, Müdigkeit und Durst liefen wir jetzt fast im Galopp, ohne uns umzublicken, und waren froh, als endlich die Rufe hinter uns verhallten.

Die Sonne stand noch hoch am Himmel. Es mußte früher Nachmittag sein. Abgekämpft ließen wir uns endlich am Grabenrand nieder, ängstlich nach einer Kreuzotter ausspähend, öffneten die Flasche und labten uns. Alsobald erwachten die Lebensgeister, der Mut kehrte zurück, Entdeckerfreude schob alle Bedenken beiseite. Wir sprangen auf, beluden uns mit unserer Bürde und marschierten weiter auf schwankendem Boden. Eines war uns klar: Dunkelheit und brauender Nebel durften uns nicht mehr hier im weiten einsamen Moor überraschen. Also: Voran! Und wirklich – nach langem Wandern erreichten wir den Wald. Eigentlich war es eine kleine Waldwiese. Mitten darin, in sattem Grün, stand eine Birke mit schwanken Zweigen und silbergrauem, weithin leuchtenden Stamm. Dieses Motiv entzückte Arend so sehr, daß er Halt machte, seine Malsachen auspackte und seelenruhig zu malen begann. Es half nichts, daß ich ihn beschwor, sich zu beeilen, denn schon zog eine feuchte Kühle herauf, und über dem Moor hinter uns braute weiß-grauer Dunst. Ich dachte an Gedichte, die ich gelesen hatte und an eine Erzählung von Irrlichtern im Moor. Doch Arend wollte erst sein Bild beendet haben – all mein Reden fruchtete nichts. Da legte ich mich endlich lang ins Gras und wäre wohl auch eingeschlafen, wenn nicht diese leise Angst in meinem Herzen gewesen wäre.

Als endlich das Bild fertig war und Arend seine Malsachen ordnungsgemäß verpackt hatte, war die Sonne bereits hinter den Bäumen des Waldes versunken. Schatten krochen herauf, Laute der einfallenden Dämmerung wurden lebendig. Und noch immer nicht hatten wir die sichere Landstraße erreicht. Keine menschliche Behausung war zu entdecken, kein Hundegekläff zu vernehmen. Tiefe Waldeinsamkeit war um uns – sonst nichts! Wir eilten über die Lichtung, wir entdeckten aufatmend einen Waldweg, ja, wir fanden die Straße, die wir – das hatte man uns gesagt – überqueren mußten, um jenseits von ihr den Judenfriedhof zu suchen. Aber wo mochten wir uns befinden? Lag er fern, war er uns nah? Da kam eine Frau auf dem Fahrrad des Weges, ein Hütchen mit wehendem Schleier auf dem Kopf, Kleiderrock weit und schwer und bis auf die Hacken hängend, gerade und steif auf dem Sattel sitzend. Arend sprang aus dem Wald heraus über den Straßengrabenrand, schwang die leere Saftflasche in hocherhobener Hand und rief so laut er konnte: »Wo ist der Judenfriedhof?« Sie erschrak, blickte wild um sich, trat mit aller Kraft auf die Pedale und brauste davon.

Lachend und unverzagt suchten wir den jenseitigen Waldrand ab und fanden endlich auch den Friedhof. Verfallen war die Einzäunung, überwuchert von Pflanzengewirr lagen die Grabsteine da, eine vergessene Ruhestätte der Toten mitten im Waldfrieden! Unser Ziel war erreicht. Dunkelheit fiel über das Land. Müden Schrittes wanderten wir die birkenumsäumte Straße entlang, tief befriedigt von unserer Entdeckungsreise. Wir hatten mit angstvollem Herzen die Weite des Moores erlebt, ein Bild war gemalt worden und auch der Judenfriedhof uns nicht verborgen geblieben.

Weit vor dem Dorf kam uns mit großen Schritten und wehenden Rockschößen unser Onkel entgegen. Unruhe hatte ihn aufgejagt, als wir bei Anbruch der Dunkelheit noch nicht heimgekehrt waren. Ein guter Onkel war er! Er hörte uns aufmerksam zu, als wir ihm alles, was uns begegnet war, berichteten. »Oh Kinder, Kinder!« murmelte er wohl in seinen Bart hinein und schüttelte den Kopf, als er vernahm, daß wir vor den Arbeitern Reißaus genommen hatten. »Sie wollten euch warnen«, klärte er uns auf.

Zwar unterließ er es nicht, uns eindringlich auf unser Unrecht hinzuweisen und entsprechend zu vermahnen, aber er grollte nicht mit uns, nein, er war froh, daß er uns wiederhatte.

BEWAHRUNGEN

Es hat in meinem Leben – sowohl in der Kinderzeit als auch in späteren Jahren – manche Vorkommnisse gegeben, die ich eindeutig als Bewahrungen empfunden habe. So ereignete sich in den Jahren des ersten Weltkrieges folgende Begebenheit.

Wir saßen im Eßzimmer beisammen: die Brüder Arend und Julius, die Schwestern Minni und Tini, Karl Flörcke und ich. Karl Flörcke war ein Soldat, der zu Beginn des Krieges bei uns in Quartier gelegen hatte. Er stand allein. Die Eltern waren gestorben, seine einzige Schwester lebte in einem Kloster. Wir liebten sein aufrechtes, freundliches Wesen und freuten uns sehr, daß er seine Urlaubstage bei uns verbrachte.

An diesem Tage nun saß er im Sofa, während ich mich in den geflochtenen Sessel gesetzt hatte, der an der entgegengesetzten Wand neben dem Ofen seinen Platz hatte. Über mir an der Wand hingen übereinandergekreuzt die Mensursäbel der Brüder, die einer schlagenden Verbindung angehörten. In diesen Semesterferien arbeiteten sie in diesem Zimmer und nicht in ihrem eigenen Stübchen, da sehr mit Kohlen gespart werden mußte. Arend war 1915 schwer verwundet worden und hatte daher sein Studium vorzeitig aufnehmen können.

Flörcke berichtete Kriegserlebnisse. Er erzählte gut und spannend, und wir waren ganz Ohr. Da geschah es, daß ich den Erzähler unterbrach, da mir ein Vorgang unklar geblieben war. Ich beugte mich vor. In demselben Augenblick löste sich ein Säbel, fuhr an der Innenseite der Stuhllehne hart an meinem Rücken vorbei, durchbohrte den Sitz und drang in den Fußboden ein. Jemand schrie laut auf. Entsetzt und tief erschreckt starrten wir uns an, atmeten dann befreit auf. »Da hast du aber Glück gehabt!« kam es wie aus einem Munde. Glück? Nein! – Bewahrung war es gewesen, und als solche ist mir dieses Erlebnis fest im Gedächtnis haftengeblieben.

Ein Sonntagmorgen war es, noch früh im Jahr. Hell schien die Morgensonne durch die knospenden Lindenzweige ins rote Zimmer. Ich war allein und saß mit einem Buch in dem großen Sessel am Tisch, ganz in Lesen vertieft. In dem Glas des hohen Spiegels zwischen den Fenstern, schräg hinter mir, tanzten einfallende Strahlen, durch das Fenster mir zur Seite ging der Blick durch Baumgezweig über Äcker und Grünland zur alten Sägemühle. Plötzlich – ein klikkendes Geräusch hart neben mir, ein sausender Pfiff an meiner Stirn vorbei, ein Aufschlag rechts vom Klavier, von den Butzentüren her, die bei Tage geschlossen waren. Ich legte das Buch auf den Tisch, ich untersuchte das Fensterglas. Ja, ein Durchschuß! Ich tastete die braune Tapete der Butzentür ab: Ja, ein Einschlag! Da steckte die Kugel im Holz!

Der Knecht unseres Nachbarn hatte sich die Zeit mit Schießen auf allerlei Ziele vertrieben, war dabei recht unüberlegt zu Werke gegangen und ganz bestürzt, als er vernahm, was bei seinem Tun herausgekommen war. Glück? Nein: Bewahrung!

Noch ein Geschehen früherer Jahre beeindruckte mich tief, wenn es auch nicht meine eigene Person betraf.

Unsere Küche war zwar geräumig und freundlich, in der kalten Jahreszeit jedoch war es schwer, den Raum behaglich warm zu bekommen. Es gingen zu viele Menschen durch die zahlreichen Türen aus und ein, und Mutters ständige Ermahnung: »Macht doch die Türen hinter euch zu!« fruchtete wenig. So wurde eines Tages kurzerhand ein hölzerner Vorbau vor der Tür zum Garten errichtet. Es war das Werk unseres allzeit hilfsbereiten und kundigen Zimmermanns de Boer, den wir Kinder, da rund jedes zweite Wort seiner Rede »gewissermaßen« lautete, unter uns nur noch »Gewissermaßen« nannten. Doch hüteten wir uns wohl, es ihn merken zu lassen. Er war ein hochgewachsener, breitschultriger Mann, trug die weiten Manchesterhosen und den schwarzen, breitrandigen Hut seiner Zunft und zudem große, blanke, glatte Ringe in den Ohren: Letzteres berührte uns seltsam. »So ein großer, starker Mann« mußte ich immer denken –»und Ohrringe wie eine Frau?!«»Gewissermaßen« konnte in unseren Augen alles und besaß unser uneingeschränktes Vertrauen.

Noch ehe die Herbststürme brausten, war unsere Gartentür durch diesen Vorbau vor allen Unbilden des Wetters geschützt. Zum Tief hin besaß er ein Fensterchen und bot uns Kindern alsbald ein willkommenes Plätzchen zum Spielen. Als es aber Frühling wurde und erste warme Sonnenstrahlen uns ins Freie lockten, entdeckten wir, daß es sich oben auf seinem flachen Dach besonders schön saß. Nach Norden befand sich die Hauswand mit dem vom Vorbau ausgesparten Oberlicht der Tür, von dem eine der kleinen Scheiben stets offen stand. Die Katze schlich sich gerne hindurch, und uns reichte man auf diese Weise bequem den Nachmittagstee hinauf. Das herabgezogene Stalldach hingegen bot Schutz vor dem Westwind. Die Südsonne aber erwärmte ungehindert dieses neugeschaffene Plätzchen. So schleppten wir alsbald alte Decken, ja, sogar einen, zwar etwas mitgenommenen, Liegestuhl hinauf. Wir blickten in den Frühlingshimmel hinein und den ziehenden Wolken nach. Auf dem Dachfirst musizierten die Stare, hoch oben in den Lüften tirilierten die ersten Lerchen, Spatzen lärmten im Efeu an der Hauswand.

Eines Tages weilte unser Nesthäkchen alleine dort oben, hatte sich in den Liegestuhl gepackt und sonnte sich, mochte auch wohl über Spielen und Träumen eingeschlafen sein. Ich saß bei den Schularbeiten.

Da – plötzlich – gab es ein Gepolter, einen Aufschrei. Etwas Dunkles sauste vor dem Küchenfenster, neben dem der dienstbare Geist gerade Geschirr spülte, durch die Luft herab und schlug auf das Steinpflaster nieder, dort, wo der eiserne Abkratzer lag. Laut jammernd, die Hände über dem Kopf zusammenschlagend, stürzte das Mädchen nach draußen, ich ihm nach. Im Nu waren auch die anderen da. Da lag unser Püppi, blaß und still. Wir hoben sie vorsichtig auf, wir tasteten Kopf und Körper ab, wir befühlten Arme und Beine. Plötzlich schlug das Nesthäkchen die Augen auf und blickte verwundert um sich. Wie erlöst atmeten wir auf! »Tut etwas weh?«

»Nee. –« »Der Kopf?« – »Nee, nix!« Und dann stellte es sich heraus: Tini hatte sich munter geschaukelt im Stuhl, der schließlich das Übergewicht bekommen hatte und mit ihr über den Rand des Daches abgestürzt war. Nach einem Köppke Tee war aller Kummer vergessen. Es stellten sich auch keine Folgen des Falles ein. Nun waren wir froh, daß unsere Eltern nicht daheim waren. Hatten sie uns nicht das Nesthäkchen besonders ans Herz gelegt? Waren wir nicht schon so oft um unser Kleinstes in großer Sorge gewesen? War dieses Kind uns nicht schon mehr als einmal verlorengegangen, so daß wir bereits angsterfüllt das Tiefufer absuchten? Und dann fanden wir es endlich bei einem Nachbarn, wo es auf einem warmen Stövchen hinter dem Tisch saß, eingewickelt in ein Umschlagetuch, und vergnügt Tee mit dickem Kluntje löffelte!

Wie oft ein Kind bewahrt wird – wie oft ein unsichtbarer Bote an seine Seite tritt – auch dann noch, wenn es die Kinderschuhe abgestreift hat – wer kann es ermessen?

VÖRLOOP

»Vörloopsehen« nannten wir jene Gabe, kommende Ereignisse »vorauszusehen«, »vorauszuerfahren«. »Das zweite Gesicht« sagt man im Hochdeutschen. Viele Menschen zucken die Achseln, lächeln ungläubig – besonders in unseren Tagen! – sobald von Dingen des Vörloops die Rede ist. Kaum einer spricht heute noch von ihnen, in meiner Kinderzeit aber gab es immer wieder Menschen, die um den Vörloop aus persönlicher Erfahrung wußten. Vornehmlich auf dem Lande lebten diese »Spökenkiekers«, nicht im unruhigen Getriebe der Stadt!

In unserem Elternhause kannten wir den Vörloop. Ich muß noch sehr klein gewesen sein, als die erste Kunde von solchem geheimnisvollen Geschehen an mein lauschendes Ohr drang. Unsere Mutter besaß diese Gabe. An den Bohntjeabenden, wenn wir alle um den langen Küchentisch saßen und Bohnen aufriehen, wenn der Herbststurm die Lindenkronen schüttelte, im Küchenherd ein lustiges Torffeuer brannte und das Teewasser sang, wenn Scherf vor dem warmen Stövchen zu Mutters Füßen lag und hin und wieder mit dem Schwanz auf die geflochtene Strohmatte klopfte und die Katze hinter unserem Rücken im alten breiten Sofa schnurrte, dann erzählte Mutter, und nichts hörten wir lieber als ihre Vörloopgeschichten.

Mutters erster Vörloop fiel in ihre Jungmädchenjahre, in die Zeit, als sie auf »Kloster Sielmönken«, einem Gut in der Krummhörn, lebte. Mutter schlief in einem Kämmerchen, das ein Fensterchen besaß, das auf die Diele sah. Es war mit einem Gardinchen verhängt. Eines Abends nun waren alle jungen Leute, Knechte wie Mägde, zu einem Fest ausgeflogen. Nur Mutter war bei der Familie zurückgeblieben und hatte sich zeitig zur Ruhe begeben. Aus erstem Schlaf schrak sie plötzlich auf und war im Nu hellwach. Die Tür öffnete sich. Herein trat eine schlanke, mittelgroße, dunkelgekleidete Frau. In ihrer Linken trug sie einen Regenschirm, die Rechte streckte sie Mutter entgegen, zog sie jedoch sogleich wieder zurück, wandte sich um und ging hinaus. Nichts war zu hören; kein Geräusch, keine Stimme. Die Tür war geschlossen wie vordem, auch auf der geräumigen Diele war es totenstill. Mutter erfaßte das Grausen. Mit einem Satz war sie aus dem Bett, warf sich ein Kleidungsstück über und rannte wie gehetzt ins Vorderhaus, in das Zimmer, in dem das Ehepaar in seiner breiten Butze schlief. Sie zitterte am ganzen Leibe und war nicht zu bewegen, in ihr Bett zurückzukehren. So behielt man sie in der Nähe und ließ sie auf einem Sofa schlafen. Anfangs meinten die Eheleute, ein Knecht sei vorzeitig heimgekehrt und habe sich einen Scherz erlaubt und an das Fensterchen geklopft. Mit einer Kerze leuchtete man das Kämmerchen ab. Nichts Außergewöhnliches war zu entdecken, keiner der jungen Leute war heimgekommen, alles lag im tiefen Frieden.

Viele Jahre später kam der Vörloop aus! Ein glaubwürdiger Vörloop erfüllt sich. Als junge Frau erkrankte Mutter an Typhus. Damals wohnten die Eltern noch in der Stadt an der Bonnesse. Kinder waren noch nicht geboren. Eine Pflegerin wurde ins Haus genommen. Als diese zum ersten Male das Krankenzimmer betrat, erkannte Mutter in ihr jene Erscheinung aus der Nacht auf Sielmönken wieder. Es war die gleiche Gestalt, dieselbe Kleidung, der gleiche Schirm. Die Pflegerin trat auf Mutter zu – wie damals! – streckte die Hand aus, zog sie sofort wieder zurück mit den Worten: »Ach nein, meine Hände sind zu kalt.« Sie wandte sich und ging zur Tür hinaus.

Kurz vor dem Tode unserer Großmutter Winter, die bei uns im Hause lebte, hörte Mutter – und nur sie *allein*! – wie Wagen auf der Dreschdiele hin- und herrollten, Geräusche lebendig wurden, die mit einer Beerdigung auf dem Lande zusammenhängen.

Eines Abends saß Mutter mit den Mädchen und größeren Kindern in der Küche, wie es oft ihre Gewohnheit war. Vater war verreist. Plötzlich vernahm sie von jenseits der Tür, die ins Eßzimmer führte, zu diesem Zeitpunkt aber vom Küchenschrank verstellt worden war, ein Seufzen und Stöhnen. Ungeduld, ja, ein gelinder Zorn erfaßte sie, als es sich herausstellte, daß außer ihr keiner der anderen auch nur einen Laut hörte. Auch war es verwunderlich, daß der Hund friedlich unter dem Tisch liegenblieb und nur hin und wieder im Traum aufjaulte. Als die klagenden Laute nach Mutters Aussage jedoch nicht verstummten, vielmehr angstvolle Unruhe sich unser aller bemächtigte, ließ Mutter sich die kleine Hängelampe von der Herdwand reichen, klinkte kurz entschlossen die Flurtür auf und trug in hocherhobener Hand das Licht uns allen voran, die wir ihr stumm und gespannt folgten. Auch Scherf machte sich auf und drängte sich an ihre Seite. Nichts war da, alles war wie immer. Still war es in der großen Stube. Auch Mutters Ohr vernahm nichts mehr. Wir leuchteten unter die Betten in den Butzen, wir horchten hinüber zur angrenzenden Scheune. Kein ungewohnter Laut war zu hören, nur huschendes Getier auf dem Boden über uns.

Es war jene Zeit, als der Düker gebaut wurde. Eines Tages stürzte ein Arbeiter vom Gerüst ins Wasser. In unserem Hause, in unserem Eßzimmer wurden die Wiederbelebungsversuche mit dem Verunglückten angestellt, der unter Stöhnen und Ächzen, das vernehmlich durch die Tür in die Küche drang, zu sich kam und gerettet wurde.

Einst weckte uns Tillys Stimme aus tiefem ersten Schlaf. Es war in einer Spätsommernacht. »Ihr sollt zu Mutti kommen, schnell – sie will euch etwas zeigen!« Im Nu waren wir aus dem Bett heraus und liefen im bloßen Nachthemd auf nackten Füßen hinter Tilly her durch den langen, dunklen Flur zu dem kleinen Stübchen an seinem Ende. Mutters Bett stand dazumal unter dem großen Fenster, das zum Garten hin lag und das einzige in diesem kleinen Raum war. »Seht ihr nicht auch«, rief uns Mutter entgegen, »daß der ganze Garten roterleuchtet wie in einem Feuerschein liegt? Tilly sagt, sie sieht nichts, aber das muß doch ein Blinder erkennen!« Zitternd vor Aufregung standen wir dichtgedrängt am Bett und starrten auf das Fenster, das wie ein mattgraues Viereck in der Wand stand. Nichts anderes sahen wir, nichts! »Die Lindenblätter stehen doch ganz deutlich vor dem roten Himmel!« rief Mutter verzweifelt. »Ist denn irgendwo ein Brand?« Längst schon hatten die Mädchen sich überzeugt, daß draußen alles in tiefem Frieden und in der Dunkelheit lag. Uns wurde angst und bange. Wir setzten uns auf den Bettrand und drängten uns an Mutter. »Ja, dann ...«, sagte sie endlich, »ja, dann ist das Vörloop! Weiß Gott, was da kommen mag!« Und nach einer Pause: »Nun geht man wieder schnell ins Bett – wenn ihr doch nichts sehen könnt ...!« Mutters Stimme klang ungeduldig, ja, fast böse. Sie konnte es nicht fassen, daß tiefes Dunkel herrschte, wo sie nichts als glutroten Schein sah. Wir krochen in unsere warmen Betten zurück, beruhigten uns endlich und schliefen wieder ein.

Viele Jahre vergingen. Mal hier, mal dort hatte Mutter ihre Bettstatt aufgeschlagen. Sie liebte es, unentwegt in ihrem Hause umzuziehen. Lockte es sie vom allerersten Strahl der Morgensonne geweckt zu werden, wählte sie die Butze im Eßzimmer. Gelüstete es sie, beim Erwachen über das »Klaverland« hinweg die alte Sägemühle Naarstigheid zu grüßen, siedelte sie ins rote Zimmer über. Erinnerte sie sich aber daran, daß ihre frühverstorbene Mutter das Vorderzimmer mit seinen großen, nach Osten gelegenen Fenstern so sehr geliebt hatte, ließ sie sich dort für eine Weile nieder. Und endlich landete sie eines Tages auch wieder in jenem kleinen Stübchen. Tilly und Juliane waren nicht mehr bei uns, sie hatten längst schon geheiratet. Andere Mädchen waren da, und eines Abends wurden sie mit den noch im Hause lebenden Kindern herbeigerufen. In glutrotem Schein lag der Garten da. Schwarz hoben sich Äste und Blätterwerk vom hellen Himmel ab. Gespenstisch sah es aus. Und nicht nur dieses Stübchen, nein, auch die Küche, alle Räume an der Südseite des Hauses lagen da in diesem roten Schein. Was war geschehen? Der Hochofen auf den Nordseewerken war an diesem Tage zum ersten Male in Betrieb gesetzt worden. Von dorther rührte dieser brandrote Schein, der nun oft und öfter den Hammrich in dieses ungewisse Licht tauchte. »Da habt ihr es!« rief Mutter triumphierend, »nu is de Vörloop utdan!«

Viele kleine Begebenheiten dieser Art könnte ich noch aufzählen. Selten hatten sie Ursachen, die auf Tod und Unglück hindeuteten. So sah Mutter das Entstehen der Siedlung Ostpreußen Jahre vorher

»voraus«. Auch das seltsame »Versetztwerden« kannte sie. Leider habe ich keine genaue Erinnerung an solch einen Fall. Ich weiß nur, daß ein Mensch, dem solches Geschehen zustößt, plötzlich, wie von unsichtbarer Hand emporgehoben, von einer Wegseite auf die andere »versetzt« wird. Zumeist handelte es sich um einen Todesfall, der sich auf diese Weise »anzeigte«.

Mutter versicherte uns oft, daß jeder Vörloop ihres Lebens »ausgekommen« sei – bis auf einen, der weit zurückliege, bis in die Zeit des Ersten Weltkrieges. Und dann erzählte sie uns folgendes: »Ich lag im Bett. An meinem Fußende stand ein junger Mariner. Wie er im Gesicht aussah, kann ich nicht sagen. Seltsam aber war es – und ich habe das ganz deutlich gesehen! – daß die Knöpfe seiner Uniform golden statt silbern waren. Die Marine hat doch silberne Knöpfe, darum habe ich genau hingeguckt, sie waren aber golden.

Jahrzehnte vergingen. Der 2. Weltkrieg brach aus. 1943 meldete unser Sohn sich freiwillig zur Marine und kam als Seekadett und Offiziersanwärter in den Einsatz nach Sworbe. Er hatte schon von klein auf gewußt, daß er zur Marine gehen würde. Über seinem Arbeitstisch in der Küche hatte er als zwölfjähriger Junge ein Bild von einem kämpfenden Kreuzer aus der Skagerakschlacht hängen. Einst sagte er mir: »Ja, Mutti, wenn's dir auch gruselt – ich geh *doch* zur Marine!«

Ende Januar 1945 kam Remmer zum ersten Male auf drei Tage in Urlaub, um anschließend auf die Fähnrichschule zu gehen. Unsere ausgebombte Mutter lebte bei uns. Oft hatte ich an ihren Vörloop gedacht und mir gesagt: »Wenn auch *dieser* Vörloop ›auskommen‹ soll, muß Remmer ja heimkehren.« Als Remmer aus diesem kurzen Urlaub abfahren mußte, trat er zum Abschied an Mutters Bett. Da stand er nun: ein junger Mariner, und an seiner Uniform blitzten anstatt der silbernen Knöpfe der kaiserlichen Marine die goldenen des dritten Reiches!

STURM IN DER MARSCH

Schon am frühen Nachmittag dieses Novembertages, als wir Kinder »Kriegen« spielten und um das große Haus jagten, hatte sich ein starker Wind erhoben, der steif und in Böen um die Hausecken fuhr. Hei, wie er die Röckchen faßte, sie aufwirbelte, durch alle Kleidungsstücke bis auf die Haut drang und uns zu immer schnellerem Laufen und Toben anfeuerte! Jedesmal, wenn einer von uns um die Westecke der Scheune bog, warf sich ihm der langsam zum Sturm anwachsende Wind entgegen und verschlug ihm den Atem. Doch gerade dieses Kämpfen gegen den steifen West, dieses sich ihm Entgegenwerfen mit der ganzen Wucht des Körpers, dieses wilde Spiel mit dem Element löste jauchzende Freude aus, eine Lust, zu singen oder auch nur zu schreien, zu rennen und zu jagen und dann im Windschatten an der Hausmauer zu lehnen und zu verschnaufen. Fahles Licht stand im Westen über den Türmen der Stadt, Wolkenberge krochen herauf; von ihnen lösten sich Fetzen und zogen tief über das weite Land. Es dunkelte. Wer aber hatte schon Lust, das Spiel abzubrechen, das uns ja warm hielt und das mit hereinfallender Dunkelheit nur noch an Reiz gewann? In den Scheunen der wenigen Gehöfte hier auf dem Hammrich flammte gelblicher Lichtschein auf. Die Nachbarn und auch unsere Leute begannen mit dem Füttern und Melken. So war noch keine Abendbrotzeit und die schönste Gelegenheit, Verstecke zu suchen und zu finden. Schulig und warm war es an der dem Sturme abgewandten Seite des Backhauses, hinter den Büschen, enggedrückt an das dichte Efeugerank. Wie der West sirrte und pfiff in den Blättern, wie er jetzt die Kronen der hohen, alten Linden faßte, die wie ein Kranz den Giebel des Hauses säumten, und ihre Äste bog und gegeneinander schleuderte! Unsicher war es, jetzt noch in die Bäume zu klettern, aber jene alte Lindenlaube in der Tiefe des Gartens war nicht hoch, und es lockte uns, Ausschau von luftigen Sitzplätzen zu halten.

Kalt war es hier oben, grausig kalt, aber die Aussicht über das dunkelnde Land lohnte sich. Das Wasser des Fehntjertiefs schlug klatschend und kluckernd gegen das Ufer. Gelbbraun und aufgewühlt rauschte es dahin. Unsere Hände, die sich fest an die Äste klammerten, wurden steif und kalt. Allmählich hatten wir uns müde getollt und verspürten einen kräftigen Hunger. Da rief uns auch schon das Geläut unserer großen Kuhglocke, die unsere Mutter einst von einer Harzreise heimgebracht hatte, zur gemeinsamen Mahlzeit an den langen Tisch in der warmen Küche, unter dem traulichen Schein der Petroleumlampe.

Wie herrlich mundete das Essen nach dem wilden Spiel im Freien! Eine lange Reihe bildeten wir. Obenan saß Mutter, die Füße auf dem warmen Stövchen, das Kleinste auf dem Schoß, den Hund zu ihren Füßen und die schnurrende Katze im Rücken.

Nach dem Abendbrot gingen wir bis auf die Mädchen, die ihre Arbeit in der Küche hatten, in das geräumige Wohnzimmer, in dem der hohe, große, eiserne Ofen stand an der Stelle, wo zu Großelterns Zeiten das offene Feuer gebrannt hatte. Er reichte fast bis zur Decke und war kunstvoll verziert. In seinem Mittelstück ließen sich so herrlich Äpfel braten. Auch jetzt legten wir für jedes Kind einen dicken Apfel hinein und dann bettelten wir: »Erzählen, Mutter, erzählen!« Nicht oft konnte sich unsere Mutter die Zeit zu solch einer Stunde nehmen, aber wenn der Sturm ums Haus heulte und die Familie näher zusammenrücken ließ, tat sie es gern. Und was für ein Unwetter war jetzt aufgekommen! Die Nachbarin hatte noch kurz hereingeguckt, mit zerzaustem Haar und wetterroten Wangen. »Is en Weer – man sall kien Hund na buten jagen!« hatte sie uns zugerufen und sich ihr Umschlagetuch eng um den Körper geschlagen. Ja, die dicken Wolkenberge vom Nachmittag brachten nun Hagel- und Schneeschauer, und der Sturm wuchs zum Orkan an. Im weiten Schornstein heulte es, in der großen Scheune, die an dieses Zimmer grenzte und zu der vor Zeiten jene Tür vor dem großen Wandschrank in der Fensterecke führte, knarrte, ächzte und stöhnte das Gebälk. Wir löschten das Licht und öffneten die Ofentür. Der helle Feuerschein fiel über unsere Gestalten, warf seltsame Schattenbilder gegen die Wände, geisterte über die hohe Balkendecke. Im Halbkreis saßen wir, die Mutter zwischen uns. Die Brüder hockten mit gekreuzten Beinen auf dem Boden, die große Schwester betreute eines der Kleinen, und ich saß auf dem Stövchen und hielt mein Puppenkind im Arm. Rot überschienen waren unsere Gesichter. Wohlig dehnte der Schäferhund seine Glieder, vertraulich kroch die Katze über seinen Rücken.

Ach, wie heftig der Sturm gegen die Scheiben stieß! Er peitschte die Zweige des Gesträuchs gegen die Ruten. Es klang, als poche da draußen einer. Dann zog ich jedesmal meine Puppe enger an meine Brust, in der das Herz auch gleich einen schnelleren Schlag tat.

Und nun erzählte die Mutter, und mucksmäuschenstill war es im Kreise. Wir lauschten diesen überlieferten und gewiß auch erdachten Erzählungen aus dem Leben der Schiffer und Fischer. Von Schiffen in Seenot berichteten sie, von der Begegnung der Seefahrer mit dem unvermutet auftauchenden Gespensterschiff, von Vörloop und von geheimnisvoller Botschaft Ertrinkender. Wir liebten diese Geschichten über alles, aber wir gruselten uns sehr. Wir sahen die turmhohen Wellenberge vor uns, die tanzenden Schiffe, die am Deich herumirrenden Frauen und Kinder ... und horchten zugleich mit allen Sinnen auf das tobende Element. Wie geborgen, wie warm, wie beschützt durften wir hier drinnen sitzen vor dem hellen, tröstlichen Feuerschein!

Schwer hielt es, uns Kinder an einem solchen Abend zur gewohnten Zeit zu Bett zu bringen. Zuvor wollten wir mit der Mutter einen Rundgang durch die Ställe machen, um mit ihr festzustellen, ob der Sturm nicht schon Schaden an der nach Westen liegenden Scheune angerichtet habe, und um zu prüfen, ob das große Dielentor dem West auch standhalte. Die Stallaterne wurde angezündet. Mutter trug sie voran, und wir hingen ihr und einander an den Kleidern. Bei jedem Stoß einer Bö flackerte das Petroleumlicht und drohte zu verlöschen. Heulend fuhr der Sturm unter der Kuhstalltür durch, trieb den feinen Schnee über die Schwelle und fuhr uns eisig um die Beine. Mit Gepolter lösten sich Ziegel vom Dach. Die Pferdestalltür rappelte und flog auf, sobald wir nur den Riegel lösten. Unruhig standen die Kühe da; vom Lichtschein aufgescheucht, flatterten die Hühner von ihren Ricks auf. Schier unheimlich aber war es auf der weiten Dreschdiele. Der Sturm stieß durch die Pfannen und warf sich aufheulend gegen die breite Dielentür – immer wieder! Sie schüttelte und bog sich, aber sie hielt stand! Vorsorglich waren schon am Nachmittag Balken gegen sie gestemmt worden. Wir überprüften alle Riegel und zogen dann wieder zur Küche zurück.

Später, in unseren Betten, wollte der Schlaf lange nicht kommen. Wir kuschelten uns an den Schlafgefährten, wir waren sehr lieb und verträglich miteinander – wir, die wir uns doch so leicht zankten und ebenso schnell wieder vertrugen. Jetzt aber: Trösten mußten wir einander, miteinander lauschen auf den Sang im Schornstein, auf das Pfeifen vor den Fenstern, auf das Klatschen der Lindenäste gegen die Dachpfannen, auf das Sirren des feinen Schnees, das Klirren des Hagels – bis endlich doch der Sandmann kam und uns den Sand auf unsere müden Augen streute.

DER EISPALAST

Weit und weiß und still liegt die Marsch. Erstarrt sind Kanäle, Tiefe, Gräben und die Meedjegötjes. Nach dichtem Nebel prangt nun die Natur im Rauhreif. Und es sind Ferien, letzte freie Tage der Weihnachtsferien! Wie verzaubert sieht der Garten aus! Die Zweige der Bäume hängen schwer herab, die Johannisbeerbüsche und die Stachelbeerbüsche tragen alle dieses Kleid von blendendem Weiß, und alle Pfade, über die wir im Sommer und Herbst getollt, liegen unter einer hohen Schneedecke. Diese unberührte, weite Welt müssen wir erkunden! Wir treten unsere Fahrt an. Über alle Gräben im Hammrich geht es, einer hinter dem anderen. Jeder Graben bedeutet eine neue Station, hat seinen besonderen Namen. Oh, wir wollen weit, weit, denn es ist noch früh am Vormittag und das Mittagessen fern genug. Es gibt auch Gräben, die sind gefährlich, es sind die Zuggräben. Da dürfen wir nicht so nahe zusammenbleiben. Der ältere Bruder führt und ordnet an: »Alter Vater voran!« Manchmal knackt es, manchmal gluckst es, manchmal geht plötzlich mit lautem Krach ein tiefer Riß durch das Eis. Dann fahren wir erschreckt zusammen. Der »schwarze Mann« regt sich doch nicht in der Tiefe und will nach uns greifen?

Ganze Erdteile haben wir durchquert, bis wir plötzlich eine Entdeckung machen, die schönste dieses Winters. Zwischen den Ländereien liegt ein Ackerstück, das sich lang und weit von Süden nach Norden erstreckt. Nach Osten ist es dicht von Weiden eingefaßt, an ihnen entlang zieht sich ein tiefer Schloot. Wir stehen wie gebannt. Alle Weiden haben ihre Äste und Zweige so tief gesenkt, daß sie von einem Grabenrand zum anderen hinüberhängen, den erstarrten Wasserlauf unter sich bergend. Vorsichtig, damit wir diese Pracht des schweren Rauhreifs nicht berühren, pirschen wir uns voran, ducken uns, kauern uns endlich nieder. Ganz still ist es nun um uns.

Wie in einem Nest hocken wir da, und als nun die Sonne höher steigt, glitzert und schillert es um uns wie in einem Märchenschloß. Wir sehen die Wunder über uns, neben uns, wir suchen sie zugleich in der Tiefe unter uns, wo zahllose Gewächse aus dunklem Grunde hervorschimmern. Dieses ist unser »Kristallpalast«, uns gehört er, uns ganz allein, so wie uns hier alle Gräben und Länder gehören – so meinen wir! – uns Kindern, die wir in diesen wenigen Häusern hier draußen im Hammrich wohnen und alle Spiele miteinander erleben. Vergessen ist die Zeit. Erst als die Glocke läutet, unsere Harzer Kuhglocke, mit der man uns zum Essen ruft, deren Klang weit reicht auf diesem Fleckchen Erde, das noch kein Auto oder Motorrad kennt, kehren wir heim. Alle Hausbewohner müssen vor die Haustür treten und unseren Eispalast aus der Ferne bewundern.

Zwei Tage spielten wir dort ununterbrochen. Am dritten Tag, als wir aufstanden und sogleich zum Fenster eilten, stand unsere Mutter schon dort und sagte uns, daß das Wetter umgeschlagen sei und Tauwetter über Nacht unsere weiße, glitzernde Pracht vernichtet habe. Wir standen traurig beisammen, noch in Nachtkleidern, und blickten dorthin, wo unser Palast gestanden hatte. Grau war der Himmel, es tropfte vom Dach. Kahl, aufrecht, feucht und verlassen standen die Weiden am Ackerrain, jeglicher Verzauberung entkleidet.

Niemals wieder sollten wir dieses Wunder erleben. Die Weiden wurden im Laufe dieses Jahres geköpft.

WINTERFREUDEN AM FEHNTJERTIEF

Wie schön ist es, an einem klaren Wintermorgen in der Butze aufzu-
wachen, die angelehnte Tür weit aufzustoßen und in die Stube hin-
einzublinzeln – noch schlaftrunken – und dann zu entdecken, daß
die Fenster voller Eisblumen sind! Kein bißchen sind sie aufgetaut,
wenn auch das Feuer im hohen eisernen Ofen bereits lustig brennt.
Die Mutter und die Mädchen hantieren schon fleißig in Stube, Küche und Stall. Türen schlagen, und Kinderstimmen werden laut.
Rufen und Lachen erwachen im großen, weiten Haus.
Bald sitzen wir alle um den langen Tisch in der Küche, schlürfen den
heißen Tee und schmieden Pläne für diese letzten Ferientage der
Weihnachtszeit.
»Gefroren hat es heuer und noch kein festes Eis ...?« Ja, die Meed-

jegötjes dürfen wir wohl schon aufsuchen. Sie sind uns so nah, drüben in den weiten Wiesen jenseits des breiten Grabens vor unserem Hause. Es gab ja damals diese große Siedlung Ostpreußen noch nicht. Ließ man, von der Stadt kommend, die Herrentorbrücke hinter sich, so lag vor einem nichts als die einsame Weite des Hammrichs mit den wenigen Gehöften am Fehntjertief. Wir ziehen los. Nachbarskinder gesellen sich zu uns. Bald ist ein munteres Völkchen beisammen. Wir gliddern nach kurzem Anlauf quer über die Götjes. Unser großer Schäferhund, der immer mit uns zieht, gerät uns zwischen die Beine. Wir plumpsen hin, wir stehen auf, wir sind in heller Begeisterung, und diesem und jenem Jungen läuft vor Freude die Quiele den Anzug herab und gefriert zu einer kleinen Eisbahn. Von Götje zu Götje, von Land zu Land geht es. Weit liegt das Elternhaus hinter uns. Nach Stunden erst, wenn uns der Hunger plagt, kehren wir heim.

Hält der Frost an, so sind die Götjes für uns abgetan. Nun bietet uns jene Dobbe in der Wiese vor unserem Hause das schönste Vergnügen. Ach, diese Dobbe! Von geheimnisvoller Quelle gespeist, birgt sie im Frühjahr, Sommer, Herbst und Winter unzählige Geheimnisse. Auf unserm Bauch liegen wir und drücken die Nase fest ans Eis. Dunkel, fast schwarz ist der Bezirk, der die Quelle verrät. Wer weiß, wie tief sie sein mag? Nie versiegt sie, und immer schon war sie da! Zum Ufer hin liegt unterm Eise erstarrt und verwahrt das Gräser- und Pflanzengewirr, zwischen dem im Frühjahr die Kaulquappen spielten, über dem Libellen und Falter gaukelten, in dem Blutegel und Schnecken sich verbargen, unzähliges Leben sich regte und bewegte. Nun schläft das alles; ein Wunder ist es, und das Kindergemüt kann es kaum fassen.

Bald haben die Jungen mit kundigem Auge die geeigneten Stellen für die Gliddderbahnen entdeckt. Eine Bahn ist die »Hinfahrt«, eine die »Rückfahrt«. Ein großer Anlauf wird genommen, und – hui! – fliegen wir über die breite Fläche dahin. Der Ostwind pfeift über die weiten Wiesen zu uns her. Wir lachen ihn aus, wir hauchen in die blauroten Fäuste, nimmermüde sind wir. In langer Kette stehen wir Kinder hintereinander, Kommandos erschallen. Wehe, wenn einer fällt! Nicht zu halten ist dann die lange Reihe. Alle purzeln übereinander, alle schreien, reißen sich wütend an den Ohren, greifen in die Zöpfe – und ganz kleinlaut tritt der Unglücksrabe nun als letzter an. Viel Freude macht dieses Spiel im Mondenschein. Nichts ist dann mehr zu sehen von den Rätseln der Tiefe, aber hoch am Himmel steht Stern an Stern. In Dunkelheit versinkt in der Ferne das Land, in tiefem Frieden liegen die wenigen Höfe da. Aus den Fenstern blinkt trauliches Lampenlicht zu uns herüber. Dort drinnen sitzt die Mutter bei einer Näharbeit, der Vater liegt auf dem Sofa, liest und trinkt behaglich sein Glas Grog. Der große Schäferhund dehnt wohlig seine Glieder vor dem warmen Ofen, in der Sofaecke schnurrt die Katze. Wir aber – wir tollen in wilder Jagd über die Dobbe – hin und her, hin und her, bis wir endlich gerufen werden und, müde vom Spiel, auch bald im warmen Bett einschlafen.

Auch dieses Vergnügen der Glidderbahnen ging zu Ende, sobald es länger fror. Nun schweiften unsere Augen sehnsüchtig zum Fehntjertief. Sollte es noch immer nicht fest sein? »Erst müssen die Riepster durchgekommen sein!« entschied unsere Mutter und ließ sich durch kein Drängen und Bitten erweichen. Die Riepster kamen im Sommer mit ihren Jollen über die Riepster Dobbe durch das Uphuser Meer ins Fehntjertief und an unserem Hause vorbei, um in der Stadt Butter, Eier, Geflügel zum Verkauf anzubieten. Im Winter, sobald das Eis kaum fest genug war, kamen sie in langer Kette mit ihren Frauen, den Pulsstock auf den Schultern, bei uns vorbei. Wir hörten sie schon vorher nahen. Die Kette war lang, das Eis schütterte unter ihren festen, langen Strichen. Sie waren vollendete Strekkenläufer. Sobald wir sie hörten, rannten wir ans Tief, winkten und riefen ihnen zu und schrien begeistert: »Hurra, die Riepster sind da!« Nun hielt uns nichts mehr. Ungeduldig banden wir unsere Schöfel unter, knoteten mit fliegenden Händen die roten und grünen Bänder fest. Den kleinen Kindern wurde wohl ein Stuhl aufs Eis gestellt, der ihnen Halt beim Laufenlernen gab. Es kam nicht in Frage, daß sich ein Großer der Kleinen erbarmte. Jedes Kind mußte sich diese Kunst auf eigene Faust aneignen und in zäher Ausdauer nach jedem Fall hochkrabbeln und zum neuen Versuch starten. Den größten Ansporn gab das Gefühl der Wehmut, mit dem man die Großen davoneilen sah, und der Wunsch, mit dabei zu sein, wie sie die Weite zu erobern. Nun wurde zur großen Fahrt nach dem Bobenhammerk gestartet. Später ging es weiter zur Uphuser Klappe. Schließlich machten wir die Rundfahrt über beide Meere. Wie dann am Abend das Essen schmeckte! Der heiße Buttermilchbrei, gesüßt mit Sirup, die Bratkartoffeln mit Gurken oder rote Bete! Das Gesicht glühte, die Hände waren rot durchgefroren und prickelten in der Wärme. Schwer war es, nach einem solchen Nachmittag im Eßzimmer um den runden Tisch zu sitzen und die Schularbeiten zu machen! Oft genug blieb es beim Allernotwendigsten. Wir waren müde, die Augen fielen uns über den Büchern zu, wir alle freuten uns auf das warme Bett, das mit einer kupfernen Bolte schon zeitig von treuen Händen angewärmt worden war.

Hin und wieder verabredeten wir uns mit Schulkameraden, nach Hinte zu schöfeln, wo man auf dem Eise die knusperigen »Hinter Pepernötjes van Backer Boom« kaufen konnte. Reges Treiben herrschte daher auf dem Hinter Tief. Groß und Klein drängte sich zusammen. Das Eis wurde zerkratzt und bekam bald tiefe Risse. Bahntjefegers sorgten zwar für eine gute Bahn. Sie fegten mit ihren langen Strauchbesen und riefen in Abständen mit langgezogener, singender Stimme: »Een Penning Bahnegeld!« Wir standen auch wohl eine Weile unter den Zuschauern, denen eine kleine Gruppe »Ausländer« Kunstlaufen auf Halifax vorführte. Damals kamen diese ersten »Halszerbrecher« – so nannte sie der Kindermund – auch zu uns. Im ganzen aber hielten wir Ostfriesen an unseren überkommenen, für Streckenlaufen geeigneten Schlittschuhen fest, unter denen die Breinermoorer mit den eingebrannten Zeichen KHS, Koort Harm Smidt, die bekanntesten waren und im besten Ruf standen. Das Kunstlaufen der Friesen bestand im »Schwirren«. Es sah schön aus, wenn ein Paar, mit über den Rücken verschränkten Armen und weit zur Seite geneigt, spielend die ganze Breite des Tiefes einnahm. Dann wurde wohl der Zuruf laut: »Kiek äben, de het sien Wicht biet Schöveln in de Arm!«

War endlich auch der Ems-Jade-Kanal fest zugefroren, ließen wir es uns nicht nehmen, nach Aurich zu schöfeln. Gleich nach Mittag machten wir uns vor unserem Hause startbereit, verließen beim Düker das Tief, um jenseits des Deiches auf der glatten, kaum berührten Fläche des Kanals unsere Fahrt zu beginnen. Im Bereich der Hohen Brücke und der Kesselschleuse sowie des Dorfes Wolthusen wimmelte es von Menschen. Immer wieder ertönte der Ruf: »Een Penning Bahnegeld!« Jenseits der Wolthuser Brücke lichteten sich allmählich die Reihen. Sobald wir aber Uphusen mit seinem alten Kirchlein hinter uns ließen, wurde die Bahn breit und glatt und dunkel, und die Menschen, die nun die Eisfläche belebten – einzeln und in Paaren – waren durchweg gute Läufer. Dem Wiegen ihrer Körper sah man ihre tiefe Freude an diesem Sport an. Nun war es still um uns. Über die Deichkuppe hinweg blickte das Auge in die Weite der verschwiegenen Marsch, die nur unterbrochen wurde von einzelnen Baumgruppen und Schilfzügen, welche die dort liegenden Meere umsäumten, und von den Klappbrücken, die über die Tiefe in die Meeden führten. Vereinzelt flog ein dunkler Vogel aus dem erstarrten Schilf auf, hin und wieder hörten wir den Schrei wilder Gänse hoch in der Luft. In vollen Zügen atmeten wir die frische Winterluft, riefen uns zu und ermunterten die Kleineren unter uns, winkten auch wohl einem Alten oben auf dem Deiche zu, der für eine kurze Weile sein »Hörn bi't Für« in den vereinzelt liegenden Anwesen verlassen hatte, um der Jugend zuzusehen.

Jubelnd begrüßten wir das Auftauchen von Mittelhaus, einer einsam am Deich liegenden Schenke, denn hier wurde stets Rast gemacht und Tee getrunken. Als wir eines Sonntags die Tür zur Wirtsstube öffneten und der Wirt uns nur kaum erblickte, öffnete er den Spalt der Küchentür und rief: »He, du mußt noch mehr Tee ansetten, dor bünd weer so völ Teenösen komen!« Unvergleichlich gut mundete der heiße Trank, schmeckte das Butterbrot, das die gute Mutter mit Schinken belegt hatte. Wohlig drang die Wärme durch die Glieder. Späße, Lachen, Teetassen- und Gläsergeklirr lagen im Raum, durch den der Pfeifenqualm in dichten Schwaden zog. Nach diesem Teestündchen wurde der restliche Weg nach Aurich mühelos bewältigt. Mit dem Abendzug fuhren wir wieder heim.

Schwer fiel es uns, Abschied zu nehmen von Lauf und Spiel auf dem Eise. Wenn das Thermometer auf null Grad und darüber anstieg, wenn das Eis ganz plötzlich mit lautem Krachen barst, wenn schon das Wasser an den Tiefkanten stand, liefen wir noch einmal zum Bobenhammerk hinauf. Der Nebel stand so dicht wie eine Mauer um uns, verbarg die Welt vor unseren Blicken, hüllte uns ein, so daß wir in einer abgeschiedenen Stille und Einsamkeit unsere Bahn zogen – bis das Wasser auch die Mitte des Eises bedeckte und unsere Schuhe näßte. Wir liefen heim. Endgültig vorbei war es mit unseren Winterfreuden. Aber mit steigender Sonne reiften neue Wünsche und Pläne in unserer Brust.

WEIHNACHTSZEIT

Schon früh kreisten unsere Gedanken um dieses größte und schönste Fest des Jahres. Der Sünnerklaastag leitete sozusagen die Zeit der Geheimnisse ein, er fiel ja in den dunkelsten Monat, in dem wir unseren Schulweg im Schummern antraten und oft genug im Halbdunkeln vom Nachmittagsunterricht heimkehrten, uns auf das gesparte Köppke Tee, das zugedeckt seitwärts auf dem Küchenherd stand, freuten und Äpfel brieten, ehe die Lampe angezündet wurde. Bald schon wurden in der Schule die ersten Weihnachtslieder eingeübt. Ich blätterte gerne in dem dünnen Liederbuch der Unterstufe und suchte die Lieder aus, die unsere Kinder heute kaum noch kennen: Du lieber heil'ger frommer Christ, weil heute dein Geburtstag ist, drum ist auf Erden weit und breit bei allen Kindern frohe Zeit ... Alle Jahre wieder kommt das Christuskind ... O Tannenbaum, o Tannenbaum, wie grün sind deine Blätter ... Am Weihnachtsbaum die Lichter brennen ... Ihr Kinderlein kommet, o kommet doch all! ... und wie sie sonst noch hießen. Weihnachtsgedichte wurden ausgesucht und gelernt, und eifrig wählte ein jeder von uns für sich ein Gedicht aus, das er am Heiligabend sprechen wollte. Ein trauriges war darunter, das begann: »Tjark Ewers von Baltrum am Nordermeer fuhr auf von den Büchern: wie wird's mir so schwer!« Es beschreibt, wie der von Sehnsucht getriebene Junge es wagt, übers Watt zu wandern, von aufsteigendem Nebel und der Flut überrascht wird und elend umkommt. Es endete: »eine weinende Mutter das Ränzelein fand.«
Dieses Gedicht beeindruckte uns alle sehr. Es stand in einem Büchlein, das unsere Cousine Käthe uns geschenkt hatte, die uns überhaupt mit mancherlei Lesestoff versorgte und die ich zudem so innig geliebt habe.
Eine Zeitlang schlief ich als kleines Kind oben im Zimmer links an

der Treppe, nicht allein, es standen vier Betten dort, ich denke, daß Arend und Julius meine Schlafgenossen waren, und außerdem hatte unsere Tilly die schmale Bettstatt an der Wand zum Nebenstübchen, das viel kleiner war, inne. Ein eisernes Öfchen spendete in der größten Kälte etwas Wärme. Wir waren nicht verwöhnt, und außerdem hatte jedes Kind entweder eine Wärmflasche aus Zinn oder einen Wärmstein aus Granit im Bett. Die Mädchen nahmen einen Ziegelstein, der tagsüber im Bratofen gelegen hatte und wickelten ihn in ein altes, dickes Tuch, dann hielt er schön warm. Die Wände dieses Raumes waren aus Holz, wie alle Zimmer oben auf dem Boden, der früher einmal ein Kornboden gewesen war. Eine schmale Tapetentür führte zu Häupten des einen Bettes zum Apfelboden. Nach Nordosten lag er, unter den nackten Ziegeln, und flog einmal das Türchen auf, weil der Riegel nicht fest genug vorgeschoben war, so fegte ein eisiger Hauch herein. Wir hörten das Sausen des Windes, das Huschen der Mäuse, das Poltern der jagenden Katzen. Dieses Zimmer hatte überhaupt etwas Geheimnisvolles an sich. Es wurde auch bei Tage nicht recht hell, da es nur durch ein großes Fenster in der Decke erhellt wurde, das wiederum durch ein Drahtgestell vor aus den Dachziegeln herabbröckelnden Kalkstücken geschützt wurde. Abends wurden wir mit einer Hängelampe zu Bett gebracht, die einst – o Graus! – vom Nagel neben dem Kopfende eines Bettes abglitt und im Nu das Bettzeug in Brand setzte. Während wir Kinder laut schrien und kopflos uns umliefen, griff unsere Hilda geistesgegenwärtig ins Oberbett und erstickte den Brand. So oft ich später in der Schule das Wort »Geistesgegenwart« hörte, sah ich diese Szene vor mir.

Sobald wir in unseren Betten lagen, wurde die Lampe weggenommen und wir dem Dunkel überlassen. Manchmal knackte das Feuerchen im Ofen, ein schmaler Lichtschein aus einer Spalte geisterte über die Decke, wir erzählten von Weihnachten, fragten uns, was der Weihnachtsmann wohl bringen könnte, entwarfen unsere Wunschzettel und empfanden die Vorfreude als ein Gefühl, das dem, das beim hohen Schaukeln den Magen durchfährt, sehr ähnlich war. Wäre es nur erst soweit – dachte ich wohl – wäre es so, wie es das Lied sagt: »Die Nacht vor dem Heiligen Abend, da liegen die Kinder im Traum – und während sie liegen und träumen, wird es am Himmel klar, und durch den Himmel fliegen drei Engel wunderbar.«... Mit diesem Bild im Herzen schlief ich dann wohl ein, sah den dunklen Himmel, leuchtende Sterne und silberne Lichtgestalten.

Der Salon, auch wohl das blaue Zimmer genannt, nach der Farbe seiner Möbel, war unser Weihnachtszimmer. Kein Kind hatte Zutritt zu diesem Raum. Je näher Weihnachten heranrückte, um so dichter blieben die Klappen vor den vier Fenstern geschlossen, und fest verriegelt blieb die schmale Verbindungstür zu dem angrenzenden Schlafstübchen, sein grünseidener Vorhang dicht zugezogen. Mitunter schoben wir die Gartenbank unter ein Ostfenster, kletterten darauf und hofften, einen schmalen Spalt zu erwischen und hineinspähen zu können. Ebenso schlichen wir uns von Zeit zu Zeit auf Zehenspitzen vor die Verbindungstür. Es war alles umsonst. Entdeckte uns zudem ein Großer, so gab es einen energischen Klaps hinten vor, und es bestand die Gefahr, daß unser böses Tun dem Weihnachtsmann verraten werden würde.

Spät abends aber, wenn wir schon ein Weilchen geschlafen hatten, konnte es geschehen, daß wir von einem Gepolter im Weihnachtszimmer erwachten. Schritte gingen hin und her, deutlich unterschieden wir Stimmen: Mutters vertraute Stimme und dazwischen eine tiefe Männerstimme. Flüsternd horchten wir und kuschelten uns tiefer unter das Deckbett. Es stand fest: Mutter werkte geheimnisvoll im Weihnachtszimmer und verhandelte zudem mit dem Weihnachtsmann! Ein Tisch, ein Sessel wurde verrückt, jemand stieß gegen die Prismen des Kronleuchters, die klingelnd sich berührten. Ach, wie aufregend war das alles, wie klopfte das Herz! Eines Tages hieß es dann: der Weihnachtsbaum ist da! Ein Kind hatte etwas gemerkt. Groß mußte er sein, so groß, so groß, daß er nicht ins Zimmer paßte, ein Stück der Spitze hatte abgesägt werden müssen, mit dem durften wir spielen. Wir steckten das Bäumchen in ein Stövchen, schmückten es mit buntem Papier, etwas Flittergold, etwas Engelhaar, das der Weihnachtsmann im Flur verloren hatte und das wir jubelnd zusammensuchten. Wir stellten es im Eßzim-

mer auf, sangen unsere Lieder, probten unsere Gedichte, bemüh-
ten uns, brave Kinder zu sein und keinen Erwachsenen zu quälen
oder ihm vor die Füße zu laufen, wo sie es doch alle so geschäftig
hatten.

Schön war es, wenn es schon kurz vor Weihnachten fror. Die Ungeduld des Kinderherzens war leichter zu bändigen. Wenn auch nicht
gleich alle Schlöte fest waren, eine »Glidderbahn« im Garten ließ
sich leicht herstellen. Unsere guten Mädchen gossen abends einige
Eimer Wasser auf den breiten Gartenweg, kamen wir dann mittags
aus der Schule, zogen wir flugs unsere »Klumpen« an, die wir von
Tuismann in der Mühlenstraße bezogen, und schlidderten uns mit
Geschrei und mancherlei Künsten warm, bis es dunkelte und der
Mond durch das kahle Geäst der hohen Bäume lugte. Wie schnell
verging da die Zeit!

Und endlich war es denn so weit! An den Ablauf des Tages, der den
Heiligen Abend brachte, kann ich mich im einzelnen kaum noch
erinnern. Alle meine Gedanken kreisten wohl um die Stunde der
Bescherung. Die großen Geschwister gingen zur Kirche. Wir klei-
neren erwarteten ihre Rückkehr mit großer Ungeduld. Das kleine
Bäumchen im Stövchen lockte nicht mehr, wir schoben es beiseite.
Immer wieder rannten wir auf den Weg und lauschten zur Stadt
hinüber, ob nicht Glockengeläute einsetze. Bei Nordostwind hörten wir deutlich über die weiten Felder her den hellen Klang der
Wolthuser Kirchenglocke. Kehrten wir dann durch den Garten zur
Küche zurück, äugten wir angestrengt zu den Fenstern der Weih-
nachtsstube hinauf, aber alles war dunkel und still und ohne Leben.
Danach wurden wir gewaschen und gekämmt, zogen frisch geputzte Schuhe und unsere Sonntagskleider an, nur die Festtagsschürze
durfte noch nicht vorgebunden werden. Auf dem langen Küchentisch mit der gestärkten, frischen Tischdecke stand ein riesengroßer
Teller mit Teekuchen, ein anderer mit Zwiebäcken, und es gab Kakao, reichlich Kakao, aber alle unsere Gedanken waren auf die
Stunde der Bescherung gerichtet. Unsere Backen glühten vor Erwartung und von dem Hin- und Herrennen durch die Winterluft.
Bald darauf warteten wir im Flur auf Vaters Klingelzeichen. Dieser

und jener sagte sein Gedicht noch einmal still für sich auf. Unsere beiden Mädchen huschten hin und wieder an uns vorbei in ihren gestärkten, weißen Festtagsschürzen, sahen nach dem hohen Eisenofen im Eßzimmer, warfen noch Torf auf die Glut, prüften die Lampen in Küche und Zimmer, und selbst unser Scherf stand erwartungsvoll zwischen uns und wußte wohl gar nicht, was nun los sei. Onkel Müseler, Vaters Freund, ein Junggeselle, der den Heiligen Abend stets bei uns verbrachte, war eben gekommen. Auch er sah so feierlich aus, wurde aber gleich von den Eltern in die vorderen Räume gebeten, deren Zutritt uns noch verwehrt war. Die farbige Ampel über uns, neben dem Treppenaufgang, warf ihr trauliches Licht durch den Flur, über das geputzte Zinngeschirr und das Messinglämpchen auf dem Bord an der Wand.

Da ertönte die Klingel! Unvergeßlicher Klang! Wir öffneten die Tür zum roten Zimmer. Wohlige Wärme schlug uns entgegen. Das Auge des großen Dauerbrenners glühte rot. Hell erstrahlte der Kronleuchter über dem großen Tisch vor dem breiten Sofa. In der Tür zum Weihnachtszimmer aber stand Vater mit der schönen, blankgeputzten Messingklingel, die alle unsere Weihnachten einläutete. Ach, wie artig waren wir doch! Nicht einer stürmte voran, nein, wir bändigten den Schritt und konnten kaum atmen, so laut pochte das Herz! Da stand der Tannenbaum, in der Mitte des Zimmers, seine Spitze reichte bis zur Balkendecke. In unvorstellbarem Lichterglanz erstrahlte er, wie glänzten die Ketten und bunten Kugeln! Süße, bunte Kringel aller Art hingen zwischen den Zweigen, Apfelsinen lugten aus dem dunklen Grün, vergoldete Walnüsse, herzförmige Kekse und viele andere Herrlichkeiten. Im Hintergrund, auf Tischen verteilt, unseren Augen fast verborgen, lagen die Gaben, standen die süßen Teller bis oben hin gehäuft mit Nüssen, Bonbon, Gebäck, Krachmandeln, Schokoladenplätzchen u. a. Wir aber stellten uns zunächst nebeneinander zwischen Ofen und Tür auf, und nun erklangen unsere Weihnachtslieder. Unsere Augen hingen an der Krippe unter dem Baum, an dem Engel, der im Gezweig darüber schwebte, an den Wunderkerzen, die bald ihren Glanz versprühen würden. Sie suchten heimlich das dichte Zweiggewirr mit seinem Schmuck zu durchdringen und lugten sehnsüchtig nach dem Gabentisch. In unsere hellen Kinderstimmen mischte sich mitunter ein fröhliches Männerbrummen. Ich habe nie gehört, daß unser Vater richtig singen konnte, und Onkel Müseler erging es nicht anders. Darauf trat ein jedes Kind vor und deklamierte sein Gedicht mit heißen Wangen. Und da geschah es denn einmal, daß unser Arend, der sich gerne recht spät ans Lernen machte, mitten in dem schönen Lied »Vom Himmel in die tiefsten Klüfte ein milder Stern herniederlacht« steckenblieb, spontan sich auf den Hacken wendete und Reißaus nahm, aber ebenso schnell von unserer Tilly aus der verlassenen Küche zurückgeholt wurde in unseren Kreis, aus dem Julius schnell vorgetreten war und Arends Anteil zu Ende sprach, um dann sein kleines, nettes Liedchen aufzusagen, wobei er statt »Flöckchen« und »Röckchen« unentwegt »Flöckschen« und »Röckschen« sagte, er war ja noch klein, und es mag ihm wie mir ergangen sein, die ich lange Zeit allen Bemühungen unserer verständigen Hilda zum Trotz »Klopf« statt »Knopf« sagte.

Glückstrahlend standen wir endlich vor unserem Gabentisch, auf dem neben praktischen Dingen sehnlich gewünschte, oft auch nicht erwartete Geschenke lagen: für mich neue Puppenkleider, rote und blaue Haarschleifen, auch wohl ein neues Puppenkind, ein Märchenbuch und Malbuch und zu allem der süße Teller. Auch ein großer Bogen mit Anziehpuppen lag meistens dabei, ich liebte sie sehr und freute mich auf das Ausschneiden der Puppen samt ihrer vielfältigen Garderobe. Onkel Müseler erhielt immer das gleiche Geschenk, eine Krawatte, die Vater ihm mit den Worten überreichte: »Hier deine chemisch gereinigte Krawatte!« die Onkel Müseler, alt und grau, wie ich ihn nur gekannt habe, mit Lächeln in Empfang nahm. Danach griff Vati nach dem langen Pusterohr und löschte die Kerzen. Aber sie würden noch öfter brennen, am 1. Weihnachtstag und Silvesterabend und noch einmal am 17. Januar, an meinem Geburtstag, und zwar draußen im Freien auf dem Weg oder gar im Land. Dann erst würden wir Abschied von ihm nehmen. So nahmen wir denn unsere Gaben in den Arm und verließen einer nach dem anderen den Raum, in dem nichts zurückblieb als ein tannen- und kerzenduftgeschwängertes Dunkel, in dem das Rot des Feuers im Ofen allmählich verglühte.

Den Rest des Abends verbrachten wir Kinder im Eßzimmer bei frohem gemeinsamen Spiel, während die Eltern mit dem Gast sich im roten Zimmer die Zeit vertrieben. Spaß machte vor allem ein Spiel mit kleinen, knusprigen Pfeffernüssen, das »Pippspiel«, und schön war es, daß Tilly und Juliane es mitspielten. Manch einer wurde reich dabei, reich an leckeren Pfeffernüssen, und mancher hatte Pech, darin lag ja der Reiz des Tuns. Wir durften länger aufbleiben als sonst, so lange, bis unsere Augen klein wurden und der Sandmann allem ein Ende machte.

Schön war es, an diesen Festtagen im roten Zimmer, mit einer Puppe im Arm, neuen Schleifen im frischgewaschenen Haar und ein Buch auf den Knien, mucksmäuschenstill im Sessel am Fenster zu sitzen, während Vater, am Tisch beschäftigt, seine Zigarre rauchte und bläuliche Kringel in die Luft blies und durch die sich hin und wieder öffnende Tür vom Flur her der Geruch des Gänsebratens hereindrang und Appetit und Vorfreude auf Genuß verfrüht weckte. Es konnte aber auch sein, daß ich an frostklaren Weihnachten meine Puppenkinder in den Wagen packte und mit ihnen über die Gräben schlidderte oder schöfelte, wobei ich meine geliebte Fuhre mit größter Anstrengung über die trennenden Landstreifen von einem Gewässer zum anderen schaffte, getrieben von der Sehnsucht in die Weite, von drängender Lust an Bewegung und Spiel.

Einst aber wurde die Weihnachtszeit überschattet von einer schweren Erkrankung unseres Vaters. Ich mochte zehn oder elf Jahre zählen. Der Kranke lag im ruhigsten und sonnigsten Raum unseres Hauses, im blauen Zimmer, im Weihnachtszimmer. Wir wagten es nicht, in jenem Teil des Gartens, auf den die Fenster blickten, zu spielen, obwohl gerade dort unsere schönsten Spielplätze lagen. Das Fest rückte näher, aber kein Großer sprach vom Weihnachtsmann, vom Tannenbaum. Sehr bedrückt waren wir alle, und doch konnten wir die Schwere der Sorge, die auf Mutter lastete, nicht ermessen. Wir fanden uns damit ab, daß diese Weihnacht uns nur ein kleines Bäumchen im Stövchen bringen würde, vielleicht nicht einmal dieses.

Da kam die große Wendung! Zwei Ärzte waren dagewesen, ein Eingriff war gemacht worden, von einer Krisis sprachen die Großen. Zum ersten Male hörte ich dieses Wort und begriff beim Blick auf die besorgten Gesichter, daß es etwas mit Leben oder Tod zu tun haben mußte.

Zwei Tage vor dem Fest fiel es wie eine schwere Last von allen Hausbewohnern, die Mädchen tuschelten von einer Überraschung, sie machten geheimnisvolle Augen, sie machten uns Mut zur Vorfreude. Am Tag vor dem Heiligen Abend wurden wir früh zu Bett geschickt, wir hörten ein Huschen, ein Schurren, ein Schleifen durch den Hausgang, und am anderen Tag durfte kein Kind das rote Zimmer betreten, nicht einmal bei der Tür durften wir stehen, geschweige denn durch das Schlüsselloch gucken.

War es denn möglich, daß das Glöckchen doch wieder erklang wie in den Jahren zuvor? Aber der Vater war es nicht, der es läutete. Mutter war es, und es klang nur behutsam und kurz. Wir drängten uns leise durch die Tür des roten Zimmers, da stand der Baum, vor dem großen Spiegel, der sein Bild zurückwarf, stand da in gewohntem strahlenden Zauberkleid. Und Mutter stand in der geöffneten Tür zum Krankenzimmer. In der Hand hielt sie einen großen Spiegel, der warf das Bild des Baumes dem Vater zu. Und nun sangen wir »Stille Nacht, heilige Nacht ...«. Nur wir Kinder sangen, den Großen rannen die Tränen über die Wangen. Sangen wir nicht auch: »Nun danket alle Gott ...«? Und waren jetzt nicht auch die Großen dabei – sie vor allem? Wie zitterte die Freude in unseren Herzen, aber war es für das Kinderherz nicht eine fremde Freude, in der ein Unerklärliches mitschwang?

Die Weihnachten meiner Kinderzeit, wie sollte ich sie je vergessen! Sie wandelten sich so, wie wir heranwachsenden Kinder uns wandelten.

Als dann der erste Weltkrieg hereinbrach, legten sich Abschied und Trennung von Brüdern und Freunden wie Reif auf die Gemüter und ließen das Paradies der Kindheit versinken.

191

UNSER NESTHÄKCHEN

Unser Nesthäkchen – Püppi genannt – wurde geboren, als ich sechs Jahre alt war. Ihre Geburt kostete unserer Mutter beinahe das Leben. An diesen Tag, den 9. April 1903, erinnere ich mich noch gut. Es war früher Morgen, als uns Tilly, unsere treue Hilfe, aus tiefem Schlaf weckte. Sie stand vor uns in der Butzentür, in der weißen Schürze, die sie nur sonntags und bei Besuch trug, das große Teebrett, auf dem unsere Teekoppkes in Reih und Glied standen, in beiden Händen. Geheimnisvoll, im Flüsterton, verkündete sie uns: »Trinkt schnell euren Tee aus und kommt alle mit – aber leise! Ihr habt ein Schwesterchen bekommen und dürft es sehen!« Mit einem Satz waren wir aus den Federn. Im Hemd folgten wir ihr auf Zehenspitzen durch den Hausgang zum kleinen Stübchen. Leise klinkte Tilly die Tür auf. Fast wäre ich vor Aufregung und in dem Bestreben, besonders behutsam zu sein, die hohe Stufe hinaufgepoltert. Gleich darauf standen wir Geschwister an Mutters Bett, das unter dem hohen, schmalen Fenster stand. Ja, da lag das Püppchen in Mutters Arm, im spitzenbesetzten Steckkissen! Neugierig und etwas beklommen schauten wir auf das Bündel. Wohl war unsere Freude groß, aber alles erschien uns fremd und seltsam an diesem Morgen. Wir konnten es nicht begreifen, daß wir so schnell wieder hinausgeschickt wurden und daß unsere Mutter, die immer so tatkräftig zwischen uns werkte, still und müde dalag.
Wir wurden in den dem Stübchen entgegengesetzt liegenden Teil des Hauses verbannt. Als ich nach einer kleinen Zeit schnell durch den Flur zur Küche huschen wollte, kam Vater aus der Tür des Stübchens. Ich sah, daß er geweint hatte. Das war für mich so ungeheuerlich, daß ich vor Angst kaum zu atmen wagte und davonlief. Wir drängten uns zusammen, horchten auf alle Geräusche des Hauses, hörten schnelle Schritte durch den Hausgang huschen, spürten,

daß Unheil drohte, und warteten, ob nicht ein Großer zu uns hereinkäme und uns sage, was das alles bedeute. Durch das Fenster sah ich Frau Neeland, die Nachbarin, am Hausgiebel vorbeigehen. Sie trug ihr schwarzes Sonntagskleid und ein Häubchen und sah so feierlich aus, daß mir noch beklommener zumute wurde. Bald danach wurde mein ältester Bruder herausgerufen. Ihm wurde eingeschärft, mit dem Rad so schnell wie möglich zur Stadt zum Arzt zu fahren.

Irgendwann am Tage schlich ich mich in den Garten und blickte von weitem auf das Fenster, hinter dem unsere Mutter lag. Irgendwann wich auch der Druck von uns. Im Hause ging alles wieder seinen gewohnten Gang, die Menschen atmeten auf, wir kamen uns nicht mehr so verlassen vor . . . Da wagte ich es, mich vorsichtig, Schritt um Schritt an das breite Fenster des Stübchens heranzupirschen. Unser »Sandhoppel« lag hochgetürmt davor. Ich kletterte auf den Haufen, zog mich mühsam am Fenstersims hoch und konnte noch eben durch die unterste Scheibe hineinspähen. Da lag auf dem Sofa ein Bündel, unser neues Püppi! Niemand war bei ihm. Ich glaubte fest, die Großen hätten das Kind bei aller Sorge der verflossenen Stunden vergessen und einfach beiseite gelegt. Und wenn es nun herabrollte und sich totfiele? Es war doch lebendig und nicht wie meine Puppen, die liegenblieben, wohin ich sie auch packte. Aufgeregt klammerte ich mich am Sims fest, der Sand rutschte unter mir weg, mein Kinn glitt an der scharfen Steinkante ab. Beinahe hätte ich mich vergessen und laut gerufen. Doch da griff schon eine feste Hand nach mir und zog mich unwirsch vom Fenster fort.

Püppi war ein zartes, lebendiges Kind, der Liebling und »Verzug« aller! Ich weiß noch, wie sie laufen lernte in diesem leichten Laufkörbchen aus Peddigrohr, das wie eine Pellerine um sie stand und dessen oberer Rand farbig gepolstert war. Es konnte nicht ausbleiben, daß das Kind mit der Zeit mit Tisch- und Stuhlbeinen und Stövchen in Kollision geriet und vor Freude kreischend durch die große Küche fegte. Lange noch stand das Laufkörbchen auf dem obersten Hausboden, dort fand ich es einst auf einer meiner »Entdeckungsfahrten« wieder, verstaubt und vergessen in einer dunklen

Ecke unter den Dachpfannen. Ich zerrte es aus dem Gerümpel hervor und betrachtete fast wehmütig den einst so schönen, jetzt spinnwebversponnenen, verblichenen und mottenzerfressenen Polsterrand.

Das Nesthäkchen lief uns größeren Kindern stets zwischen die Beine, wenn wir unsere Spiele machten, es wollte dabei sein und stand uns doch zumeist im Wege. Dann sagten wir wohl: »Du darfst auf Speck und Bohnen mitspielen.« Das war eine unter uns gängige Redensart und besagte, daß wir »so taten, als ob ...«, das Kind aber nicht ernst nahmen. Für eine kleine Zeit war Püppi nun zufriedengestellt, aber bald kam sie hinter unsere Schliche. Da beschwerte sie sich laut schluchzend bei der Mutter und wurde beruhigt mit den energischen Worten: »Ja, warte nur, sie bekommen alle ihre Strafe, heute abend kommen sie alle mit der Nase zuerst ins Bett!« Wiederum war sie vorerst beruhigt und teilte uns triumphierend mit, was für eine Strafe uns erwartete, aber bald ging ihr auf, daß diese Strafe nichts weiter sei als ein Vorgang, der jeden Abend uns alle – sie selbst eingeschlossen – auf ganz natürliche Weise ereilte.

Als wir, Jahre später, ein Floß erstanden und es zum ersten Male bestiegen, stand Tini – immer noch »Püppi« genannt – am Ufer und schrie aus Leibeskräften. Sie wollte mitgenommen werden. Vergeblich versuchten wir, ihr klarzumachen, daß solch ein Floß ein sehr gefährliches Fahrzeug sei, auf dem man nicht so einfach hin- und herlaufen könne wie in einem Boot. Sie hörte gar nicht zu, weinte nur um so heftiger und wich und wankte nicht vom Ufer. Da holte endlich einer der Brüder eine Kluntjekiste herbei, nagelte sie auf den Balken fest und setzte den Schreihals hinein. Da saß Püppi nun, befriedigt und mucksmäuschenstill. Sie konnte mit ihren großen, strahlenden Augen gerade über den Rand der Kiste auf die blinkenden Wellen gucken, die leise glucksend unter ihr hinzogen.

Ein guter Spielkamerad war Püppi, als sie nun heranwuchs und ein Schulkind wurde, immer noch schmächtig und bläßlich aussehend, aber voller Temperament und Lebenslust. In den großen Ferien rannte sie, kaum erwacht, noch im »Nachthemd« in die rote Stube, wo das Barometer hing! Wir wünschten uns für unsere mannigfaltigen Unternehmungen doch so sehnlich Sonnenschein, aber gerade diese Ferien verregneten oft. Da stand sie nun und klopfte unentwegt und immer ungestümer gegen das Glas in der Hoffnung, es möge endlich steigen trotz des dunkel heraufziehenden Gewölks ... Bei allem, was wir trieben, war sie dabei, auch bei meinen Ruderfahrten, die wir als größere Mädchen vom Ruderverein aus unternahmen und die uns nach Hinte, Doodshörn an der Mühle Concordia vorbeiführten, und bei denen wir sie vorne in der Spitze des Bootes verstauten.

Mit ihren Schularbeiten war unsere Tini – so wurde sie jetzt genannt – zumeist im Handumdrehen fertig. Dann spielte sie bei schlechtem Wetter im Flur »Lehrerin«. Die Treppenstufen waren ihre Schulkinder, die allemal aufsässig und faul zu sein schienen, hörten wir doch oben in unserem Stübchen Tinis ununterbrochenes, energisches Schelten. Dazwischen klatschten Stockschläge auf die Stufen, daß es nur so schallte. Wahrscheinlich erteilte sie ihren vermeintlichen Schülern alle diejenigen Ermahnungen und Drohungen, die sie selber in der Schule empfing und die nur allzuwenig fruchteten.

Eines Tages, als aus tief herabhängendem Gewölk ein strömender Regen niederging und ein steifer West die Böen jagte, fehlte ein Schirm im Hause, ein großer, handfester Herrenschirm. Da sahen wir nachmittags zufällig eine seltsame Gestalt von der Schiefen Tille daherkommen: dünne Beinchen in hohen Schnürschuhen, etwas Röckchen, sonst nur das gewölbte Dach eines aufgespannten Schirmes – so trottete es, einem Riesenpilze ähnlich, auf dem Steinpaddje am Tief entlang. Tini war es, sie hatte diesen Schirm mitgenommen, der unserem Onkel gehörte und fast größer war als sie selbst.

Unser Nesthäkchen durfte sich manches erlauben, von dem wir anderen nicht zu träumen wagten: So geschah es wohl, daß uns Vater mitnahm in den Goldenen Adler, sich mit uns in die Veranda setzte, aus der wir so schön den Delft überblicken konnten, und uns ein Glas »Squash« bestellte. »Quatsch« nannten wir diese Limonade. Unsere Tini aber brachte es fertig, ganz allein munter in den Adler zu gehen, wenn sie von der Schule kam und sich das Gelüst nach diesem Getränk in ihr regte. Sie bestellte, trank genießerisch in kleinen Schlückchen ihr Glas aus und verabschiedete sich von dem Kellner mit den Worten: »Mein Vater bezahlt's!«

Wie wir alle, so war auch unser Nesthäkchen eine begeisterte Schlittschuhläuferin. Manchmal, wenn wir Größeren über unseren Schularbeiten gebeugt saßen, machte sich Tini unbemerkt davon und zog mutterseelenallein ihre Bahn über das Fehntjertief. So hatten wir sie einst an einem Sonntagmorgen verloren. Nach hellen Frosttagen war der Wind umgesprungen. Ein föhnartiger Geruch lag in der Luft, Tauwetter setzte ein. Es war nicht lange mehr bis Mittag. Schon zog der leckere Bratenduft durch Küche und Flur und machte uns vorzeitig lüstern auf das Feiertagsessen. Wo aber war das Kind? Wir riefen es vergebens zum gemeinsamen Spiel, das die Wartezeit verkürzen sollte. Da entdeckten wir, daß in der langen, hinter dem Ofen aufgehängten Schlittschuhreihe Tinis Paar fehlte. Sie mußte also irgendwo auf dem Eis sein, dort mußten wir sie suchen. Julius und ich machten uns eiligst startbereit und schöfelten in Richtung Bobenhammerk davon. Niemand war weit und breit zu sehen. Hin und wieder krachte es unter der starren Eisdekke, an den Uferrändern stand bereits Wasser, ein lauer Wind fächelte unsere vom Lauf erhitzten Gesichter. Bobenhammerk lag bald hinter uns, die Ravelingsche Wassermühle reckte die Flügel starr in den grauverhangenen Himmel – und noch immer war nichts von unserer Tini zu sehen. Wir bogen ab zur Uphuser Klappe. Besorgt blickten wir zu der Wake hinüber, die sich dicht vor der Brücke hart neben der Schöfelbahn befand. Vergeblich forschten wir nach einer Spur, die uns einen Anhalt geben könnte, aber mancherlei Spuren führten über das Eis. Sie stammten von uns und von den Riepstern, die in langen Ketten diese Bahn zogen. Städter kamen zu jener Zeit nicht in diese Gefilde, weder im Winter noch im Sommer, wir und die Riepster waren die alleinigen Herren dieser Fluren.

Wo aber war nun das Kind? Niemand hatte es weggehen sehen, niemand wußte, wie lange es schon unterwegs sein mochte. Schon näherten wir uns dem Uphuser Meer. Gleich würde seine weite, blanke, schilfumsäumte Fläche sich vor uns auftun. Da – endlich – jenseits des Meeres, an jener Stelle, wo die »stinkende Riede« beginnt – dort tauchte eine kleine, dunkle Gestalt auf. Und was lag denn hier vor unseren Füßen? Püppis silbergrauer Südwester, den sie zu Weihnachten bekommen hatte und beim eifrigen Laufen verloren haben mußte! Wir riefen und winkten, aber sie hörte und sah nichts. Wie erschöpft und müde mußte sie sein! Vornübergebeugt, die Knie ein wenig eingeknickt, mit den dünnen Armen rudernd, quälte sie sich in den steifen Westwind hinein. Endlich bemerkte sie uns und winkte und rief nun ihrerseits uns zu. Von keiner Uhrzeit wußte sie; daß es bald Mittag sein müsse, sagte ihr der knurrende Magen. Nichts anderes als nur diese lockende Weite der winterlichen Landschaft hatte sie vor sich gesehen, an nichts anderes hatte sie gedacht als daran, noch einmal nach Herzenslust Schlittschuh zu laufen, ehe es endgültig mit dieser Winterfreude vorbei sei.

Wir verschnauften eine kurze Weile im sirrenden Schilf am Uferrand, ehe wir neugestärkt den Rückweg antraten, der nun doch ein wenig mühselig dadurch wurde, daß unsere Schlittschuhe tief in das immer weicher werdende Eis einschnitten und der Wind uns entgegen war. Dennoch: Die Freude, unser verlorenes Nesthäkchen wiedergefunden zu haben, sie belebte unsere müden Glieder, machte, daß wir wie Triumphierende die Vermißte den sehnsüchtig am Ufer Wartenden und in die Ferne Spähenden zuführten.

Die Jahre kamen und gingen. In das Kriegsjahr 1916 fiel meine erste, die sogenannte wissenschaftliche Prüfung für den Lehrberuf. Wir Prüflinge hielten uns in einem leeren Klassenraum auf, soweit wir nicht einzeln in den Prüfungsraum abgerufen wurden. Da das Oberlyzeum an einem solchen Tage keinen Unterricht hatte, fanden sich alsbald Schülerinnen der freien Klassen ein und brachten uns zum Trost etwas Gutes zum Naschen mit, ja, sogar eine Flasche Wein lag sicher versteckt unter einer Tischplatte. Den bereits Geprüften schmeckten in dieser mageren Kriegszeit die Spenden vorzüglich, während die anderen höchstens verzagt an ihrem Kriegsbrot mummelten, um den knurrenden Magen zu besänftigen. Da gab es unversehens ein fröhliches Auflachen, als die Tür sich öffnete und unsere Tini hoch oben auf der Schulter einer besonders großen und kräftigen Mitschülerin hereingeritten kam. Es war gerade große Pause, da hatte sie sich unerlaubterweise nach oben geschlichen, um mich zu besuchen. Eine mitfühlende Seele! Wie freute ich mich, als ich sie sah!

Ja, Tini, noch immer zwischendurch Püppi gerufen, war ein anhänglicher, treuer Kerl! Das bewies ein Vorgang, der schon weiter zurücklag, den ich dennoch nicht unerwähnt lassen möchte. Es war in dem dunklen diesigen November des Jahres 1913, als ich am Blinddarm operiert wurde und, da der Eingriff reichlich spät erfolgt war, länger als üblich in der Klinik lag. Fast jeden Tag klopfte es zur Teezeit an meiner Tür, und herein huschte unsere Tini. Dann teilte ich mit ihr den Tee aus dem Kännchen und auch den trockenen Zwieback, den es dazu gab, und sie erzählte alles, was sich zu Hause zugetragen hatte. Mitunter kam als weiterer Besuch der Sohn meines Arztes zu uns herein, er war ungefähr gleichaltrig mit Tini, ein rechter Schlingel, räkelte sich auf der Chaise herum und erzählte Schulstreiche, wobei er vor Begeisterung die Beine in die Luft streckte. Leider währte dieses Beisammensein nicht lange, es dunkelte ja so schnell, und wenn die beiden mich verließen, brannten draußen schon die Straßenlaternen, und die vorüberbimmelnde Elektrische war hellerleuchtet. Dann dachte ich in meinem Bett besorgt an den einsamen Weg vom Herrentor zum Hammrich, den Tini gewiß im Galopp zurücklegen würde.

1918 besuchte Tini mich in Bunde, wo ich mit einer Kollegin, meiner späteren Freundin Gertrud Sander, eine Privatschule führte. Es war Frühherbst und Grippezeit, und unglücklicherweise erkrankte sie gleich am ersten Tage ihres Besuches. Die Gemeindeschwester betreute sie, und meine guten Wirtsleute kümmerten sich um sie, solange ich in der Schule war. Sie war schnell wieder auf den Beinen, und ich konnte noch einige schöne Spaziergänge mit ihr unternehmen. Lebhaft steht mir ein Weg nach Bunderhee und seitab an Feldern vorbei in der Erinnerung. Von Landschaftspolder her fegte ein Weststurm über das weite Land, über Wälle und Knicks. Sturm liebten wir! Wir wanderten feldein und entdeckten mitten in einsamer Weite einen breitwuchernden, wilden Rosenbusch, zerzaust das dichte Geranke, dornig das Gestrüpp, übersät mit Hagebutten.

Wir kauerten eng aneinander geduckt im Windschatten des Strauches, aber der West pustete doch durch das Geranke und drang durch unsere Sommermäntel. Er kam vom Dollart her, und wir Kinder der Waterkant bildeten uns ein, den Salzgeruch des Meeres zu spüren.

Zu schnell vergingen uns diese Tage. Als ich eines Mittags aus der Schule heimkehrte, die Stubentür öffnete, standen unter dem Stuhl neben meinem Bücherschrank die hellblauen, mit Blümchen betupften Pantoffeln, die ich ihr für die Dauer ihres Besuches geliehen hatte, und an der Stuhllehne hing das weiße »Tändelschürzchen«.

Ich wußte ja, daß sie um elf Uhr abgereist war, aber nun kam mir mein kleines Reich auf einmal so verlassen vor, daß mich einen Augenblick das Heimweh im Halse würgte und ich mich schnell in meine Arbeit stürzte.

WIR UND UNSERE FREUNDE

Einige von ihnen waren täglich da. Unsere Mutter sah es lieber, daß viele Freunde beiderlei Geschlechts in unserem Hause ein- und ausgingen, als daß wir diese in der Stadt besuchten. Bei uns auf dem Hammrich, in dem weiträumigen Bauernhaus und dem großen Garten, konnten wir auch viel schöner spielen als in den Stadtwohnungen. Unsere Mutter war eine großzügige Frau. Sie ließ uns viel Freiheit, strich am Nachmittag noch etliche Brotschnitten mehr und nahm am Abend oft genug diesen und jenen Gespielen als Gast an den langen Abendbrottisch, hinein in die Runde, in der es zu Beginn zumeist ruhig und gesittet zuging. War jedoch der ärgste Hunger gestillt, so flogen bald muntere Scherzworte hin und her zwischen Großen und Kleinen, und fröhliches Gelächter klang auf. Doch geschah es auch, daß Gespräche voll harmloser Neckereien plötzlich in bitteren Ernst umschlugen. Fast immer war dies der Fall, wenn Mädchen und Jungen ihre Schulen gegeneinander ausspielten. So konnte unser Bruder Arend unvermittelt mit erhobener Stimme ausrufen: »Was wollt ihr Mädchen, ihr Langhaarigen, überhaupt? Was soll eure Lernerei? Es heißt doch: Zu *dienen* lerne beizeiten das Weib nach seiner Bestimmung? Schreibt's euch hinter die Ohren!«

Vorbei war es mit der Friedfertigkeit! Tumult erhob sich. Dies war der Augenblick, in dem die Mutter eingriff. »Den Kloppstock her!« befahl sie kurz und knapp. »Und wer es auch sei...!« Im Nu senkten sich die Köpfe schuldbewußt. Die Wogen der Erregung glätteten sich bald. Schon blinzelte einer zum anderen hinüber, schon klang ein Lachen auf, und alles war wieder gut.

Es gab eine Zeit, da zogen wir in den Sommerferien mit Feldstühlen, Zeichenblock und Farbstiften durch die Feldmark und suchten Motive. Am liebsten zeichneten wir die Mühle und das Mühlenhaus, das kleine, trauliche, efeuumsponnene – oder auch unser Elternhaus, wie es so breitgelagert in der steigenden Sonne dalag mit seinem Lindenkranz vor dem Giebel. Wer keine Lust mehr hatte zu solchem Tun, durchforschte den Grabenrand, strampelte mit aufgekrempelten Kleidern im Wasser, pflückte Blumen, machte Jagd auf vielerlei Getier in Gräben und Dobben. Schön war es auch, ganz einfach dazuliegen im hohen Sommergras, den Wind lau und lind um Gesicht und Haar spielen zu lassen, den Duft blühenden Klees einzuatmen und in den Himmel zu träumen, an dem die Wolken dahinzogen: weiß und flockig in der Höhe, grau und geballt und Schatten werfend der Erde näher.

Später, als wir ein Boot erstehen konnten, waren wir täglich mit diesem unterwegs bei jedem Wetter. Wir wurden naß und wieder trocken. Die Sonne bräunte unsere Haut und bleichte die immer unbedeckten Haare. Kleine Könige waren wir, welche die Gefilde ihres Landes erforschten, die sich nicht fürchteten vor einer Gewitterbö, die das dichte Schilf am Rand des Uphuser- oder Bansmeeres peitschte und niederbog und aufrauschen ließ, an Mast und Segel stieß, die wir eilig refften, unser Boot auf die Seite warf, daß die Wellen über den Bootsrand klatschten und uns durchnäßten. Einem Freunde geriet einst in solch einer bewegten Minute der Pfeifenstiel in den Schlund, so daß er einen Augenblick mit verglasten Augen dasaß. Mir ging meine neue Strickmütze über Bord und versank, ehe ich zugreifen konnte. Wir mußten das Wasser ausschöpfen und mit aller zu Gebote stehenden Kraft das Ufer zu erreichen suchen.

Es gab auch Tage, die waren heiß und brütend. 1911 war solch ein Sommer. Unsere Regenbacke versiegte, wir mußten Wasser von der Stadt heranholen! Schwierig war es, für solch eine große Familie mit einem Boot in Eimern ausreichenden Vorrat zu beschaffen. Die Pütte im Stall gab zwar noch Wasser her, aber es war dunkelbraun und kalt und ungenießbar. Da wuschen wir uns schon lieber im Tiefwasser, nahmen wohl auch kurzerhand Seife und Handtuch und setzten uns auf den schwankenden Steg, der über den Schloot vor unserem Haus führte, froh, daß wir auch einmal das

Waschgeschäft ohne Aufsicht nach eigenem Gutdünken verrichten konnten.

An solchen Tagen suchten wir gerne eine unserer Lauben auf. Die »Lindenlaube« lag in der Tiefe des Gartens, nahe am Wasser. In ihr spielten wir mit Vorliebe »Tick«. Wie Besessene jagten wir durch das Geäst der Bäume, rutschten herab, kletterten wieder hoch. Verborgen vor aller Welt saßen wir hier, riehen Würmer zum Fischen auf, eine Beschäftigung, die ich aus tiefster Seele haßte, zu der mich dennoch die Brüder ungerührt heranholten. Hier aßen wir die ersten grünen Äpfel, fertigten Flippse an und zielten auf die frechen Spatzen, die sich in den Beerenbüschen gütlich taten, formten bei nassem Wetter Kleikugeln, steckten sie auf schwanke Stöckchen und ließen sie über die Wasserfläche des Tiefs hinsausen. Hier knüpften wir die endlos langen Schwänze unserer Drachen, hier spielte ich »Mütterchen« und steckte meinen Puppenkindern junge Lindenknospen in den Mund. In diesem verborgenen Winkel verzehrte ich einst einen Teller mit Branntweinkirschen, die ich mir in einem unbewachten Augenblick vom Küchentisch stiebitzt hatte, ohne zu ahnen, was es mit diesen Früchten auf sich habe, die Mutter offenbar aus den geleerten Tonkrügen ausgeschüttet hatte und die in meinen Augen zu nichts anderem als zum Wegwerfen nütze sein konnten. Vergnügt und mutterseelenallein saß ich auf der Bank, futterte eifrig und spuckte die Kerne in hohem Bogen ins Gebüsch. Im Nu war mein Teller leer. Schnell wollte ich ihn zurückbringen. Ja, ich *wollte*! Aber es ging nicht, die Welt stand plötzlich Kopf. Ich sah ihn doch, den geraden, erst kürzlich mit dem schönen, gelben Sand, den das Torfmuttje gebracht hatte, bestreuten Weg, aber ich ging aller verzweifelten Anstrengung zum Trotz im Zickzack. Hier rannte ich mir den Kopf an dem Stamm des wilden Apfelbaums ein, dort kam ich mit der Hecke ins Gehege. Ich hörte unser Mädchen das Straatje vor der Küche schrubben, ich wußte: dahin, genau *dahin* mußt du! Es half nichts, ich schaffte es nicht! Immer elender wurde mir zumute, ich torkelte endlich blind drauflos. Nun war mir alles gleich, wenn es auch kreuz und quer durch alle Büsche ging. Angsterfüllt schrie ich laut um Hilfe. Wohl sah ich jemanden herbeieilen, fühlte mich unsanft am Arm gepackt und aus dem Strauchwerk herausgezerrt, hörte Gelächter und Rufen, hatte aber keine Kraft mehr, mich über solch mitleidloses Gebaren zu erbosen. Ich ergab mich meinem Schicksal.

Die andere, die »runde Laube«, lag mitten im Garten hinter dem großen Beet. Geräumig und lauschig war sie, an den Seiten so dicht verwachsen mit Rosengebüsch, daß wir kaum hindurchlugen konnten. Auf dem schmalen Randbeet ringsherum blühten Stiefmütterchen, Vergißmeinnicht, Goldlack, Reseda und mitten dazwischen das starkduftende Mutterkraut. Ein mächtiger Birnbaum, der frühe, saftige Früchte trug, beschattete ihr Dach. Eine bequeme Bank, Tisch und Stühle, Blumenkübel an den Seiten des Eingangs und nicht zuletzt der mit schmalen Dielenbrettern ausgelegte Boden machten dies Plätzchen besonders behaglich. Ja, diese Laube – wir liebten sie sehr. An milden Sommerabenden, zur Zeit der großen Ferien, wenn keiner ans Schlafengehen denken mochte, wenn die Mädchen noch so gerne im Halbdunkel an einer Hausecke mit ihrem Liebsten flüsterten und niemand da war, der uns mahnte, holten wir uns aus der Küche, wo auf dem alten Schreibpult in langer Reihe die geputzten Petroleumlampen standen, eine Stehlampe herbei und zündeten sie an. Näher rückten wir zusammen. Der Reihe nach lasen die Größeren aus Reuters Werken vor. Hatte mein Bruder Julius dieses Buch, so konnte er oft genug nicht weiterlesen, weil ihm vor Lachen die Tränen über die Wangen rollten, wenn es etwa hieß: »Was stehst du da in blankes Hemd et cetera pp. und in dergleichen Sachen?« Sein Gebaren wirkte so komisch, daß endlich alle Zuhörer in schallendes Gelächter ausbrachen.

Nachtgetier flatterte zu uns herein, suchte das Licht, stieß gegen die weiße Lampenkuppel, deren Rand ein breites Band aus grünen Perlen zierte, fiel klatschend auf den Tisch. Falter umkreisten uns und verbrannten sich endlich die Flügel. Dunkel lag der Garten da. Schwül war es oft und ganz still. Mitunter murrte und grollte ein fernes Gewitter, kam näher. Ein Wind erhob sich und rührte an die Baumkronen, fuhr raunend durch das Gesträuch rings um uns.

Unvergeßliche Sommerabende im Kreise unbeschwerter, junger Menschen in den Jahren vor dem 1. Weltkrieg.

Diese schöne Laube krachte an einem Sommersonntagnachmittag zusammen und wurde nicht wieder aufgebaut. Wie das geschah? Wir hatten ein Spiel ersonnen: Haschen und Jagen! Wir nahmen folgenden Lauf: den Birnbaum hinauf, mit einem Schwung auf das Laubendach, über dieses hinweg mit einem waghalsigen Absprung in den Apfelbaum an der Ecke des großen Beetes seitwärts vom Laubeneingang, an diesem herunter und aufs neue den Birnbaum wieder hinauf! So ging es im Kreise. Lange währte dieses Spiel, immer wilder wurde es, immer reizvoller. Wir sahen keine Gefahr, weder für uns noch für die Laube, die bei diesem waghalsigen Tun in ihren Grundfesten zu erbeben begann. Kein Erwachsener sah nach uns, keiner warnte. Da – plötzlich – als Arend gerade die Mitte des Daches erreicht hatte, sein Vordermann eben mit wuchtigem Sprung absetzte, sein Hintermann sich aufs Dach schwang, krachten die tragenden Pfeiler zusammen. Das Dach neigte sich unter seiner Last zur Seite. Wir schrien auf, aber schon rollten wir die schiefe Ebene herab und fielen unsanft in die dornigen Rosenbüsche. In Trümmern lag sie da, die schöne, schöne Laube! Vorbei war es mit diesem wilden Spiel, vorbei auch mit sinnigen Stunden in ihrer lauschigen Kühle. Ein bitteres Ende nahm dieser so verheißungsvoll begonnene Sonntagnachmittag. Sehr still und sehr bedrückt schlichen sie davon – unsere Freunde, die Kleider beschmutzt und zerrissen, die Hände zerkratzt. Wir geleiteten sie wie gewohnt ein Stück des Weges, wir sahen ihnen nach. Da gingen sie, Übeltäter sie alle, so gut wie wir, wir waren es nicht allein. War dieses nicht tröstlich?

Wohl trauerten wir unserer schönen Laube nach. Als aber die kläglichen Reste beseitigt waren, ein neuer Sitzplatz geschaffen und kein Uneingeweihter ahnen konnte, was für ein lauschiges Plätzchen dieser Neuordnung hatte weichen müssen, planten wir neue Spiele. Es war die Zeit, in der wir Karl Mays Winnetou mit solchem Ernst, mit solcher Hingabe lasen, daß ich z. B. bitterlich schluchzte, als Winnetou starb und das Ave Maria über die Weiten erscholl. Noch lag der Federschmuck der Brüder an einer sicheren Stelle wohlverwahrt, auch Pfeil und Bogen, Tomahawk und Lendenschurz waren aus jener Schlacht zwischen den Schulen im hohen Schilf in friedlichere Zeiten hinübergerettet worden. Und eines Tages bauten wir im Hoff ein großes Zelt. Die Brüder und ihre Freunde überredeten mich, ihre Squaw zu sein. Nichts sei einfacher für mich als dieses. Keine andere Arbeit würde meiner harren, als mit gekreuzten Beinen im Zelt zu sitzen und die Friedenspfeife mit ihnen zu rauchen. Meine große Schwester kam für ein solches Spiel nicht mehr in Betracht, ich paßte im Alter zu den Jungs. Eine Stammälteste mußte dasein, und rauchen mußte sie wie ein Mann, die Sache war klar. Niemals war ich ein Spielverderber. Ich tat, wie mir geheißen wurde. Die Jungs hatten lange, weiße Tonpfeifen in dem van Göönschen Laden an der Kettenbrücke erstanden. Tabak war auch vorhanden.

Ein wunderschöner Sommerferientag war es. Feindliche Stämme hatten sich bekriegt. Nun saßen die Häuptlinge beisammen, um feierlich die Friedenspfeife zu rauchen. Die Eltern schliefen, die Mädchen taten ihre Arbeit in der Küche. Wir hörten das Klappern von Geschirr, ihre leisen Gespräche, ein Lachen hin und wieder. Niemand störte uns bei unserem Beginnen. Ich versuchte, auf einem Sack sitzend, wie die Jungs kräftige Züge zu tun und den Rauch kunstgerecht aus dem Zelteingang ins Freie zu blasen. Und nun geschah das Unerwartete, das Unerklärliche! Plötzlich wurde uns elend zumute, aber wir kapitulierten nicht, wir müssen weitergeraucht haben. Bis heute weiß ich nichts mehr von dem Ausgang dieses Tages. Ich weiß nur, daß ich irgendwann aufwachte und im Bett lag, daß unsere Mutter mit ernstem Gesicht von einem zum andern ging, ohne zu schelten, ohne ein Wort zu fragen. Mir war unheimlich zumute, den Brüdern wird es nicht anders ergangen sein.

Als wir wieder aufstehen konnten, entdeckten wir, daß unser Zelt verschwunden war, mitsamt allem Zubehör. Die Brüder wurden verhört, und ich erfuhr, daß sie den Tabak aus dem Tabakkasten unseres um viele Jahre älteren Bruders entwendet hatten, der sich darüber bitter beklagte. Bestraft wurden wir wider Erwarten nicht. Mutter mochte wohl denken, daß wir durch dieses bittere Ende unseres Spiels hart genug bestraft worden seien. Uns war aber jetzt endgültig jegliche Lust am Indianerspielen vergangen. So gingen die Jahre dahin. Wir schrieben 1914, die Sommerferien hatten begonnen. Nichtsahnend war man am ersten Ferientag in der Schule auseinandergegangen. Unvergeßlich ist mir das Sängerfest, das um diese Zeit auf dem Sportplatz an der Elisabethstraße in einem großen Zelt stattfand. Es war ein heißer Sonntagnachmittag. Auch wir hatten uns aufgemacht und saßen zusammengepfercht und freudig erregt inmitten einer von überall her zusammengeströmten Menschenmenge. Mitten hinein in den fröhlichen Wettstreit der Bürger platzte wie eine Bombe die Nachricht vom Mord in Sarajewo. Schüler hatten von außen die Zeltwände aufgehoben, steckten ihre Köpfe hindurch und schrien laut und pausenlos: »Mord von Sarajewo – Extrablatt!« Die Musik brach ab, ein wirres Durcheinander entstand. Stühle und Bänke wurden umgestoßen. Als sei ein Brand ausgebrochen – so stürzten die Menschen panikartig aus dem Raum, rücksichtslos drängend und alles Schwächere beiseiteschiebend. Kinder schrien gellend auf, nicht wenige gerieten der Menge unter die Füße.

Und später – der 1. August, ein Sonnabend, war wiederum ein Tag, der sich unauslöschlich einprägte. Unsere Eltern waren drei Tage zuvor zu einer Kur nach Münster am Stein gefahren. Wir Kinder, auch einige Freunde, saßen gerade beim Abendbrot in der Küche. Es gab aufgewärmte junge grüne Bohntjes und zum Brot Eiszapfen, die in diesem Jahr vorzüglich geraten waren und die wir alle so gerne aßen. Da wurde plötzlich die Küchentür aufgerissen. Ein Freund stürzte herein, rief atemlos nur das eine Wort: »Kriegserklärung!« Einen Augenblick saßen wir alle wie erstarrt da, dann sprangen wir auf, schoben unsere Teller zurück, kein Zuruf der Mädchen konnte uns halten, stiegen auf unsere Räder und jagten zur Stadt. Wir rasten zur Schleuse. Dicht gedrängt standen die Menschen am Landungskai, einige wild mit den Armen fuchtelnd, andere still vor sich hinstarrend. Ein Bäderdampfer nach dem anderen legte an, und einer brachte unseren Freund und Gefährten so mancher sorgloser Bootsfahrt, dessen Verlobung mit unserer Schwester wir am letzten Silvester gefeiert hatten. Er mußte sofort abreisen und sich in Thorn stellen. Als ich zurückkehrte, blieb ich, mit meinem Rad in der Hand, vorne an der Gartenpforte stehen. Noch war die Sonne nicht untergegangen. Wie eine Glocke wölbte sich der tiefblaue Himmel über dem Hammrich. Ich sah zum Deich hinüber. Im letzten Sonnengold lag er da, mit den beiden schmucken Häuschen neben der Schleuse. Die Schwalben schossen durch die Luft wie immer! Still und einsam war die Weite der Wiesen, auf denen die Kühe weideten – wie immer! Im Garten bei den Beerenbüschen lärmten die Stare, im Hoff schnatterten die Gänse, vom Bahndamm klang das Rollen der Züge; alles war, wie es immer gewesen – und doch! Ein wehmütiges Gefühl zog mir plötzlich durch die Brust. Ich wußte es: Alles, alles ist mit einem Schlage anders geworden! Etwas, das unlöslich zu unserem Jugendparadies gehörte, ist zerschlagen, ist vorbei!

Nach und nach zogen sie dann in den Krieg. Einer von ihnen, der jüngste unter den Freunden, trennte sich so schwer von uns, stand zögernd an der Gartenpforte, verweilte lange auf der Schiefen Tille, lehnte sich gegen das Brückengeländer und konnte – so dünkte es uns – sein Auge nicht vom Hammrich wenden. Er fiel, bald nach dem Einrücken ins Feld, schwerverwundet im Westen.

Nach dem Kriege wurden wir und die Heimgekehrten in alle Winde verstreut. Ein jeder ging in seinen gewählten Beruf und seinem ihm eigenen Schicksal entgegen.

FERIENREISEN NACH BERLIN

Als ich 16 Jahre alt war, reiste ich zum ersten Male mit Hilda nach Berlin zu Onkel Otto und Käthe. Was für ein erregendes Ereignis! Die Herbstferien hatten soeben begonnen, als wir nach unruhiger Nacht in kalter Morgenfrühe den Richtweg über die Schiefe Tille durch den Deichdurchbruch zum Bahnhof gingen, durch taufeuchtes Gras und Nebeldunst. Ich genoß so recht von Herzen die Bahnfahrt, war ich doch im Schutze meiner großen Schwester Hilda, der schon Weitgereisten und somit Erfahrenen, die mir alle sorgenden Gedanken nahm und mein Reisefieber dämpfte. Die Sonne ging auf, als wir schon fern der Heimat waren, sie vertrieb den Nebel, brach durch die Wolken und warf ihren hellen Schein über fremde Landschaften, Städte und Ortschaften. Wir hatten Fensterplätze gefunden und konnten uns nicht sattsehen an den vorüberflitzenden Bildern. Uns flogen die Stunden dahin, wir waren überrascht, als es sich zeigte, daß wir uns bereits den Vororten Berlins näherten, und wäre ich alleine gewesen, mich hätte die Angst ergriffen, das Ziel nicht sicher zu erreichen. So aber blickte ich interessiert auf die laufend dichter besiedelten Wohnviertel und endlich auf von Ruß geschwärzte Mauern der Hinterhöfe, auf verwohnte, vernachlässigte, dunkle und mir trostlos erscheinende menschliche Unterkünfte. An unser Zuhause mußte ich denken, an unseren Hammrich mit seiner Weite, seiner Helle, seiner Sonne, seinem frischen Wind und seiner natürlichen Reinheit. Wie war ich froh, daß ich kein Großstadtkind war!

An der Sperre stand unser guter Onkel Otto, blickte uns befreit entgegen und schloß uns in seine Arme, froh, daß er uns heil in Empfang nehmen konnte. Onkel Otto war mittelgroß, trug stets einen dunkelgrauen Lodenumhang und den steifen, schwarzen Hut jener Jahre. Bibi nannten wir diese Kopfbedeckung. Ich hielt mich dicht an seiner Seite, um in dem ungewohnten Getümmel nicht verlorenzugehen.

Onkel Otto bewohnte in Moabit, Stefanstraße, eine geräumige Etagenwohnung. Wir schliefen in dem langen, schmalen Stübchen, das einst unser Vetter Erich bewohnt hatte. Nachts fiel das helle Licht einer Gaslaterne durch die weißen Vorhänge, so daß es eigentlich nie Nacht wurde wie bei uns zu Hause, wenn die Petroleumlampe ausgeblasen wurde. Eindruck machte gleich am ersten Abend auf mich ein gewaltiges, rundes, schön duftendes Seifenstück auf dem Schälchen unseres Waschtisches.

Zur Straßenseite hin lag das Wohnzimmer mit einem kleinen, eisernen Balkon davor, daneben befand sich Käthes Musikzimmer mit dem Flügel, und beide Räume hatten hohe, schöne Kachelöfen. Zudem fehlte in der Wohnung nicht das »Berliner Zimmer«, das mich immer traurig stimmte. Es war geräumig, aber besaß nur in einer Wandecke ein schmales Fenster, das zudem auf den Innenhof blickte und den Raum nur spärlich erleuchtete. Es diente als Schlafzimmer, und ich malte mir aus, daß in dieser Dämmerung einst meine Tante Wieschen unheilbar krank gelegen hatte.

Auf dem kleinen Balkon saß an warmen Tagen Onkel Otto im flauschigen Schlafrock, ein Käppchen auf dem Kopf und die lange Pfeife in der Hand. Ich holte mir ein Fußbänkchen heran und setzte mich still zu seinen Füßen. Wir sprachen nicht viel. Der alte Mann paffte Rauchkringel in die Luft, und ich sah auf das Straßengetriebe herab und auf die Fensterfront der gegenüberliegenden Häuser. Oft strich Onkel Otto mir über den Kopf und sagte: »Du heißt wie meine Frau, und Du siehst ihr ähnlich.« Und ich fühlte, daß er mich liebte. Jeden Tag wanderte Onkel Otto allein zum Grab seiner früh verstorbenen und innig geliebten Frau hinaus, jeden Tag, und danach erst wandte er sich uns zu.

Käthe nahm uns mit zu Konzerten in der Philharmonie, und Onkel Otto führte uns durch Kunstausstellungen und zeigte uns Berlins schönste Baudenkmäler und Sehenswürdigkeiten. Gleich nach dem Frühstück gingen wir los und steckten uns gegen den Hunger eine »Stulle« in die Tasche. Onkel Otto erklärte und erläuterte uns mit größter Geduld alles, was wir näher in Augenschein nehmen sollten. Besorgt faßte er mich bei Straßenübergängen an der Hand. Und doch geschah es einmal, daß ich in einer »Passage« zurückblieb, weil ich ganz versunken war im Anblick der unendlich vielen, erregenden Anschläge an den Wänden rund um mich herum. Plötzlich fühlte ich einen Männerarm um meinen Hals, fuhr entsetzt herum, rannte davon und suchte verwirrt und angsterfüllt nach der bekannten Gestalt im grauen Umhang und schwarzen Hut. Die Matrosen aber lachten schallend auf und riefen laut: »Aus der Provinz, aus der Provinz!« Bald schon kamen mir Hilda, Käthe und Onkel Otto suchend entgegen.

Eines Tages besuchten wir in Begleitung einer Studentin, die vorübergehend bei Käthe wohnte, das Panoptikum. Schon beim Eintritt fuhr ich bestürzt zurück vor den mich umgebenden Gestalten. Lebten sie, waren es Besucher gleich uns? Ich konnte mich nicht losreißen von der Gestalt des kleinen Dauphin, dessen furchtbares Schicksal ich im Film gesehen hatte, als ich zum ersten Mal mit Mutter ins Kino ging. Stummfilme gab es dazumal, aber dieser Film hatte mich lange Zeit geradezu verfolgt. Nun saß das Kind in Lebensgröße vor mir. Es ging mir durchs Herz, aber die anderen trieben mich weiter. Unvergeßlich war mir folgendes Erlebnis. Wir traten in einen kleinen, dunklen Raum, im gleichen Augenblick erschien an der gegenüberliegenden Wand das Schweißtuch der Veronika und beeindruckte mich sehr.

In einem kleinen Saal wurde eine Vorführung eingelegt. Sie gefiel mir nicht, sie beunruhigte mich nur. Ich kam ja aus der »Provinz« und hatte noch nichts von dieser Welt gesehen. Da stand ein Mann vor uns, redete Dinge, die ich nicht verstand, und zog dabei ein Kleidungsstück nach dem anderen aus. Sobald ich aber erschreckt und zugleich beschämt dachte: jetzt steht er nackend da! fing es von neuem mit der Weste an. Alles lachte, aber mir gefiel das nicht. Zudem ging eine Frau durch die Reihen und wahrsagte einem jeden, der es wünschte.

Das Panoptikum hatte über diesem Saal noch weitere Ausstellungsräume. Wir stellten das fest, als wir beim Verlassen des Saales um eine Ecke in einen weiteren dunklen Gang blickten. Dieser Blick genügte mir vollauf, um spontan Reißaus zu nehmen. Ich sah Beine eines Erhängten von oben herunterbaumeln und gewahrte ein Plakat mit der Aufschrift: Kindesmörderin ... u. a. Käthes Besuch, eine Großstädterin, amüsierte sich sehr über mich, ich selber aber mußte plötzlich an zu Hause denken und verspürte Heimweh, verschwieg es aber wohlweislich. Auf der Heimfahrt durch den dunkelnden Herbstabend, oben auf dem zweistöckigen Omnibus, träumte ich in die aufflammenden Lichter hinein und sehnte mich nach unserem Kinderland am Fehntjertief.

Eines Tages fuhren wir mit Käthe nach Charlottenburg. Es war ein stiller Herbsttag. Lautlos sank das Laub der hohen Parkbäume herab, die den breiten Weg, auf dem wir schweigend dahingingen, säumten; und dürre Blätter raschelten unter unseren Füßen. In tiefer Stille und Abgeschiedenheit lag das Mausoleum da, das Ziel unseres Ausfluges. Wie klopfte mein Herz, als wir in die Gruft hinabstiegen, an den Marmorsarkophagen der Königin Luise und ihres Gemahls verweilten! Nur schwer konnte ich mich von der Ruhestätte dieser unglücklichen Königin losreißen, hatte mich doch ihr Schicksal schon als Kind so stark bewegt. Ich hatte ja einst ein Buch geschenkt bekommen, das, volkstümlich geschrieben und mit Bildern versehen, die Schicksalsschläge dieser königlichen Familie lebendig darstellte.

Nie hätte ich damals ahnen können, daß ich einmal an dieser Stätte stehen würde! Bläulicher Schein einer Ampel erhellte den Raum. Eisige Kälte und Grabesstille ließ uns erschauern.

Lebhaft erinnere ich mich eines Besuches bei Erich in Friedenau. Er war längere Zeit in Argentinien, in Buenos-Aires, als Studienassessor an einer deutschen Schule tätig gewesen, hatte Land und Leute erkundet, die Ergebnisse seiner Forschungen veröffentlicht, heiratete eine junge Hamburgerin, die an derselben Schule tätig war, kehrte vor Ausbruch des 1. Weltkrieges nach Deutschland zurück, brachte eine interessante, reiche Sammlung mit heim und war, als wir ihn aufsuchten, gerade Vater geworden. Mit ihm unternahmen wir eines Tages eine lange, ermüdende Wanderung durch den Gru-

newald, von der ich nur mäßig begeistert war. Ich fand unsere ostfriesischen Wälder weit schöner, schattiger, lebendiger. Zudem lieben wir Menschen von der Waterkant die langen Spaziergänge nicht
und sind viel schneller ermüdet als die Großstädter. Die »Berliner
Weiße mit Schuß«, die uns zur Belohnung nach der Anstrengung
spendiert wurde, mundete jedoch so vortrefflich, daß dieser Genuß
sich mir immer mit dem Erlebnis jenes Tages in der Erinnerung
verbindet. Unser Vetter Erich verlor in einer Bombennacht des 2.
Weltkrieges restlos alles, was er besaß und mühsam erarbeitet hatte.
Den Lebensabend verbrachte er teils in der russischen Besatzungs-
zone, teils in Spandau. Nach Friedenau kehrte er nicht wieder zurück.

Ein späterer Besuch in Berlin fiel in die Kriegszeit um 1915. Habbo war vorübergehend dort. Ich erinnere mich, daß Hilda und ich
mit ihm weite Spaziergänge durch sommerlichen Wald machten.
Wir beide trugen unsere weißen Sommerkleider mit farbigen
Schärpen. Ich wanderte den Liebenden voran, wußte ich doch,
daß diesen wenigen Tagen des Wiedersehens die harte Trennung
durch Habbos Rückkehr an die Front folgte. Stur und eigenen
Träumen nachhängend wanderte ich über den federnden Boden
des Nadelwaldes dahin und verlor dabei meine silberne Schärpen-
nadel.

In jene Besuchszeit fiel auch ein Ausflug zum Wannsee, den Käthe
mit ihrer italienischen Gruppe unternahm. Es entbehrte nicht der
Komik, als plötzlich Extrablätter schwenkende, größere Kinder
unseren Weg kreuzten, wir alle spontan zugriffen und einer von uns
laut vorlas: »Große Niederlage der Italiener!« Was zur Folge hatte,
daß die Gruppe einige Minuten lang schweigend und, wie es mir
schien, bedrückt weiterging.

Am Wannsee trennte ich mich von der Gruppe und stand länger
abseits von ihnen, am Ufer des weiten Sees, an Kleists Grab, der
seinem verworrenen und unglücklichen Leben an dieser Stätte ein
Ende bereitet hatte. Der Schein der sinkenden Sonne lag über dem
Wasser, ich konnte mich nur schwer eines Gefühls tiefer Wehmut
erwehren ...

Am Abend dieses Tages musizierte Käthe noch lange. Ich lag neben dem Flügel lang auf dem Teppich, lauschte dem Spiel und hing meinen Gedanken nach.

ABSCHIED UND BEGEGNUNG
(der 23. September 1946)

Am 23. 9. 1946 brachten wir unsere Mutter zur letzten Ruhe. Rund fünf Jahre hatte sie bei mir und Dirk gelebt, nachdem unser Elternhaus im Januar 42 in einer eisigen Nacht in Trümmer ging. Zu jener Stunde, in der ich krank im Bett lag, sah ich plötzlich vor meinem geistigen Auge, wie der Giebel des Hauses sich neigte und in sich zusammenstürzte.

Die Wirren und die Unruhe des Kriegsendes hatten unsere Mutter sehr mitgenommen. Ihre Kräfte nahmen ab. Dennoch konnte sie bis zum vorletzten Tag draußen in der Sonne sitzen. Nach einem kurzen Todeskampf schlummerte sie still hinüber.

Grau und diesig brach der Tag an, an dem Hilda und ich frühmorgens das Auto bestiegen, das Mutters sterbliche Überreste mitführte, und unter Glockengeläut vom Schulhof durch die Lindenallee zur Dorfstraße lenkte. Als wir Remels hinter uns ließen, verhallten die letzten Glockentöne.

Vor dem Eingangstor zur Wolthuser Kirche standen die Geschwister. Tini und Habbo fehlten. Wir hatten uns jahrelang nicht mehr gesehen. Zwischen uns standen Gerrit, Sigrid und Norbert – Flüchtlingskinder jetzt, aber wie dankbar waren wir, daß Julius, der seit den Tagen der Invasion vermißte Vater, heimgekehrt war und sie nun an den Händen halten durfte.

Bei Minni in der Siedlung Ostpreußen, die den Bomben nicht zum Opfer gefallen war, aßen wir zu Mittag Erbsensuppe, die Telkamps für uns gekocht hatten. Erbsensuppe gab es immer bei Mutter, wenn wir Zeugnisse bekamen, und unser Vater war in solchen Tagen stets verreist. Daran dachten wir, als wir am fremden Ort so still beieinander saßen.

Danach gingen wir zum Trümmerhaufen hinaus. Keiner von uns auswärtigen Geschwistern war je wieder dort gewesen. Seltsam verändert lag der Hammrich da! Ihlers Haus war verschwunden. Irgend jemand hauste an der verwüsteten Stätte in einer notdürftig hergerichteten, winzigen Hütte, aus der eine verrostete Ofenpiepe herausragte. Rauch zog über verfallenes Gemäuer und angekohlte Bäume. Kein Lebewesen war zu sehen, und ringsum war es still. Aus dunkelverhangenem Himmel stahl sich ein Strahl der Herbstsonne.

Nun standen wir auf dem elterlichen Grundstück. Unsere Füße streiften durch hohes Grasgestrüpp, durch Brennesseln, Disteln, Huflattich. Zwischen wildwuchernden Beerenbüschen weideten fremde Schafe. Vertrocknete Beerentrauben fanden sich zwischen den Zweigen. Das Obst hing – soweit es noch unreif war – an den Bäumen, deren Stämme aus wehendem Gras aufragten. Tief im Grünen versteckt fanden wir die Fundamente von Wohnhaus und Scheune. Unser Fuß stieß gegen die Steine, die zu beiden Seiten der Haustür eingemauert waren und die Namen der Großeltern trugen. Vor den Mauerresten lag der flüchtig zugeschüttete Bombentrichter.

Dort, jene Stufen hatten in den Flur geführt. Unzählige Male waren wir leichtfüßig über sie hingegangen, wenn Mutter uns im Winter im Halbdunkel hinausließ und uns der Ost schon bei der Pforte scharf ins verschlafene Gesicht blies, wenn wir unseren Schulweg antraten.

Selbstvergessen gingen wir über die Trümmerstätte, durch die drei zerfallenen Räume, die Backer, ein ausgebombter Wurzelbauer, sich nach der ersten Zerstörung notdürftig aufgebaut hatte, um sie bei dem alles vernichtenden Angriff vom 6. September 1944 wieder zu verlieren. Die Fensterhöhlen starrten leer und blicklos.

Alles Versunkene – nun wurde es aufgerufen! Hier – über diesen Boden führten unsere ersten Schritte. Hier, an dieser Stelle hatten wir vor Jahren – wie lange war es her! – getollt, gejauchzt, sorglos gespielt! Hier – diese Baumstümpfe – einst waren es stattliche Linden, die den Giebel des Hauses beschatteten und vor dem Ost schützten. Die alte Hecke, die den Garten zum Tief abschloß, sie ist noch erhalten. Auch jene Bank unter dem Pflaumenbaum, auf der unsere Mutter so gerne saß und von der aus sie uns nachwinkte, wenn uns der Zug nach einem Besuch in der Heimat wiederum in die Ferne entführte, sie steht noch da mitten im wuchernden Gras und Kraut, verwittert, verlassen. Wie oft, wie oft haben wir dort gesessen und in den aufziehenden Morgen oder die sinkende Sonne geblickt!

Auch der Bootssteg ist noch da – morsch jetzt und dunkel und glitschig von Nässe. Dennoch – er trägt uns noch. Einst wiegte sich hier auf den kluckernden Wellen des Tiefs unsere geliebte Yacht. Im Schilf versteckt liegt er jetzt, dicht neben ihm ragt am Ufer des verwachsenen Grenzgrabens eine der hohen, uralten Eschen aus Großelternzeiten auf.

Auch Reste der Holunderlaube finden wir. Und dann die Lindenlaube! Noch sind die Namen zu entziffern, die wir einst in die Baumrinden schnitten. Unsere Finger gleiten über die alten Zeichen. Die Erinnerung an das Glück längst versunkener Kinderjahre würgt uns im Halse. Wohl vernimmt unser Ohr das leise Plätschern der Wellen neben uns, um so tiefer fühlen wir es: Alles hat sich gewandelt, alles!

Unwandelbar ist nur diese Sonne, die jetzt voll durch die Wolken bricht und wie immer den Boden der Heimat bescheint, sich über Büsche, Bäume, Gräser ergießt. Unwandelbar ist der Himmel, der sich – hoch und weit – über allem und dem zerstörten Stadtbild wölbt ...

Danach gingen wir über den Deich zurück zur Wolthuser Kirche, um unsere Mutter zur letzten Ruhe zu betten.

Register

Fohre	(Heck)hölzernes Gatter als Eingang zur Viehweide

G

geschlötete Gräben	gereinigte Gräben
gewittjet	geweißt
Götjes	kleine Gräben
grabbeln	greifend suchen
Grasbülten	Grasbüschel
Graupe	Gosse im Kuhstall
Grüppe	kleiner Graben, Furche

H

Hammrich	niedriges Wiesenland zwischen
(Plattdeutsch Hammerk)	Marsch und Geest
Handjeklapp	Schlag in die Hand
haupeln	Spiel, Reifen vor sich her treiben
Heidbessens	Heidebesen
Heugulf	Scheunenfach für Heu
Heutieken	Ungeziefer im Heu
Hinter Pepernötjes	Pfeffernüsse aus Hinte
Hoek	Ecke
Hörn bi't Für	Eckplatz am Herdfeuer
Hoff	hier Obstgarten

J

Jück	Joch
Jülle	kleines flaches Boot

K

Kabuffke	kleiner Abstellraum, Bretterverschlag
kariolieren	herumfahren
Keeskes	Malven
Kiek äben	sieh mal!
Klei	Marschboden
klötern	rasseln, klappern, klimpern
Kluntje	weißer Kandiszucker
kluntjekneifen	zerkleinern von Kandiszucker mit spezieller Zange
klutig	klumpig
Koppke, Köppke Tee	Tasse Tee
Kringwurm	ringförmiger Hautausschlag
Krintstuutje	Korinthenbrötchen

M	
Meeden	Niederungswiesen
Meedjegötjes	kleine Wiesengräben
Mester	Lehrer
Mesterei	Lehrerhaus, -wohnung
minnachtig	geringschätzig
N	
Naarstigheid	Emsigkeit
naast	nachher, später
P	
Paddje	schmaler Pfad
Päpernöten	Pfeffernüsse (Gebäck)
pingeln	klingeln
Pottbohner	Topfreiniger aus Heide
Pottbort	Topfregal
Pottjekieker	Topfgucker
Pottjeklei	tonige oder lehmige Erde der Marsch, Töpferton
Pröwke	kleine Probe
Proot	Gespräch
Prootje	kurzes Gespräch
purren	stochern
Pütte	Brunnen
Puttjebeine machen	mit bloßen Füßen planschen
Q	
Quiele	Speichel
R	
Regenbacke	Zisterne für Regenwasser
Ricks	Sitzstangen für Hühner
Ruten	Fensterscheiben
S	
Sandhoppel	Sandhaufen
sinnig	bedächtig
sööt	süß
Söpke	Schnäpschen
soor	trocken, dürr
Sch	
Schleef	Schöpf- oder Rührkelle

schliddern	gleiten
schlickern	naschen
Schloot	Graben
schmoren	ersticken
Schösteinbossem	Rauchfang-Gesimse
schöveln	schlittschuhlaufen
schulig	windgeschützt
schummeln, Schummelei	Großreinemachen

St	
Stiekelstargen	Stichling (Fisch)
Stövchen	Feuerkieke, Holzkasten mit Tongefäß
	(Teste) für glühende Torfstücke
Straatje	kleiner gepflasterter Weg

T	
taje	zäh
Teebürste	Teedose, -büchse
Teekjefürtje maken	Verbrennen von trockenen Pflanzen
Teenösen	scherzhaft für Teedurstige
Tickspielen	kriegen spielen
Tief	Wasserlauf, Kanal
Timpenrock	Rock mit Zipfeln
Torfmuttje	Kanalschiff
Tree	Trittbrett
Tuffelbak	Kartoffelkiste

U	
Ülkefall	Iltisfalle (Flurname)
umpflocken	umsticken
Upkamer	höher gelegene Kammer über dem Keller
ut dan	im Sinne von nu is de vörloop ut dan =
	nun hat sich das zweite Gesicht erfüllt

V	
vandag	heute

W	
Weer	Wetter
Wicht	Mädchen
wittjen	weißen

Z	
Zinder	Schlacke

INHALT